大学生爱国主义教育研究论文集

DAXUESHENG
AIGUO ZHUYI JIAOYU YANJIU
LUNWENJI

主　编／王娟娟　吴　晨　冯誉超
副主编／林　媛　吴　洋　李慧萍　李得波　李　浩

大连海事大学出版社

图书在版编目(CIP)数据

大学生爱国主义教育研究论文集 / 王娟娟,吴晨,冯誉超主编. — 大连 : 大连海事大学出版社, 2024. 11
ISBN 978-7-5632-4528-4

Ⅰ. ①大…　Ⅱ. ①王… ②吴… ③冯…　Ⅲ. ①大学生—爱国主义教育—中国—文集　Ⅳ. ①G641. 4-53

中国国家版本馆 CIP 数据核字(2024)第 025191 号

大连海事大学出版社出版

地址:大连市黄浦路523号　邮编:116026　电话:0411-84729665(营销部)　84729480(总编室)

http://press. dlmu. edu. cn　E-mail:dmupress@ dlmu. edu. cn

大连金华光彩色印刷有限公司印装　大连海事大学出版社发行

2024 年 11 月第 1 版　2024 年 11 月第 1 次印刷

幅面尺寸:170 mm×240 mm　印张:13. 5

字数:234 千　印数:1~500 册

出版人:刘明凯

责任编辑:刘若实　责任校对:孙笑鸣

封面设计:解瑶瑶　版式设计:解瑶瑶

ISBN 978-7-5632-4528-4　定价:41. 00 元

前　言

党的十八大以来，习近平总书记着眼中华民族伟大复兴的战略全局和世界百年未有之大变局，多次在重要场合论述了爱国主义的重要性、时代主题与内涵、培育方法和路径等内容，为新时代厚植弘扬爱国主义精神提供了科学指南。2015 年 12 月 30 日，习近平在十八届中央政治局第二十九次集体学习时的讲话中指出，"5 000 年来，中华民族之所以能够经受住无数难以想象的风险和考验，始终保持旺盛生命力，生生不息，薪火相传，同中华民族有深厚持久的爱国主义传统是密不可分的"，充分肯定了爱国主义精神的伟大历史作用。"实现中华民族伟大复兴的中国梦，是当代中国爱国主义的鲜明主题"，"只有坚持爱国和爱党、爱社会主义相统一，爱国主义才是鲜活的、真实的，这是当代中国爱国主义精神最重要的体现"，明确了新时代爱国主义的主题与内涵，为教育工作者深入把握爱国主义精神培育规律提供了理论遵循。习近平总书记认为，应该"结合弘扬和践行社会主义核心价值观，在广大青年中开展深入、持久、生动的爱国主义宣传教育"，"充分利用我国改革发展的伟大成就、重大历史事件纪念活动、爱国主义教育基地、中华民族传统节庆、国家公祭仪式等来增强人民的爱国主义情怀和意识，运用艺术形式和新媒体，以理服人、以文化人、以情感人，生动传播爱国主义精神"，为广大爱国主义教育工作者提供了宝贵的方法和路径建议。新时代高校思想政治教育工作者厚植培育大学生爱国主义精神必须深入学习习近平总书记关于爱国主义精神的重要论述，深刻领悟其精神实质，在实际工作中贯彻落实习近平总书记关于爱国主义教育的相关指示精神。

本书是高校辅导员和思政课教师在深刻领悟习近平总书记关于爱国主义重要论述精神基础上，在以实际行动践行"立德树人"根本任务时，在坚定不移切实强化爱国主义教育工作中探索积累的宝贵工作财富。这本论文集不同于一般爱国主义理论著作，更强调一个"实"字。一是选题"扎实"。来自一线的思政教育工作者实际工作经历的选题，或结合专业学情、或结合工作经历，因此有诚意、接地气，解难题。二是论述"平实"。由于针对现实发生的真故事，相关论述娓娓道来，不疾不徐，颇见真章，因此有温度、不张扬，化新意。三是结论"厚实"。论文贵在有问题意识，要研究真问题，真研究问题，真解决了大问题，故而有的放矢，有始有终，可操作性强。加强爱国主义教育，重在创新性路径的引领，亦即切实关切"未来如何做"，很多论述做到了这一点，更加凸显了本论文集的价值。

必须看到,爱国主义是一个常说常新的话题。当前,世界百年未有之大变局向纵深发展,意识形态领域的斗争日益严峻,如何引领青年大学生矢志奋斗,实现中华民族伟大复兴梦想是一项艰巨的任务,必须树立系统化思维,建立长效机制。本论文集所涉及的内容是部分一线高校爱国主义教育工作者领悟习近平总书记关于爱国主义重要论述精神,转化实际工作经验,进而强化教育引领的一些侧面思考。限于作者的能力与水平,难免出现各种疏漏与不足之处,敬请各位专家学者不吝指正。

编写组

2024 年 1 月

目 录

基于学生群众组织开展大学生爱国主义教育的实践探索研究

韩依潼

（大连海事大学，辽宁 大连 116026）

摘　要：学生会、社团等学生群众组织是高校学生自我教育、自我管理、自我服务的重要形式，若能建设得当其势必会成为广大辅导员开展爱国主义教育的一大助力。辅导员在开展爱国主义教育时的主要功能应该是组织、控制教育过程，启发、引导、促使学生向着既定教育目标前进，而不是简单枯燥地照本宣科。学生群众组织来源于学生，了解同学们的所思所想、所为所求，可以有针对性地用学生喜闻乐见的形式开展特色活动。

关键词：学生群众组织；爱国主义；高校思想政治教育

马克思曾指出："青年在社会发展中有特殊的历史地位和历史使命。工人阶级的未来，乃至于整个人类的未来，完全取决于正在接受教育的一代。我们对年轻一代的教育和培养是什么样，决定工人阶级乃至全人类的未来。"作为辅导员，我们的学生们都是"上午八九点钟的太阳"，将爱国主义厚植于广大青年学子心中，为祖国输送听党话、跟党走，扎根人民、奉献国家的新鲜血液，是我们从事辅导员工作的荣耀和意义所在。高校学生群众组织是学生自愿参与、积极活动的一个个"小团队"，具有广泛的群众性、动态的创新性和鲜明的时代性等特点，教育者若引导得当，可充分发挥学生的主体作用，实现受教育者和教育者的高度统一，通过广泛而深刻的自我教育实现既定的教育目标。

一、开展大学生爱国主义教育工作的难点分析

爱国、许国、报国，这是新时代赋予青年的责任与使命；引导、激励、培养大学生怀揣爱国情怀，这是新时代赋予学生工作者的责任与使命。正如曲建武

教授所言:“培养学生爱国,就是我的爱国。”大学生在离开校园走向社会时,学校及老师引导学生树立何种价值观念是最为重要的,这种观念将伴随其终身发展。然而,爱国主义教育工作的开展是一种持续的、动态的、复杂的理论融合实践的过程,在实际推进时也常常会遇到一些困难。

(一)部分大学生自身缺乏坚定的理想信念

“当代中国,爱国主义的本质就是坚持爱国和爱党、爱社会主义的高度统一。”作为民族发展的未来,青年学生理应树立坚定的马克思主义观,理应对中国特色社会主义一定能实现充满信心。然而,伴随着网络等新技术的发展,学生在拥有便利的信息获取渠道的同时,也更容易受到一些非主流意识形态的冲击。共产主义唱衰论、西方人权论、私有制至上论……如果学生本身尚未树立对中国特色社会主义坚定的理想信念,则很容易受到不良思潮的影响,对马克思主义的真理性产生动摇和质疑,甚至对中国的前途和未来产生怀疑。

(二)部分爱国主义教育工作的开展缺乏实效性

如今,倡导大学生爱国主义教育的声音很多、实际开展的工作也不少,但是真正收获实效、能让学生真正获得信仰升华的有效做法,仍有待我们不断地去深入探索。施教者与被教育者往往存在一定的年龄差距与认知差异,这就导致施教者的教育内容和教育形式往往和受教育者的期待有所差距,导致教育工作的实效性大打折扣。因此,我们在选择爱国主义教育形式时,必须从学生主体本身的个性和特性出发,分清楚新生、毕业生,本科生、研究生,硕士生、博士生……贴近处于不同学习阶段的学生的现实生活,有针对性地制定教育方案。

(三)部分大学生被动接受爱国主义教育

在一些大学生的眼里,爱国主义教育仅仅是一项不得不完成的课业任务,他们在教育的过程中,仅仅扮演着一个个“被动接受的主体”。如果学生对教育本身缺乏热情和积极性,不能主动参与、积极作为,则很难做到让教育内容真正入脑、入心。于是,爱国主义教育变成了一个个不得不修的学分、一场场强制出席的报告会、一堆堆乏善可陈的大道理,最终流于形式主义。

二、学生群众组织在大学生爱国主义教育工作中的作用分析

一切爱国主义教育工作均以育人为中心,以坚定学生的理想信念为目标。纵观爱国主义教育的各个环节,无不为人的活动:教育者施教,被教育者心甘情愿受教才有效果。因此,对大学生进行爱国教育时,在坚持社会主义方向的

前提下，必须把尊重学生、理解学生、充分发挥学生的育人主体能动性作为基本原则和规律。从哲学的角度分析，教育者所提供的任何教育内容和条件均只是外因，受教育者的积极性和接受程度才是内因，而一切外因只有通过内因才能起作用。因此，若能够将爱国主义教育的目标和内容与学生自身的需要紧密结合在一起，让学生以主人翁的身份自觉参与到过程中来，教育工作则一定能取得较好的效果。

（一）学生群众组织有利于保有自我教育的活力

高校学生群众组织主要是学生会以及各类社团。这些组织一般都乐于挑选思想素质较高、协作精神较好、活动组织能力较强、乐于为大家服务的学生担任干部，他们思维活跃，能够把握同学们的性格特点和兴趣热点，进而有针对性地开展充满活力且为广大学生喜闻乐见的各种活动。因此，如能对这些学生组织实施恰当有效的引导，他们将在最大限度上发挥自身活力，带动起学生自我教育的良好氛围。

（二）学生群众组织拥有牢固的群众基础

学生群众组织中的干部来源于学生，生活在学生中，与同学们朝夕相处，受大家的拥戴，所以能工作在各个组织的管理岗位上，因此大都有着牢固的群众基础甚至人格魅力。他们的言行举止能够在潜移默化中对同学们产生影响，以他们为主体牵头举办的活动，往往能吸引更多的同学参与其中，具有强有力的带动作用。以活动为载体，以爱国主义教育为目标，通过举办集思想性、科学性、趣味性、知识性为一体的宣讲、微课、研讨会、竞赛等活动，可以使学生在不知不觉中受到熏陶和同化。

（三）学生群众组织具有培养集体主义意识的功能

无论是班级还是年级，大学生集体主义观的作用都是不容置疑的，辅导员若能引导得当并打下良好基础，后续开展任何学生工作就会更加轻松自如。一个学生群众组织若能长期存续并经常性地开展活动，其背后一定是有着强大的团队成员凝聚力和向心力作为支撑。学生群众组织能够将一群有着共同目标的青年汇聚到一起，使归属感逐渐发展为彼此间的认同感，这有利于培养学生的集体主义观。

三、基于学生群众组织开展大学生爱国主义教育的实践案例

大连海事大学马克思主义学院基于上述理念，以学生群众组织为主体开展了广泛而深刻的大学生爱国主义教育实践活动。本文选取两个经典的学生

案例进行分析。

(一)研究生宣讲团

1. 成团背景

“以铜为鉴,可以正衣冠;以人为鉴,可以知得失;以史为鉴,可以知兴替。”新时代开展大学生爱国主义教育,应充分挖掘中国共产党百年党史中丰富的爱国主义元素。马克思主义学院于2020年12月成立研究生宣讲团,旨在通过大学生理论宣讲的形式,实现党史学习教育和爱国主义教育的有机融合,充分发挥马克思主义学院博士、硕士研究生在理论学习、阐释、宣传和实践中的引领、示范和带动作用,在思考中品味真理、在实践中知行合一、在感悟中提升境界。

宣讲团由50名马克思主义学院硕士、博士研究生组成,力求让每一名团队成员充分发挥自身专业特长,立足“理论-学习-实践”三大维度,以宣讲团为载体,做好学生爱国主义教育和价值引领工作,在开展特色党史学习教育活动的过程中实现研究生的自我教育、自我管理和自我服务。

2. 组织实施过程

研究生宣讲团的定位为理论学习类学生组织,其宗旨为“促进受众坚定理想信念、厚植爱国情怀、锤炼高尚品德、矢志实学实干”。为保障其常态化运行,充分发挥自我教育和育人功能,学院在充分考虑专业设置、学生需求的基础上,依托学院内部丰富的思政专家资源,依托校内外各二级学院、社区街道、企业单位等实践基地,建立起“理论-学习-实践”闭环螺旋上升式培养模式,主要从以下三个方面为宣讲团提供支持保障:

(1)扎实理论基础。通过日常学习、专家指导、集体备课、专题教学等手段,多措并举夯实学生理论基础,确保学生对外输出内容不出错。

(2)做好研学考察。同全国各地优秀党史学习教育实践团队保持沟通交流,深入重大历史事件发生地现场研学,在身临其境的过程中充分发挥同学们的自主思考能力,激发大家的主人翁精神和创新精神。

(3)践行实践育人。切实贯彻中共中央办公厅印发《关于在全社会开展党史、新中国史、改革开放史、社会主义发展史宣传教育的通知》,在校内外大范围开展党史宣讲,切实做到知行合一,将学习教育成果转化为践行青年学子时代责任的实际行动。

3. 育人成效

研究生宣讲团自成团以来,于校内外开展了大范围宣讲活动,进班级、进支部、进社团、进社区、进中小学、进企业……累计宣讲124场,受众12 400余人。在宣讲过程中，逐步打造了“党领导人民新民主主义革命奋斗史”“党领导人民社会主义革命和建设奋斗史”“党领导人民改革开放探索史”“党领导人民奋进新时代”“习近平总书记‘七一’重要讲话精神解读”等专题，用实际行动推进党史学习入脑入心。对宣讲观众而言，朝气蓬勃的青年之声用真情歌颂历史，借助故事和道具带领大家“穿越”时空，引导他们在潜移默化中领悟新思想、真信真学真做；对宣讲学生而言，他们作为爱国主义教育实践活动的主角，不仅是做的主角，更是学的主角。一场场宣讲活动在将学生们培育成具备综合素质的时代新人的同时，更是对其主动学习内生动力的激发、对其思想价值观的引领和洗礼。

4. 案例启示

研究生宣讲团的成立和运行，是对习近平总书记所说的“在常学常新中加强理论修养，在知行合一中主动担当作为”的具体践行。之所以能取得良好的育人和自育效果，一方面是因为其设立迎合了时代需求，在“全民学党史”的热潮下为学生搭建起了将爱国主义精神内化于心、外化于行的实践舞台；另一方面是其背靠学院“有靠山”，马克思主义学院自下而上对该学生群众组织的重视，让其有能力、有底气开展大规模“红色理论知识”输出活动。

（二）“小海马”接力讲党史

1. 活动背景

回顾来时奋斗路，鉴照未来奋进路。在中国共产党成立 100 周年之际，为引导全院乃至全校学生深刻铭记中国共产党百年奋斗的光辉历程，深刻认识中国共产党为国家和民族做出的伟大贡献，厚植爱国主义情怀，大连海事大学马克思主义学院立足学科特色，同时充分贯彻落实习近平总书记“要运用新媒体、新技术，使工作活起来，推动思想政治工作传统优势同信息技术高度融合，增强时代感和吸引力”的重要指示，以互联网为载体，开展了“小海马接力讲党史”活动。

活动由马克思主义学院研究生会组织开展，马克思主义学院学子在校园不同场景沿着历史的脉络接力讲述 100 个党史小故事，录制成微视频并通过学院微信公众号进行传播，鼓励学生们从“思想政治教育的接受者”转变为“主旋律的传播者”，充分发挥学院研究生会在爱国主义教育过程中的主体作用，引导实现自育和育人。

2. 组织实施过程

调动学生的积极性要以信任为前提，想要充分发挥其主体性作用，就必须要充分尊重学生、相信学生。一是相信他们有追求真理、要求上进的愿望；二是相信他们有探索真理、组织活动的能力。本次活动从组织到实施均由马克思主义学院研究生会承办，指导员只做大方向宏观把控。活动的具体实施采用了“四自模式”：

（1）自主策划

4 月份，辅导员要求院研究生会立足海大特色及本学院学科特色，策划一场同学们喜闻乐见的党史学习教育活动，并尽可能多地鼓励更多同学参与其中。院研究生会在集体商讨后决定由文体部牵头、宣传部配合，举办党史小故事拍摄活动即“小海马”接力讲党史——在搜集汇编好 100 个党史小故事后将其录制成视频微课，以每周 1 期、每期 10 篇的形式在学院微信公众号上发布传播，到“七一”的前一周正好完成 100 个小故事的推送。

（2）自主选择

100 个小故事的目录清单由学院梳理提供，学生结合自己的兴趣点自主选择篇目。拍摄地点为大连海事大学校内场景任选，包含海大元素即可。学生可自由组队参加，也可自己独立完成。

（3）自主演绎

学院仅对学生着装、拍摄设备、精神风貌等方面进行干预，而稿件撰写、视频拍摄、微课剪辑、栏目推送、人气评选等环节均由学生们根据自己的想法来开展，不对其做过多限制和要求。当然，课程推出之前，要由各自的导师们对视频内容的政治性和准确性进行把关。

（4）自主学习

活动的开展充分发挥了马克思主义学院学子在“传承红色基因、弘扬革命精神”过程中的模范带头作用，生动直观的形式不仅能让更多人了解中国共产党的百年奋斗史，还能让学生体验“教育者”身份转化的过程，在育人的同时也实现了育己。

3. 育人成效

“小海马”接力讲党史活动的开展在本学院内收获了良好的党史学习教育效果，学生们在汇编史料、讲述故事的过程中对民族大义有了进一步的认识，对爱国主义的内涵有了更加深刻的理解；生动活泼、通俗易懂的视频小故事在网络上发布后，同样引起了学院外部人士的关注，起到了良好的示范和带动作用。

4. 案例启示

回顾本次爱国主义教育活动，其良好效果的取得与学生群众组织主观能动性的充分发挥是分不开的。一方面，研究生会学生干部们在充分了解同学们的兴趣点后，有针对性地用大家喜闻乐见的形式开展特色活动，从而有效调动了同学们参与的积极性；另一方面，变革传统教育方式，有效利用网络这个平台载体，主动占领校园理想信念建设的网络阵地，在繁荣网络文化的同时拓宽了高校爱国主义教育的渠道和内涵。

四、充分发挥学生群众组织爱国主义教育职能的思路及对策

（一）以信任为前提调动学生组织积极性

步入大学，完成“未成年”到“成年”的转变后，提高学生的思想水平和政治觉悟，不仅是学校、家庭、社会所关心的，也是大多数学生自身所关注的问题，只要引导得当，他们在积极思考后一般都能体现出应有的政治觉悟。因此，在给予必要的监管和把控好底线的前提下，应放心地支持学生“当主角”“挑大梁”，给予学生充分的信任和自由。学生群众组织往往代表着基层民意，其反馈的意见、观点若总是被上级学生管理部门否决，不仅是对其本身积极性的打击，同时也是对其群众基础的动摇。因此学生管理工作者在布置过任务之后，要注意把握干预的度：既不可“大撒把”，任由学生组织去做；又不可“管太多”，事无巨细地过问。既要把学生当作受教育者，又要培养他们在一次次活动的组织策划实施过程中经受锻炼、增长才干，并在此过程中把控好底线。

（二）以认知为底线选好学生组织干部

一个学生组织能否运行得当，能否成为辅导员开展爱国主义教育的重要助力，关键在于组织干部的遴选。要遴选一批思想素质高、协作意识好、组织能力强的学生担任干部，最关键的是强调认知底线，要怀有诚挚的爱国主义情怀，具备抵制错误社会思潮的能力。在干部遴选结束后也要注重强化他们的认知教育，帮助其明晰自身的角色定位，引导他们有意识地从传统的被教育者角色转化为自我教育、主动育人的角色，从而在未来与同学们朝夕相处的过程中为身边同学带去潜移默化的影响。

（三）以实践为平台发挥学生群众组织作用

实践是爱国主义教育开展过程中的重要一环，是学生将理论内化于心、外化于行的重要阵地。以前文提到的研究生宣讲团为例，如若没有足够的场次、平台提供给大家，则学生们之前的一切理论学习都只能搭建成“空中楼阁”。因此，学生工作者应不断尝试在思想上与大学生群体同频同域，根据他们的思维个性将爱国主义教育真正融入学生的日常生活中，为学生群众组织搭好舞

台,激励他们在一次次实践历练中增长经验和才干。

参考文献

[1] 曲建武,胥佳明. 新时代加强大学生爱国主义教育的几点思考[J]. 思想政治教育研究,2021,37(04):151-154.

[2] 陶冰冰. 高校学生社团提升思想政治教育功能的策略探究[J]. 常州工学院学报,2021,34(03):85-89.

[3] 杨隆. 传承中华文化基因 厚植青年爱国情怀——兰州大学“文化行者”学生社团实践育人探索[J]. 广西民族师范学院学报,2021,38(02):114-117.

[4] 王显芳. 浅谈学生社团活动对德育的促进作用[J]. 广西青年干部学院学报,2003(03):47-48.

以创新大学生理论宣讲模式促进新时代高校爱国主义教育实践研究

郑　哲,付娟娟,张诗萌

(大连海事大学,辽宁 大连　116026)

摘　要:党的十八大以来,习近平总书记多次在重要场合发表关于爱国主义精神的重要论述,着重强调要让爱国主义成为每个中华儿女的坚定信仰和精神依靠。2019 年 11 月颁布的《新时代爱国主义教育实施纲要》指出:“新时代加强爱国主义教育,对于振奋民族精神、凝聚全民族力量,决胜全面建成小康社会,夺取新时代中国特色社会主义伟大胜利,实现中华民族伟大复兴的中国梦,具有重大而深远的意义。”青年大学生是实现中国梦的中坚力量,高校要稳固推进大学生爱国主义教育,引导大学生涵养爱国情、砥砺强国志,在中国特色社会主义现代化建设的实践中拼搏奋进。

关键词:大学生;爱国主义;理论宣讲

一、引言

新时代大学生爱国主义的本质是坚持爱国和爱党、爱社会主义高度统一,是对中华优秀传统文化的继承,是实现中国梦的精神动力。“没有共产党就没有新中国”,爱党是爱国的前提。中国近现代史的实践证明,中国共产党不仅是中华人民共和国的创造者,还是中国特色社会主义事业的开拓者,更是实现中华民族伟大复兴中国梦的引领者。中国共产党一百年来始终为国家、为民族、为人民谋福利,没有共产党就没有脱贫攻坚,没有共产党就没有全面小康。爱国主义必须热爱、坚持、拥护中国共产党的领导,这是实现国家富强、民族振兴、人民幸福的必然要求。

2016 年 12 月,习近平总书记在全国高校思想政治工作会议上提出,我国高等教育肩负着培养德、智、体、美、劳全面发展的社会主义建设者和接班人的重大任务，必须坚持正确的政治方向。高校思想政治教育对人才培养至关重要，在国内国际发展新形势、意识形态领域新态势、信息化发展新趋势的背景下，大学生红色理论宣讲团作为高校学生按照自身兴趣爱好自发组成的组织，是进行高校思想政治教育的重要形式之一。爱国主义教育是高校思政教育的重要内容。高校应该从形式到内容不断丰富爱国主义教育，以增强思想政治教育的实效性。

大连海事大学中国特色社会主义学习研究会宣讲团(以下简称“中研会”宣讲团)，成立于 2007 年 5 月，至今已有十余年的历史。自成立以来，“中研会”宣讲团承担学校众多的理论培训和宣讲活动，为海大普及红色理论知识、筑牢思想防线打下了坚实基础，先后被评为辽宁省重点大学生红色理论宣讲团和海大青春人物之“特别贡献奖”。近年来，“中研会”宣讲团立足海大，面向全体学生，积极探索与时俱进的理论思想传播方式，针对大学生思想特点，精准定位宣讲层次，改进宣讲形式，并在长期发展中逐渐形成了一系列的特色宣讲活动，备受同学们的关注和喜爱，为党的理论宣传工作做出了积极贡献。

二、大学生红色理论宣讲活动的现状

为进一步了解大学生红色理论宣讲活动的整体开展情况，课题组在我校 12 个学院中，随机抽取了 200 名学生作为调查对象进行问卷调查。调查问卷主要涉及对学校开展大学生红色理论宣讲活动的总体满意度、参加过哪些理论宣讲活动、对参加理论宣讲活动的收获等多个方面的内容，调查对象涵盖了大二至大四的学生，调查结果如下：

(一) 学生对开展红色理论宣讲活动的总体满意度

调查显示，受访者对红色理论宣讲活动总体满意度中非常满意为 20.50%，满意为 56.50%，基本满意为 15.50%，不满意为 7.50%，如图 1 所示。

(二) 参加过的红色理论宣讲活动情况

调查显示，受访者参加过的红色理论宣讲活动依次为观看宣讲视频(79.50%)、支部主题党课和团课(76.50%)、理论培训(72.00%)、“三下乡”等寒暑假社会实践活动(31.00%)、录制宣讲视频(14.50%)等，如图 2 所示。

(三) 是否有兴趣参加红色理论宣讲活动

调查显示，45.00%的受访者对参加红色理论宣讲活动很有兴趣，较有兴

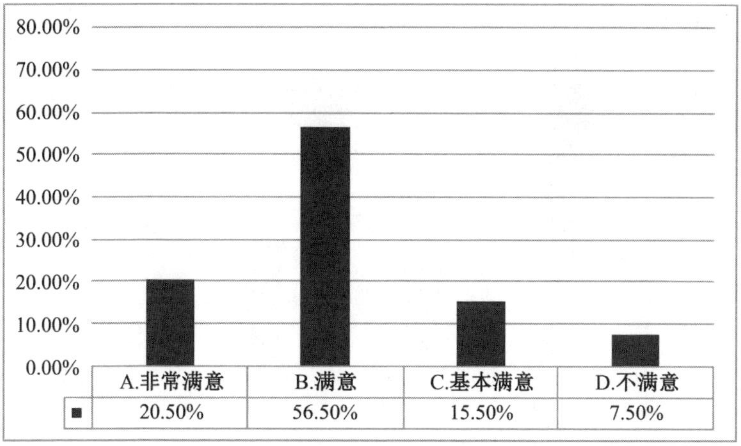

图 1　学生对开展红色理论宣讲活动的总体满意度

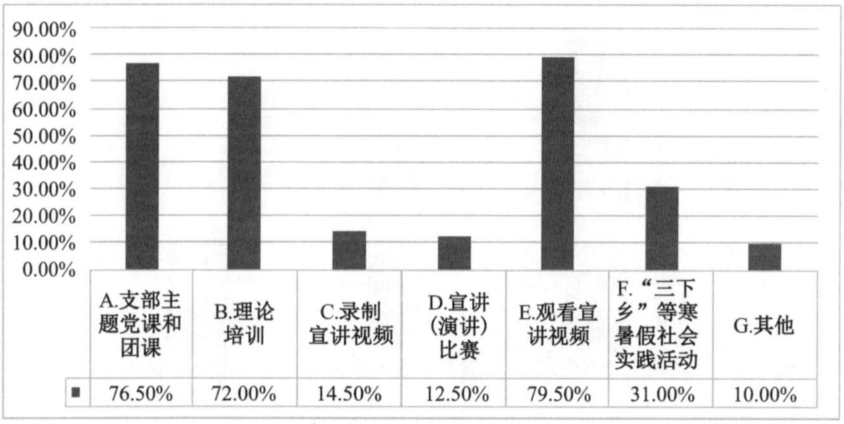

图 2　参加过的红色理论宣讲活动情况

趣为 27.50%,表示一般为 18.00%,不感兴趣为 9.50%,如图 3 所示。

(四)宣讲人员的理论水平

调查显示,47.50%的受访者认为宣讲人员的理论水平高,33.50%的受访者认为宣讲人员的理论水平较高,19.00%的受访者认为宣讲人员的理论水平较低,如图 4 所示。

(五)宣讲人员的口语表达能力

调查显示,55.50%的受访者认为宣讲人员的语言丰富,感染力强,35.50%的受访者认为宣讲人员的语言较为丰富,感染力一般,9.00%的受访者认为宣讲人员语言贫乏,表达较差,如图 5 所示。

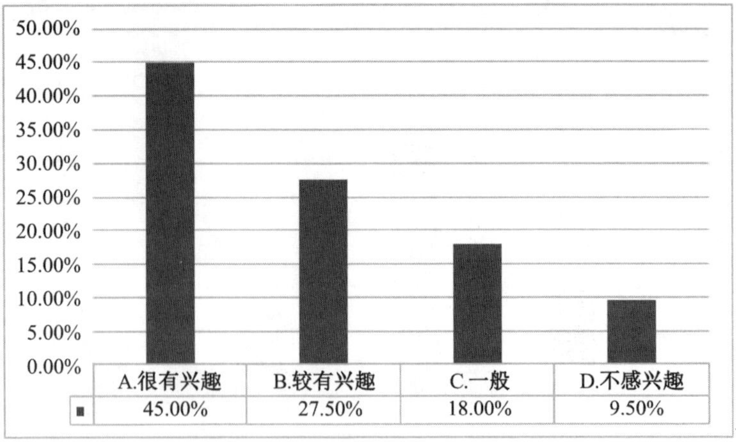

图 3　是否有兴趣参加红色理论宣讲活动

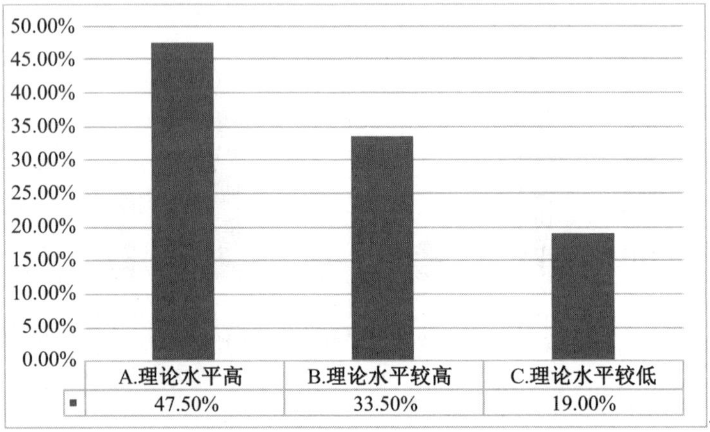

图 4　宣讲人员的理论水平

(六)理论宣讲的形式

调查显示,37.50%的受访者认为理论宣讲形式丰富,35.50%的受访者认为宣讲形式比较丰富,27.00%的受访者认为宣讲形式单一,如图 6 所示。

(七)希望参与理论宣讲培训的方式

调查显示,51.50%的受访者希望可以得到理论学习辅导,希望参与口语表达训练的为 67.50%,希望可以参与社会实践锻炼的为 63.00%,希望得到宣讲稿撰写培训的为 45.50%,如图 7 所示。

(八)了解理论宣讲活动的途径

调查显示,7.00%的受访者从校园网了解到理论宣讲活动,新媒体占比为

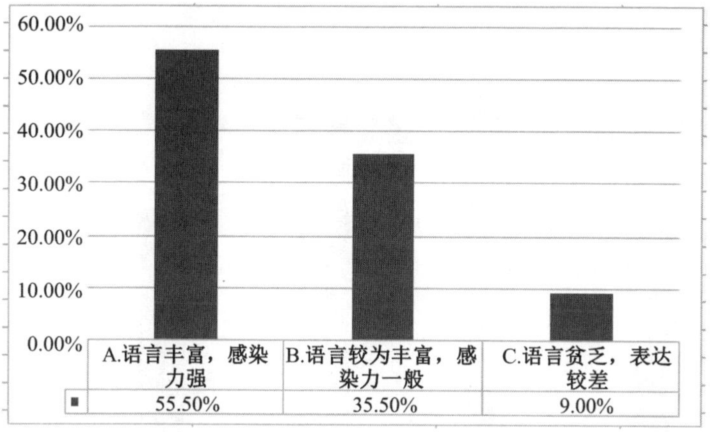

图 5　宣讲人员的口语表达能力

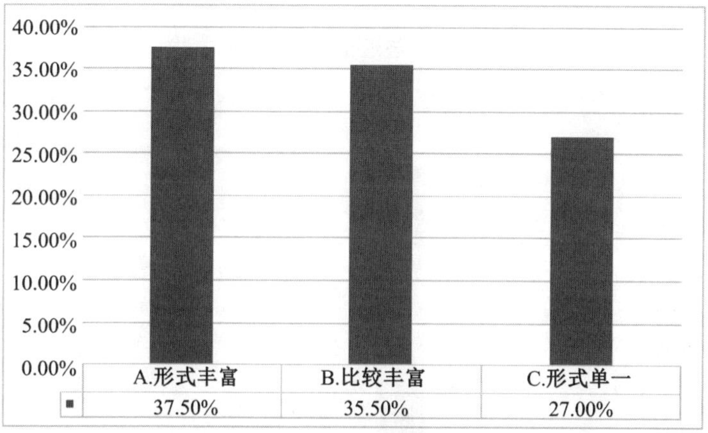

图 6　理论宣讲的形式

76.50%,同学或辅导员占比为 11.00%,其他为 5.50%,如图 8 所示。

(九)希望通过理论宣讲活动学习的内容

调查显示,受访者希望通过理论宣讲活动学习的内容依次为:国内热点(85.00%)、国际热点(84.00%)、新思想(81.50%)、“四史”知识(72.50%)、马列经典(67.00%)、其他(31.50%),如图 9 所示。

(十)理论宣讲活动对自己是否有帮助

调查显示,56.50%的受访者认为非常有帮助,41.50%的受访者认为有帮助,2.00%的受访者认为没有帮助,如图 10 所示。

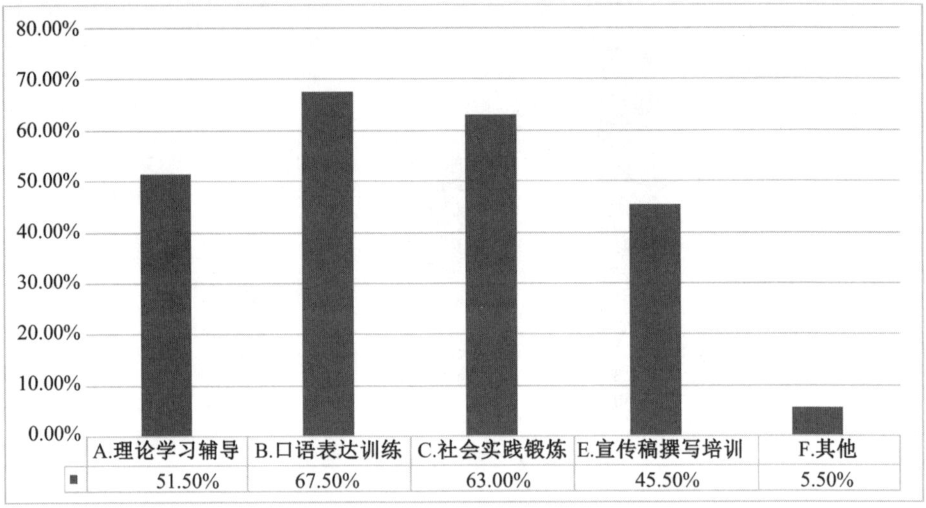

图 7　希望参与理论宣讲培训的方式

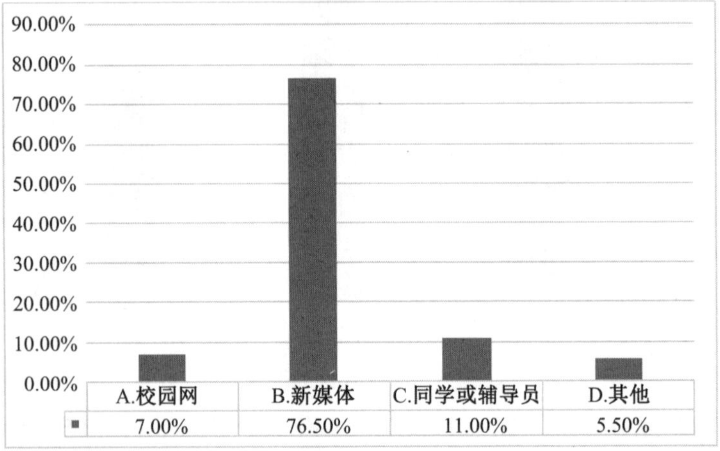

图 8　了解理论宣讲活动的途径

三、大学生红色理论宣讲活动存在的主要问题及原因分析

(一)理论宣讲活动与思政类课程的成绩未能挂钩

在通过课题组的调研发现,学生参与红色理论宣讲活动,未能与每学期选修的思政类课程成绩进行挂钩。如学生积极参与红色理论宣讲活动,在马克思主义基本原理概论、毛泽东思想和中国特色社会主义理论体系概论、中国近现代史纲要、思想道德修养和法律基础以及形势与政策等课程中,可相应获得较高的"平时分",则会进一步促进学生参与理论宣讲活动的积极性。

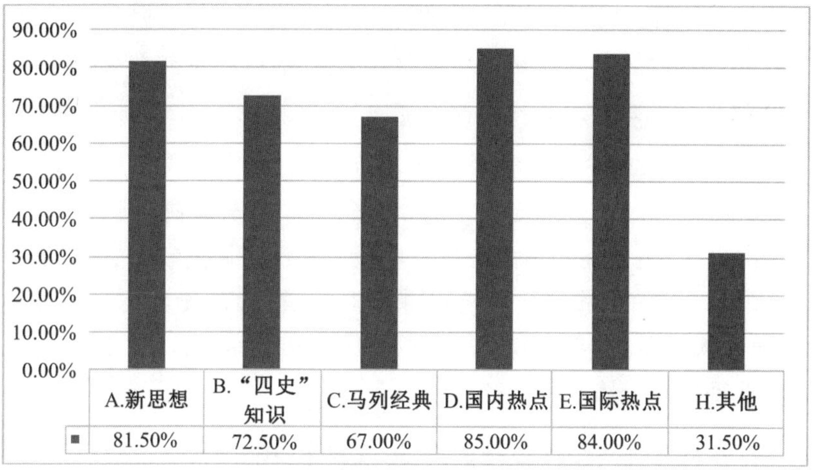

图 9　希望通过理论宣讲活动学习的内容

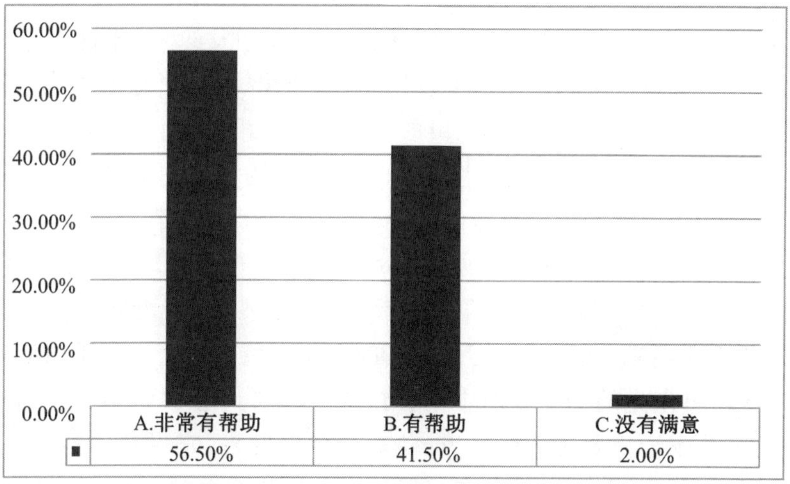

图 10　理论宣讲活动对自己是否有帮助

（二）部分理论宣讲活动未能及时进行总结分析

在调研中发现，部分理论宣讲活动往往是有部署没跟踪，有要求没指导，缺少及时的总结与分析，使理论宣讲活动的组织者与实施者未能对活动开展的效果进行深入了解，未能及时针对活动中的不足进行改正提高，导致宣讲水平一直在低位徘徊，吸引力越来越差，形成恶性循环。

（三）理论宣讲活动以阶段实施为主，但缺乏系统性

在调研中发现，理论宣讲活动的开展，通常以重要时间节点或上级具体通知要求为现实背景，具有较明显的阶段性，这就造成了理论宣讲活动缺乏系统

性思考。然而，理论宣讲活动作为开展教育的新途径，应根据学生生理、心理发展水平、认知水平、思想状况和兴趣爱好进行设计，捕捉教育契机。

（四）部分活动参与者应付心理较重

在调研中发现，部分理论宣讲活动流于形式，内容良莠不齐，部分学生参与时表现出应付心理。只有当学生的个性得到了充分发挥，只有当学生的需求得到了满足，学生才能把精力全身心地投入理论宣讲活动中去，达到知、情、意、信、行的和谐统一。因此，理论宣讲活动的设计，首先考虑学生的主体地位，并且兼顾大学生思想政治教育，强调全体性和全面性，以学生为中心，才能使这一要求得到充分体现。

四、创新理论宣讲的实践路径和重要作用

（一）做好宣传思想工作，加强高校意识形态阵地建设

2015 年 1 月，中共中央办公厅、国务院办公厅印发的《关于进一步加强和改进新形势下高校宣传思想工作的意见》强调指出，意识形态工作是党和国家一项极其重要的工作，高校作为意识形态工作的前沿阵地，肩负着学习研究宣传马克思主义，培育和弘扬社会主义核心价值观，为实现中华民族伟大复兴的中国梦提供人才保障和智力支持的重要任务。

近年来，“中研会”宣讲团以“学习宣传贯彻习近平新时代中国特色社会主义思想，守好大学生思想阵地”为宗旨，先后开展了“青春畅想——我与十九大同行”宣讲活动、学习贯彻习近平新时代中国特色社会主义思想系列研讨会、深入学习贯彻党的十九届四中全会精神专题研讨会、“奋力开创新局——贯彻习近平总书记重要讲话精神，推动东北全面振兴”宣讲会等活动，以贴近实际、贴近生活、贴近基层的内容为载体，积极宣传党的理论、路线、方针和政策。

通过举办这些活动，宣讲团成员积极践行社会主义核心价值观，成为传播先进文化、传递社会正能量的生力军。这些活动的顺利开展，也进一步巩固了马克思主义在意识形态领域的指导地位，促进了大学生健康成长成才。

（二）讲好中国故事，传播网络正能量

习近平总书记指出：“要把网上舆论工作作为宣传思想工作的重中之重来抓。”同时，习近平总书记强调：“讲好中国故事、传播好中国声音，向世界展现真实、立体、全面的中国，提高国家文化软实力和中华文化影响力。”随着当前网络和数字技术的广泛应用，不但带来媒体格局的深刻变化，也使舆论生态发

生重大变化。互联网尤其是微博、微信等社交媒体的出现,重新定义了信息传播方式和舆论生成形式,成为讲好中国故事、传播正能量的重要渠道。

在抗击新冠疫情期间,“中研会”宣讲团面向全校学生发出《致 DMUers:联动战“疫”青年讲师团招募令来啦!》的号召,激励海大学子共同战“疫”,为爱发声。“招募令”一经发布,我校学子热烈响应。宣讲团成员坚持“用身边人、讲身边事、说身边理”,践行“一个声音、一份炽热、一种担当”,用视频的形式传递“共克时艰、守望相助”的云端正能量,在坚决打赢疫情防控阻击战中践行初心使命,展现责任担当。

活动期间,“中研会”宣讲团共发布《风雨飘摇如磐石,海大奋进展担当》《磨砺青春,奋斗人生——海大青年在抗疫战场上奋勇搏击!》《弘扬社会主义核心价值观,彰显战“疫”青年的责任担当》《大国风范,万里驰援——诠释休戚与共的人类命运共同体》等 14 期理论宣讲视频。每期宣讲围绕一个主题展开,通过深入学习贯彻习近平总书记关于疫情防控工作重要讲话和指示批示精神,深刻记录了这场全民战“疫”中的英雄时刻和共济篇章,切实展现海大青年与国家发展同呼吸共命运的时代担当。自 3 月初发布首期宣讲视频以来,累计阅读量近 5 万人次,成为引领海大青年思想的新场域、号召海大青年行动的新动力、展现海大青年风貌的新标识。

同时,“中研会”宣讲团在新媒体平台——微信公众号“海事中研”开设战“疫”之声、“疫”线学习和“疫”线研讨等多档防疫专栏,积极组织全校学生深入学习贯彻落实习近平总书记的最新指示与要求,累计推送 2 万余字,浏览量超过 3 万,用实际行动筑起了疫情防控的网络战线,展现了海大学子的责任与担当。

(三)开展社会调研活动,深化理论宣讲内涵

深化理论宣讲内涵,必须坚持理论与实践相结合。“中研会”宣讲团依托学校提供的广阔平台和优质资源,深入红色革命圣地,从理论走向实践,在追寻革命先辈历史足迹的途中,不断探索改进宣讲途径和方法。

2019 年 7 月,“中研会”宣讲团以“红研寻忆——以江西地区红色教育资源为例” 参加暑期社会实践活动,并荣获多项一等奖和“优秀个人”荣誉称号。在江西红色革命根据地的实地考察调研中,宣讲团成员重温了老一辈无产阶级革命家的红色记忆,聆听当地讲解员的真情讲述,用脚力探索、眼力观察和脑力思考。他们在实践中不断改进学习方法,优化原有知识结构,努力掌握和运用新思想和新知识,为宣讲注入了新的活力。

(四)以学生为主体,全面提升综合素质

学习是学生的首要任务。然而,对于终将要走入社会的大学生来说,光有学习能力是不够的,出色的人际交往能力、组织协调能力、口语表达能力,会使得学生在今后的职业发展中获得更多青睐。大学生理论宣讲活动对参与者的各方面素质都有着较高要求,同样也给同学们锻炼和提高这些技能提供了有效平台。

“中研会”宣讲团秉承着“将红色理论薪火相传、发扬光大”的理念,在理论宣讲工作中一直保持着昂扬向上的团队精神和严谨的团队合作模式。其中分工合理、各司其职、高效运转的社团结构,是每一次理论宣讲活动成功举办的重要保障。近年来,“中研会”宣讲团顺利承办了我校青年马克思主义者培养工程和团校培训班两大精品活动,通过邀请校内外名师、专家开展理论培训活动,组织开展时政研讨、课题调研和主题演讲等活动,进一步锻炼了宣讲团成员的人际交往能力、组织协调能力和口语表达能力,全面提升了学生的综合素质。

此外,“中研会”宣讲团定期举行时政研讨会和思想交流会,每次活动开始之前,宣讲团成员做足准备工作,通过将宣讲内容同宣讲受众相结合,积极探索最佳的宣讲方式,力争达到最好的宣传效果。同时,每次活动结束后,所有成员集中分析宣讲中出现的问题,力求不断进步,推动宣讲活动向制度化、体系化方向发展。对具体问题建立一套有效的应对措施和改进方法,极大增强了学生活动的正反馈作用,进一步增强了学生的主体意识。

(五)吸纳理论宣讲人才,提升品牌影响力

作为辽宁省大学生红色理论宣讲团,“中研会”宣讲团始终牢记品牌意识。宣讲团结合学校中心工作,以“传承红色基因,放飞蓝色梦想”为己任,寻求宣讲团建设与校园文化特色建设的契合点。宣讲团成员通过学习领会和及时掌握党的宣传思想工作方针、政策,不断增强对客观事物的洞察力,增强思想的前瞻性、眼光的敏锐性和对宣讲工作的创造性。

在每年9月份,宣讲团会进行集中招新,同时全年在全校范围深入挖掘理论宣讲人才,及时吸纳到宣讲队伍。宣讲团通过聘请学校马克思主义学院教师担任指导教师,进一步组织新成员加强对习近平新时代中国特色社会主义思想的学习,提升新成员的理论修养和功底。

正是通过打造“人无我有,人有我优”的品牌宣讲活动,不断吸纳和培育理论宣讲人才,“中研会”宣讲团走上了可持续发展之路。

五、结束语

爱国主义教育并不是简单地喊个口号,更为重要的是付诸实践。所以高校在爱国主义教育落实中,应该加强理论和实践教学的结合,这样才能达成理想的教学效果。在新时代新形势下,过去那种传统常规的爱国主义教育方法体系已经不能满足经济社会运行发展的现实需要,需要在机制模式上进行针对性、适应性创新优化调整,通过这种方式逐步为我国经济社会的平稳健康发展创造出积极有利条件。

本文以创新大学生理论宣讲模式为切入点,在对当前大学生爱国主义教育的本质和内涵进行论述的前提下,通过深入分析当前理论宣讲存在的主要问题,并结合“中研会”宣讲团,提出通过创新理论宣讲模式,着力夯实高校意识形态阵地建设,讲好中国故事传播网络正能量,开展社会调研活动以深化理论宣讲内涵,以学生为主体全面提升综合素质,吸纳理论宣讲人才以提升品牌影响力等相关优化措施建议,旨在全面促进新时代大学生爱国主义教育机制创新实际效果方面发挥积极作用。

参考文献

[1] 李瑛. 大学生理论宣讲团建设路径初探[J]. 太原城市职业技术学院学报,2019(11):88-90.

[2] 杨柳. 新时代高校理论宣讲工作中存在的问题与对策研究[J]. 安阳师范学院学报,2019(04):18-20.

[3] 黄沐雨,刘楠. 新时代大学生思想政治理论宣讲团建设的实证研究——以天津大学学生思想政治宣讲团为例[J]. 西北成人教育学院学报,2018(05):53-57+75.

新时代大学生爱国主义教育的实践路径探究

何应学，王金兰，陈亚明，范　哲
（甘肃中医药大学第一临床医学院，甘肃 兰城　730000）

摘　要：新时代深入开展大学生爱国主义教育，培养大学生自强不息、志存高远的情怀，是引导大学生树立正确的爱国主义观的重要举措。青年学生是爱国主义教育的主要群体，爱国主义教育始终贯穿于教育的全过程，是新时代提出的必然要求。新时代大学生爱国主义教育要坚持创新方式、按照新发展理念探索新的教育模式和实践路径。本文主要是对新时代大学生爱国主义教育的实践路径进行探究，分别从新时代大学生思想特点、爱国主义教育现状，以及新时代大学生爱国主义思想内涵特征三个方面来进行论述，以此提高高校爱国主义教育的实效性。

关键词：新时代；大学生；爱国主义教育；路径

党的十九大报告指出，根据现阶段我国经济社会发展的实际情况和基本国情，中国特色社会主义进入了新时代。新时代的到来明确了我国未来发展的方向和目标定位，是一个百年大党承前启后、继往开来的政治宣言。这一重大论断，既是我们党领导人民进行伟大社会革命的延续，又是站在新起点上的新征程。深刻领会新时代在党史、新中国史上的重大意义，对于我们进一步正确认识新时代青年学生爱国主义教育的新意义、新内涵具有十分重要的意义。

爱国主义是中华民族的民族心、民族魂。爱国主义在不同国家之间、不同民族之间乃至不同的历史发展阶段，其表现形式往往也不相同。虽然爱国主义在我国不同时期都有不同的表现形式，但其内容和特点是相同的。五四爱国运动，青年学生高举爱国主义旗帜，坚决捍卫国家主权利益，挽救民族危亡，使这种去不掉、打不破、灭不了的精神得到升华，正是因为高举爱国主义的伟大旗帜,中国人民和中华民族才能够在改造中国、改造世界的拼搏中迸发出排山倒海的历史伟力[1]。当今世界正处于百年未有之大变局中,中国和世界命运紧密联系在一起。新时代的青年学生,更应心系祖国,领会爱国主义新内涵,弘扬爱国主义精神。

一、新时代大学生思想特点

(一)理想信念坚定,理论知识学习不足

作为新时代的青年学生,大部分学生都有坚定的理想信念,有着较高的政治热情,勇于追求自己的理想。但他们对国情、民情了解不够深入,对党史、国史学习不系统、不全面,理论学习只停留在“纸面上”。因此,他们缺乏对各类问题的主观判断,容易被其他声音所影响。

(二)思想积极活跃,职业生涯规划不明确

新时代的大学生处于一个信息化时代,受到互联网信息快速发展的影响较大。他们可以随时获得海量的信息,其思想呈现较为多元化的特点,具体表现为思想活跃、视野开阔、好奇心较强、知识面广,同时也更容易接触新事物,接受新观念。但他们在规划自己职业生涯的过程中,对自己的爱好、特长以及个人能力往往不能准确地把握,常常表现出“无所谓”,甚至表现出抗拒性。究其根本原因,是因为他们对自身职业生涯缺乏正确的认识,在规划的过程中没有将个人命运与国家发展相结合。

(三)看重实用功利,缺乏精神层面追求

大部分学生向往精神财富的富足,但容易受到社会不良风气的影响。对事物的评判标准往往从自身利益出发,是否对自己有利、是否具有实用性、追求利益最大化成为部分青年学生对事物价值的评判标准。重视物质满足,追逐功利,而忽略了道德修养。出现学习功利化,交友功利化,甚至入党功利化的现象。部分学生唯“成绩论”,只看重最终的分数,而忽略了学习是一个长期的过程,没有终身学习的观念;部分学生热衷于考取各种职业证书,忽略了专业课的学习;还有部分学生入党动机不纯,把入党作为未来找工作的一个优势,完全违背党的宗旨。

二、大学生爱国主义教育现状

当今青年学生爱国主义教育已经取得了一定的成果,但随着时代的发展,爱国主义教育也面临新的问题,这些问题使得青年学生爱国主义教育面临很

大挑战。世界经济快速发展,全球化背景下的文化交流越来越频繁,不同文化间的相互碰撞,以及互联网信息快速传播,使得一些青年学生对爱国主义出现错误的理解。

(一)爱国主义教育创新理念不足

课堂理论教学是目前大部分高校爱国主义教育的主要方式之一,然而,部分教师并没有根据学生发展需要创新教育理念,课堂教学始终停留在“老师讲、学生听”的层面,课堂气氛严肃,方法老套,缺少互动,学生的参与感低,使得爱国主义教育的实际效果没有达到预期。爱国主义教育过程中缺乏一套有效的方法,部分教育者对课本的内容钻研不够、认识不足,导致课堂教学照本宣科、浮于表面,所以爱国主义教育应该结合学生的专业特点和时代的发展需求,真正做到让学生学有所思、学有所悟、学有所获,收到教育活动的实效。爱国主义教育应该根据时代背景和青年学生的实际情况来开展各种形式的教育活动。

(二)爱国主义教育实践完善性不足

爱国主义教育的理论学习多以课堂为主,或是借以一些重大热点事件来学习。当今世界格局和社会生活发生翻天覆地的变化,教科书内容更新较慢,课本内容与当下青年大学生关注的热点新闻不相符。把爱国主义情感转化为实践是新时代爱国主义教育的重要内容。当前各高校开展爱国主义教育没有统一的实施方案,开展的学习活动有很多是走形式、走过场,没有在青年学生中产生共鸣,没有让学生深入思考。因此,在对青年学生进行爱国主义教育的过程中要有明确的目标,使学生对党史国史知识的了解不断提高,爱国情感不断增强,逐渐构建一套系统完整的教育实践体系。

(三)爱国主义教育内容新颖性不足

爱国主义教育应该是形象的、生动的,应该根据时代变化的特点进行讲授。在教学过程中应当将这些内容变得有血、有肉、有温度,富有感染力,进而引发学生的兴趣。因此,要通过教师的启发引导,深化情感体验,真正在学生自己的内心深处迸发出深沉的爱国情怀。爱国是神圣的、严肃的,但是教育方式可以是活泼的、轻松的。所以,爱国主义教育必须紧跟时代的步伐,及时更新、寓教于学。

(四)爱国主义教育形式缺乏多元性

新时代青年学生对爱国主义的理论认知大部分是通过思政课教师和学生辅导员来完成,基本以上课、培训和专题讲座等形式开展。但是,这种单一的教育方式,很难真正增强学生的爱国主义情感,更不能弘扬和践行爱国主义。高校爱国主义教育应该采取多元化的教育方式,通过情境化体验、重大历史事件纪念活动、前往革命圣地、遗址参观等方式进行学习,从党的历史和革命先辈先烈的事迹中汲取营养,激发学生的爱国情感。

三、新时代大学生爱国主义思想的内涵特征

习近平总书记多次提到爱国主义的重要性,深刻阐述了爱国是公民最基本的道德准则,爱国主义思想是中华民族发展的重要组成部分[2]。

(一)新时代大学生爱国主义思想内涵

党的十八大以来,以习近平同志为核心的党中央高度重视青年学生的爱国主义教育,做出了一系列重要的战略部署[3]。习近平新时代中国特色社会主义思想赋予了爱国主义新内涵,那就是实现中华民族伟大复兴的中国梦。一代人有一代人的使命与责任,新时代青年应承担起实现第二个百年目标的大任,爱国主义有了鲜明主题与明确目标。要让“请党放心,强国有我”不仅是一句响亮的口号,更成为一个坚定的承诺。“实现中国梦必须弘扬中国精神……这种精神是凝心聚力的兴国之魂、强国之魂。中华民族坚强团结在一起的精神力量始终是爱国主义,鞭策我们在改革开放中与时俱进的精神力量始终是改革创新,中国人民一定要大力弘扬民族精神和时代精神,不断增强团结一心的精神纽带、自强不息的精神动力。”[4]

习近平总书记曾指出:“在中华民族几千年绵延发展的历史长河中,爱国主义始终是激昂的主旋律,始终是激励我国各族人民自强不息的强大力量。”[5]自古以来,中华民族之所以能够经受住无数难以想象的挑战和考验,不断发展壮大,生生不息,薪火相传,同中华民族有深厚持久的爱国主义精神是密不可分的[6]。实现中华民族伟大复兴既是近代以来无数中华儿女梦寐以求的伟大期盼,也是迈向社会主义现代化强国的伟大夙愿,更是当今中国爱国主义的主旋律。

习近平总书记强调:“当今中国爱国主义的鲜明主题是实现中华民族伟大复兴的中国梦,要大力弘扬伟大的爱国主义精神,大力弘扬以改革创新为核心的时代精神,为实现中华民族伟大复兴的中国梦提供共同精神支柱和强大精神动力。”[7]“两个一百年”的伟大奋斗目标绘制出了中国梦的宏伟蓝图,而中国梦的实现需要爱国主义提供的向心力和凝聚力作为支撑。习近平新时代爱国主义思想以伟大复兴中国梦为最高理想,将爱国主义理想信念与国家命运、人民福祉紧密融为一体,为实现“两个一百年”伟大目标提供精神力量。

(二)新时代爱国主义特征

习近平总书记在十八届中央政治局第二十九次集体学习时提出:“弘扬爱国主义精神,必须坚持爱国主义和社会主义相统一,我国爱国主义始终围绕着实现民族富强、人民幸福而发展,最终汇流于中国特色社会主义。”[8]我们应该深刻把握新时代爱国主义特征的新变化,顺应时代主题,让青年学生更加明确自己身上所担负的历史使命和责任,同时也认识到新时代爱国主义就是坚持中国共产党的领导、热爱社会主义社会。

中国共产党自1921年7月建党以来,就承担了将中华民族拯救于水深火热、受压迫、受剥削的亡国灭族困境的历史任务。在党不断领导各族人民历经磨难,取得抗日战争、解放战争的胜利和改革开放硕果的百年征程里,在中华民族从站起来到强起来的强国之路里,我们不断实践、积累、总结得到的经验、智慧就是要坚持中国共产党的领导,坚持中国特色社会主义道路。百年大党风华正茂,作为中国工人阶级的先锋队、中国人民和中华民族的先锋队,不忘初心是党的不竭动力;百年党史,是一部中华儿女血泪史与奋斗史,也是一部中国共产党为人民谋幸福、为民族谋复兴的历史。百年未有之大变局加速发展,这部党史,以及联合中华优秀传统文化,就是我们继续奋斗、争取早日实现第二个百年奋斗目标的底气和根据。只有不断增强对民族、对祖国、对中国共产党和中国特色社会主义的认同,爱国主义情感才能得到提升。新时代爱国、爱党、爱社会主义的联系具有内在统一性,并不是对立的[9]。中国特色社会主义最本质的特征就是党的领导,坚持党的领导核心,是中华民族的命运所系[10]。

四、新时代青年学生爱国主义教育的路径探讨

青年学生是接受爱国主义教育的主要群体。2019年中共中央、国务院印发的《新时代爱国主义教育实施纲要》明确指出,要不断丰富爱国主义教育的实践载体、创新举措,立足学生的成长规律,引导青年学生把实现个人理想融入国家和民族的复兴伟业中,在努力实现中华民族伟大复兴的生动实践中创造自己的精彩人生[11]。

(一)以教师为主导,发挥主观能动性

习近平总书记指出:“教师思想政治状况具有很强的示范性,要坚持教育者先受教育,让教师更好担当起学生健康成长指导者和引路人的责任。”[12]教师在爱国主义教育过程中起到了至关重要的作用,同时也是育人的关键所在。随着社会快速发展,教师传授知识和学生获取知识的方式、方法发生了重大转

变。教师不但要有扎实的理论知识、过硬的教学本领，还要有负责的教学态度和新颖的教学方法，实现全员育人、全方位育人、全过程育人，让青年学生变得有责任、有担当。

爱国主义教育是高校思想政治工作者义不容辞的责任和义务，而广大教育工作者亦是责无旁贷，没有辅导员、班主任等教育工作者的参与，爱国主义教育很难取得好的效果[13]。广大教师应该根据所授课程的基本要求和特点，结合中华民族从站起来到富起来再到强起来的伟大历史性飞跃，引导青年学生深刻思考中国共产党为什么"能"、马克思主义为什么"行"、中国特色社会主义为什么"好"。习近平总书记在学校思想政治理论课教师座谈会上强调，要有堂堂正正的人格，用高尚的人格感染学生、赢得学生，用真理的力量感召学生，以深厚的理论功底赢得学生，自觉做为学为人的表率，做让学生喜爱的人[14]。爱国主义情怀应该作为教育工作者追求的基本价值，身体力行、引领示范，把爱国主义教育融入课堂教育的始终，把自己对国家和民族深厚的感情和坚定的信念潜移默化地传播到青年学生之中。

与此同时，教师要与时俱进，熟练掌握新技术，运用新媒体、优化教学内容、采用现代化教学手段和新颖的教学方法；针对学生不同的专业领域，在课堂设计中，也要做出相应的调整，提升教育亲和力。

(二)以学生为中心，加强认知教育

青年学生的爱国情怀是真挚的，却也容易受到外界的影响。因此，要增强青年学生的认知教育，使青年学生充分认识到我国璀璨的历史文明和伟大的民族精神，才能让青年学生拥有坚定的爱国主义热情。要让青年树立正确的历史观、民族观和国家观。树立正确的历史观，坚持唯物史观，历史唯物主义是经实践证明了的科学的世界观与方法论，强调"中国的今天是从中国的昨天和前天发展而来的"[15]。树立正确的民族观，要正确认识我国是一个多民族国家，各民族团结奋进是国家发展的前提条件，认识中华五千年的文明发展史也是各民族交往、交流、交融的历史，铸牢中华民族共同体意识。树立正确的国家观，充分认识中国共产党党史、新中国发展史、改革开放史和社会主义形成和发展的历史，坚持以马克思主义哲学的唯物史观为指导，其本质要求就是要大力培育和弘扬爱国主义精神，引导青年学生正确认识新时代中国特色社会主义的科学性和优越性。

(三)弘扬中华文化，坚定文化自信

习近平总书记指出："中华优秀传统文化已经成为中华民族的基因，植根

在中国人内心，潜移默化影响着中国人的思想方式和行为方式。”[16]培养青年学生的爱国主义情怀，应当根植于中华优秀传统文化，从优秀传统文化土壤中汲取绵绵不断的养分。正如习近平总书记所说的“守正创新”，应当深刻挖掘历史文化事件中体现井冈山精神、长征精神、“两弹一星”精神和抗“疫”精神等的爱国主义素材和人物自身蕴含的伟大民族精神，传承传统文化中积极进取、自强不息、仁义忠信的精华部分，创新性地将爱国主义精神与中华优秀传统文化深度融合。培养青年学生的爱国主义情怀，就是要培养其对文化和民族的认同感、归属感与尊严感，就是要处理好国家与个人的依存关系，这是新时代青年学生爱国主义教育实践的重要发展方向。

大力弘扬中华优秀传统文化不仅有助于加强全社会的思想道德建设，提升全民文化素养，更是在助推大学生成长成才和培养德、智、体、美、劳全面发展的时代新人进程中发挥着强大的精神力量，中华优秀传统文化蕴含的优良品质已然成为大学生助人为乐、勇毅力行、敢为人先的青春写照，激励他们肩负起实现中国梦的历史使命。同时在全球化背景下，坚持古为今用、推陈出新，深化文化体制改革，进一步推动中华优秀传统文化创造性转化、创新性发展。

（四）开拓新形式，丰富爱国主义教育内涵

高校是爱国主义教育的主战场，面向新时代大学生必须创新教育形式，提高活动的吸引力、传播力，让青年学生主动参与其中。根据办学特色和专业优势寻找最佳切入点，打造多元化实践活动，把爱国主义教育融入学生日常生活、学习中。从根源上解决爱国主义教育过程中遇到的配方陈旧、工艺粗糙等问题。回首过去，中国共产党的发展和中国共青团的发展相辅相成，这无疑都是符合大学生特质和底蕴的最佳切入点。

组织开展丰富多彩的校园文化活动，如通过情景剧等形式，创新开展爱国主义教学活动，增强学生体验感和代入感。高校应该采取渗透式的教育方式，创设多种情境，将爱国主义教育内容融合到特定的情境中，力图通过百年前后青年的对话，让青年学生学会换位思考，从进入情景剧“角色”开始，使学生沉浸在励志救国、战“疫”故事、先进典型事迹的氛围中，在“演绎”角色的过程中，学生主动查阅历史资料，进而引发思考，最后回归课堂、回归理论，使教育意义进入学生心里。此外，还可以灵活运用各类新载体，如红色革命根据地、新媒体、开展志愿者服务等，拓宽爱国主义实践新领域。

五、结语

总之，根据新时代爱国主义教育提出的新要求，高校爱国主义教育的路径

和方法也需要与时俱进,不能搞“一刀切”,应该有针对性地、创新性地、多元化地开展爱国主义教育,弘扬爱国主义精神,激发爱国热情;同时还需要不断完善和丰富教育载体,优化教育资源,强化新时代爱国主义教育的核心内容。培养青年学生听党话、跟党走,将“小我”融入中国梦之中,引领广大青年学生坚定理想信念,勇担青春使命。

参考文献

[1] 习近平. 在纪念五四运动 100 周年大会上的讲话[N]. 人民日报, 2019-05-01(2).

[2] 靳建红. 新时代大学生爱国主义教育创新研究[D]. 石家庄:河北经贸大学,2018.

[3] 本报评论员. 让爱国主义精神牢牢扎根[N]. 人民日报,2019-11-13(3).

[4] 习近平. 习近平谈治国理政[M]. 北京:外文出版社,2014:40.

[5] 苏士亮. 做好新形势下的爱国主义教育[J]. 中国政协, 2016(18):40.

[6] 习近平. 习近平谈治国理政(第一卷)[M]. 北京:外文出版社, 2018:128.

[7] 中共中央文献研究室. 习近平关于社会主义文化建设论述摘编[M]. 北京:中央文献出版社,2017:127,191.

[8] 习近平. 在中共中央政治局第二十九次集体学习时的讲话[N]. 人民日报,2015-12-30.

[9] 弘扬爱国主义精神必须坚持爱国主义和社会主义相统一[N]. 光明日报,2016-03-01.

[10] 中共中央宣传部. 习近平谈治国理政(第一卷)[M]. 北京:外文出版社,2017:18.

[11] 中共中央、国务院印发《新时代爱国主义教育实施纲要》[J]. 中华人民共和国国务院公报,2019(33):8-15.

[12] 习近平在北京大学师生座谈会上的讲话[J]. 北京青年工作研究, 2018(5):10-13.

[13] 曲建武,陈曦. 发挥高校教师爱国主义教育作用的“四重维度”[J]. 中国大学教学,2021(S01):112-116.

[14] 习近平谈治国理政(第三卷)[M]. 北京:外文出版社,2020:330.
[15] 习近平在中共中央政治局第十八次集体学习时强调:牢记历史经验历史教训历史警示为国家治理能力现代化提供有益借鉴[N]. 人民日报,2014-10-14(1).

"认知—情感—践行"维度下的新时代高校爱国主义教育研究

辛　欣,陈南坤,周晓菲

(哈尔滨工业大学,黑龙江 哈尔滨　150001)

摘　要:新时代的爱国主义教育以习近平新时代中国特色社会主义思想为指导,强调培养具有爱国心、强国志、报国行的社会主义建设者和接班人。高校开展爱国主义教育应立足"立德树人",把握好课堂教育的主阵地,将理论教育、情感教育和实践教育有机结合,引导新时代青年大学生厘清"什么是爱国""为什么爱国"以及"怎么样报国",从时间、内容、主体三个层面上阐释爱国主义教育的内涵,通过建立爱国主义知识教育系统、爱国主义情感教育模式和爱国主义实践教育指南的"认知—情感—践行"三维教育教学系统,提升高校爱国主义教育工作的有效性,使爱国主义思想成为青年大学生日常行动的坚定信念和行为指南。

关键词:高校爱国主义教育;"认知—情感—践行";青年大学生

中共中央国务院《新时代爱国主义教育实施纲要》对新时代的爱国主义教育做了总体部署,为开展大学生爱国主义教育明确了思路和方向[1]。习近平总书记指出:"对新时代中国青年学生来说,热爱祖国是我们立身发展之本、成才之基。"[2]高校开展爱国主义教育应立足"立德树人",以培育时代新人为目标,重点回答清楚三个问题,即"什么是爱国""为什么爱国"以及"怎么样报国",通过重点把握爱国主义教育在时间、内容和主体三个层面上的内涵,构建"认知—情感—践行"的三维教育教学系统,使大学生建立"理解理论知识—形成情感信仰—付诸实际行动"的内在教育路径,坚定理想信念,厚植家国情怀,使爱国主义思想成为青年大学生日常行动的坚定信念和行为指南。

一、爱国主义教育的内涵特点

爱国主义教育在面向不同的人群时具有不同的价值导向，在处于特定的历史阶段时具有不同的思想教育效果。高校在开展爱国主义教育工作时，要充分考虑教育活动在时间、内容和主体三个层面上展现出的不同的爱国主义元素，妥善处理该元素与受教育对象的关系，把握爱国主义教育的关键性步骤。

（一）爱国主义教育在时间层面上具有时代的独特性

基于历史性特点，爱国主义在不同背景和时期下有着不同的内涵和特质。新时代的爱国主义教育从时间层面上来看，正处于“百年未有之大变局”“实现中华民族伟大复兴”这两个关键性节点。从国际形势来看，处于经济全球化之下的中国发展目前遭受到了西方国家的遏制，实现中华民族的伟大复兴更加需要全体人民，尤其是青年与党和国家齐心协力、谋求发展。从国内情况来看，随着中国综合实力的增强，中国在世界上的影响力逐渐增大，互联网新时代背景下的青年大学生，在思维的开放度和多元化上具有显著的时代特点，紧扣时代背景，加强青年大学生的爱国主义教育，强化民族认同感和文化自豪感显得尤为重要。因此，在时间层面上要密切结合时代背景的独特性和不可复制性，创新性地优化高校爱国主义教育工作中的教学目标、教学形式和方法，深刻把握爱国主义教育的内涵。

（二）爱国主义教育在内容层面上具有时代创新性

中共中央国务院《新时代爱国主义教育实施纲要》中，爱国主义教育内容新增了中国梦，“四史”（即党史、新中国史、改革开放史、社会主义发展史）等方面的教育。新时代爱国主义教育的内容同样具有鲜明的时代特征：以习近平新时代中国特色社会主义思想铸魂育人；以实现中华民族伟大复兴的中国梦为鲜明主题；将爱党、爱国、爱社会主义相统一；将弘扬爱国主义精神与扩大对外开放相结合[3]。

对于高校的爱国主义教育工作，应大力创新教学内容，如何创新性地引导大学生认真参与学习、领悟习近平新时代中国特色社会主义思想，并将其用于指导日常行为规范和个人前途命运的规划发展，是教育内容的重中之重。

（三）爱国主义教育在教育主体层面上具有协同育人性

开展爱国主义教育的主体不仅是指学校，还包括家庭和社会。在进行高校爱国主义教育时，应促进三个主体实现“三位一体”，将三者进行有机统一，合力引导青年大学生的思想、情感和行为,从而达到协同育人的成效。在学校层面,要着力建设一支有情怀、有能力、有理论的高校思想政治教育队伍,强化高校教师团队建设、辅导员、班主任队伍建设,提升专职思想政治教育工作者的能力素养和业务水平。此外,拓展外援教师力量,邀请老干部、部队战士、资深教授、各行业专家进入高校课堂,用实际生活中的案例,增强爱国主义教育的生动性。在家庭层面上,新时代的爱国主义教育,要重点突出家庭的参与度,强化家庭教育在青年大学生的成长过程中的参与陪伴和规划指导。在社会层面上,要广泛进行宣传和教育,推动广大人民感受爱国主义思想熏陶、参与爱国主义活动,形成良好的社会舆论和风气,通过言传身教使爱国主义精神薪火相传。

二、健全爱国主义知识教育系统,厘清“什么是爱国”

认知的过程是人们认识外界、进行信息处理和加工的过程,是行为的基础。加强高校大学生对爱国主义知识的认知和理解,是强化身份意识和民族认同感的基础。高校在知识传播领域具有得天独厚的教育优势,高校的爱国主义教育,要立足“立德树人”,统筹教育主阵地上的教学资源,把握时代独特性、聚焦“古今”,建设爱国主义教育系列课程体系,创新教学手段,充分利用互联网信息技术,引导青年大学生在了解党史、国史、国情等过程中逐渐厘清“什么是爱国”,深化爱国主义知识教育。

(一)聚焦“古今”形势,掌握“历史教育”和“国情教育”

1. 开展爱国主义知识教育要紧扣时代背景和影响,聚焦于“古”

“学习党史、国史是坚持和发展中国特色社会主义,把党和国家各项事业继续推向前进的必修课。”高校在爱国主义教育中要积极引导学生养成研读历史的良好习惯,从历史领域强化爱国教育,引导青年大学生理解历史沿革和奋斗历程,珍惜历史成就,坚定道路自信。在爱国主义知识教育中,开展中国梦主题教育,阐释中国为什么要选择马克思主义、为什么要走中国特色社会主义道路,使青年大学生深刻认识到中国共产党为什么“能”、马克思主义为什么“行”、中国特色社会主义为什么“好”,培育民族自豪感和国家认同感[4]。

2. 开展爱国教育要与时俱进,关注时代背景下的“今”

高校爱国主义教育要加强对目前国情、国际形势等的时政教育,注重引导青年大学生切实思考和理解马克思主义中国化的必要性和重要成果,增强青年大学生对时事新闻的甄别和判断能力,引导大学生结合实现中华民族伟大复兴的中国梦来确立个人目标,自觉践行爱国主义,做将个人发展与当今国家、社会实际情况相结合的时代新人。

（二）创新教学内容，健全爱国主义教育系列课程体系

1. 统筹搭建“思政课程”的教育教学体系

在教学内容上，要完善爱国主义系列教育课程设置，就要统筹好“中国近现代史纲要”“形势与政策”等思想政治理论课程，发挥其主阵地的作用，将爱国主义教育合理地嵌入思想政治理论课中，作为核心内容开展教育工作，推进相关理论研究，将爱国主义认知教育融入教材、教案和课堂中去，依托历史学、政治学、社会学等学科专业课程，运用课堂互动、参观访谈、观影阅读等多种方式生动地开展爱国主义教育。

2. 扎实推进“课程思政”的协同并进

在高校爱国主义教育中要广泛、深入地挖掘其他各门课程中的爱国主义元素，尤其是高校教育中占比最大的专业课程中的爱国主义相关教育内容和资源，扎实做好爱国主义教育背景下各类专业课堂的“课程思政”。在实际的教学环节和教案设计上，深入挖掘爱国主义教育元素，与专业课、文理通识课、前沿科学课程等高效融合，在课堂教学环节用真实、生动、有针对性的爱国主义素材和案例来丰富教学内容，实现“思政课程”和“课程思政”统筹并行。

（三）应用网络信息技术，创新“线上”结合“线下”的教学形式

1. 延续线下传统教育平台知识系统全面、覆盖面广的优势

在爱国主义教育中，拓宽教育路径，要在传统的教育阵地上做好传统教材的编写，完善爱国主义教材，扩展书目的资源。同时，进一步推动线下教育品牌活动，将爱国主义主题教育内容融入音乐、美术、舞蹈、戏剧等作品中，在“德、智、体、美、劳”教育的方方面面中开展爱国主义教育，从而发挥传统教育平台知识系统全面、教育对象覆盖面广等优势。

2. 扩展爱国主义教育线上平台时效性强、传播力广的优势

充分发挥互联网的教育优势，应用新媒体、网站、手机客户端等线上平台将爱国主义知识和青年大学生的兴趣爱好有机统一。在高校爱国主义教育中，应创新扩展互联网线上教育平台和品牌的建设，形成新媒体文化宣传矩阵。通过文案设计、动漫创作、小游戏开发、短视频拍摄等，补充线下课堂教学内容，结合线上进行思想引领教育，构建专属的、特定的、又红又专的线上宣传教育平台，增强互联网时代下爱国主义教育的时效性、针对性、传播力与影响力。

三、构建爱国主义情感教育模式,释疑"为什么爱国"

青年大学生是否具有深刻的爱国主义情感,决定了青年大学生在行为和活动中是否能够做出正面、理性的行为。因此,新时代的爱国主义教育,应该重点建立完善的爱国主义情感教育模式,增加青年对民族身份的认同,激发"国家认同感",以"情感教育"引导青年明理,通过爱国主义教育活动产生情感上的共鸣,开展"信念教育",从而深入引领个体信仰体系的建立,培育担当精神与责任感,强化大学生对国家民族的认同感和归属感,释疑"为什么爱国"。

(一)完善"身份名片",建立正向积极的民族自豪感和国家认同感

爱国是身份认同感、国家认同感、民族自豪感和国家复兴的使命感等复杂情感世界的有机协调和统一。高校爱国主义情感教育的重要思想阵地之一就是要引导青年大学生厚植爱国主义情感,完善自己的"身份名片"信息,明确个人定位,建立正向积极、理性健康的民族和国家认同感,将个人、家庭和国家的前途命运相结合,强化文化归属感、国家认同感。青年大学生作为担当民族复兴重任的社会主义合格建设者和可靠接班人,要在国家情感认同的基础上,自觉以国家繁荣富强为己任。正向积极、理性健全的爱国主义情感教育模式会进一步引导青年大学生把热爱祖国与关心、推动人类的共同发展相结合,以更加包容、更加理性的方式培养爱国主义情感。

(二)结合教育活动,创设爱国主义教育情境,激发青年共情

情感是在特定环境下受到外部世界的信息冲击后引发的真实感受。高校在开展爱国主义教育时,应从创设教育情境领域出发,融情于境,激发青年大学生的共情,从而产生情感上的共鸣,增强民族自豪感和国家认同感。创设爱国主义教育情境具体包括依托国庆等特殊重大时间节点开展缅怀型、纪念型爱国主义教育;搭建情境、场景环境,通过视觉、触觉、声觉等方面的综合感官刺激,使青年大学生在模拟环境中,真实地感受和触摸爱国主义教育的元素,产生情感共鸣;借助国内外热点时政新闻,精心设计教育活动,鼓励课堂教学的开放式,引导自主探究,增进与爱国主义教育的情感共振。

(三)树立先进典型,以爱国主义榜样引领青年理想信念教育

新时代背景下复杂的国际形势、多变的社会环境,信息技术手段的快速普及,新自由主义等不良思想,给作为"数字原住民"的青年大学生的思想带来了巨大的影响,不少消极情绪严重影响了他们正确价值观的塑造。"青年兴则

国家兴,青年强则国家强。"[5]高校要围绕爱国主义思想加强对青年大学生的理想信念教育。

发挥先进典型的引领作用,将理想信念通过具体化、形象化的表达,利用劳动模范、道德模范、时代楷模等先进事迹,以榜样的力量激励和鼓舞青年大学生,引导青年树立正确的价值观,以健康积极的三观为"砖",建构起坚挺的理想信念之"墙",确保在复杂多变的国内外形势中处变不惊,保持清晰的头脑和缜密的逻辑思辨能力,勇担时代赋予的责任与使命。大学生要在爱国主义教育中思考个人的前途发展和行动目标,并做出具备个人特色的可行性实施规划,将远大理想和坚定信念相结合,脚踏实地,砥砺奋斗。

(四)磨砺青年意志,培育新时代青年的担当精神与责任感

新时代青年大学生普遍为独生子女,成长中独立意识不强、抗挫折能力较差、责任感不强。高校爱国主义情感教育通过构建科学的教育模式,为青年释疑"为什么爱国",旨在培养新时代有志青年。培养青年大学生独立自主的生活、学习习惯,减少"包办式"服务;加强团结协作能力、抗压抗挫能力的培养;引导青年大学生学习不怕苦、不怕累的"革命精神",培养青年大学生坚韧的品格,磨砺青年意志,勇担时代责任。青年一代的担当精神与责任感关系着国家与民族的前途和未来。高校要把担当精神与责任感的培育融入爱国主义教育,引导新时代青年大学生勇担时代重任[6]。这也是爱国主义情感教育模式下的重要目标之一。

高校在开展新时代爱国主义教育时,要把个体的内在情感与外部世界相结合、精神引领与行为实践有机统一,使爱国主义通过观念正确、逻辑严谨、理性的认知产生特定的爱国主义情感,通过引导进一步构建青年的信仰与价值观,达到从对"爱国主义理论知识"的认知、了解到激发"爱国主义情感"的目的,从而指导、规范青年的日常行为和活动,培育新时代青年的担当精神与责任感。

四、拓展爱国主义实践教育体系,践行"怎么样报国"

建立爱国主义实践体系,引导青年大学生把爱国之情转化为强国之志,主动承担和履行社会责任,践行社会担当,从"为什么爱国""什么是爱国"升华到"怎么样报国",在培育担当精神中坚定爱国主义。通过积极组织形式多样的实践活动,顺应时代背景组织专项实践教育活动,健全实践活动的保障政策和支持体系,加强思想引领、提升社会责任感和强化价值认同等方面来引导青年大学生把爱国主义认知转化为日常行为,立足当下,把爱国情转化为报

国行。

（一）深入一线基层，组织形式多样的教育实践活动

积极组织知识教育实践、国情教育实践、主题社会实践、劳动教育实践、各类科技创新实践等丰富多样的活动，引导青年大学生深入社会生产和实践一线中去，深入传统革命老区中去，深入政府、村镇中去，深入高新技术龙头企业中去；进行志愿服务、国情调查、科技研究等实践活动，促进青年大学生在实际情景中强化知识建构和情感认同，增强对党和国家方针政策的认知和认同，培育社会责任意识，力所能及地为社会做贡献。

（二）顺应时代背景，组织重大专项实践教育活动

把握爱国主义教育在时间层面上的独特性，顺应时代背景，以重大的社会现实为契机，组织青年大学生进行专项实践教育，服务人民，奉献社会。如在2008年汶川地震、2020年新冠疫情的特殊场景下，青年大学生在高校、家庭和社会的教育引导下，围绕时代话题开展的投身一线服务、搬运物资、参与社区值班等志愿服务工作，以实际行动支持、回报社会，就是一场专项的爱国主义实践教育，成功地把青年大学生的个人行为融入祖国的需求中。

（三）重视基础保障，建立实践活动的保障体系

健全基础保障，为新时代爱国主义教育提供有力的保障政策和支持体系，把爱国主义教育作为学校党委工作和思想政治工作的重点内容之一，把爱国主义教育实践活动纳入人才培养方案中。同时，加强建设校内实践基地，拓展校外爱国主义教育实践基地，推进实践活动进机关、村镇、企业、社区等，形成学校、政府、家庭和社会四位一体的育人模式。优化资源配置和资金保障，加大对爱国主义教育领域的投入，设置专项经费鼓励教师、辅导员等引领学生开展实践活动，提升实践育人的效果。

（四）加强思想引领，强化生涯规划指导

从高校青年大学生步入校园起，加强对青年大学生的入学教育、思想引领教育、生涯规划与就业指导，鼓励新时代青年大学生到祖国和人民最需要的地方去建功立业，引导毕业生进军重要民生工程、重大国防工程、重要能源领域工程、军队等，以掌握科学技术来报效祖国、树立家国情怀，将个人的发展与国家和民族的前途、命运相结合，为实现中华民族伟大复兴的中国梦贡献微薄之力，在细小细微处践行爱国主义。

参考文献

[1] 中共中央、国务院印发《新时代爱国主义教育实施纲要》[N]. 人民日报,2019-11-13(06).

[2] 习近平在纪念五四运动 100 周年大会上的讲话[N]. 人民日报,2019-05- 01(02).

[3] 林秋琴. 新时代大学生爱国主义教育研究[J]. 思想理论教育,2020(10):102-105.

[4] 冯君颢. 爱国主义教育应成为学校"开学第一课"[J]. 教学与管理,2020(24):30-33.

[5] 习近平. 决胜全面建成小康社会夺取新时代中国特色社会主义伟大胜利——在中国共产党第十九次全国代表大会上的报告(单行本)[M]. 北京:人民出版社,2017.

[6] 魏勃,李治勇. 凝心铸魂推进新时代大学生爱国主义教育[J]. 学校党建与思想教育,2020(6):45-47.

事件认知视角下大学生
社会主义核心价值观内化教育研究

吴　晨

（江苏师范大学，江苏 徐州　221116）

摘　要：社会事件是推动社会进步与发展的重要契机，事件以其具体可感而蕴藏着丰厚的育人元素，是实现以文化人、以文育人，推动社会主义核心价值观内化的重要资源。大学生处于价值观形成的关键时期，抓住“社会事件”进行价值观认知教育，既有利于廓清对事实的价值判断，又可以对大学生进行思想引领，实现价值观内化从而推动践行。面对“00后”大学生自身特点的多维性、复杂性和辩证性，抓住社会性的事件对大学生进行合理的价值观引导，必须辩之以正，动之以情，晓之以理，化之以文，最终实现“立德树人”，促进大学生的健康成长，真正为祖国培养合格建设者和可靠接班人。

关键词：事件认知；价值观内化；大学生；路径

人是社会关系的产物，因此必然处于一定的社会关系之中，受到社会上各类人物和事件的影响，从而形成或改变自己的价值观念。社会主义核心价值观作为中华民族核心价值体系的内核，是全民族共同遵循的价值尺度，也是青年大学生必须内化于心、外化于行的核心价值。习近平总书记深刻指出：“社会主义核心价值观是当代中国精神的集中体现，凝结着全体人民共同的价值追求。要以培养担当民族复兴大任的时代新人为着眼点，强化教育引导、实践养成、制度保障，发挥社会主义核心价值观对国民教育、精神文明创建、精神文化产品创作生产传播的引领作用，把社会主义核心价值观融入社会发展各方面，转化为人民的情感认同和行为习惯。”[1] 如何强化大学生的核心价值素养，把社会主义核心价值观融入大学生的日常生活，通过社会事件特殊作用的深度挖掘，实现价值观内化是一条行之有效的可靠路径。

一、概念辨析:事件、认知与内化

探讨事件认知视角下的大学生社会主义核心价值观内化间距,必须明晰相关概念的内涵与外延。所谓“事件”,按《辞海》解释:“指历史上或社会上发生的大事。”[2]根据这一解释,我们可以把“事件”理解为历史上已经发生的事件或当下正在发生的事件。正是历史与现实构成了大学生生活的场域,对大学生价值观的嬗变产生着不可忽视的重要影响。所谓“认知”,按《辞海》解释:“即认识,在现代心理学中通常译作认知。指人类认识客观事物、获得知识的活动。包括知觉、记忆、学习、言语、思维和问题解决等过程。”[3]按照经典认知心理学的观点,人的认知活动具有规律可循,它是作为主体的人对客体也就是外界形成刺激源的信息进行积极加工的心理活动过程。所谓“内化”,心理学或社会学一般认为,是主体的人对作为客体的外部事物经由认知活动,产生自我初步认识并进行个人思维后,形成自我较为牢固价值观的活动行为。内化是个人接受群体或社会的规范,并使之成为主体人自身人格一部分的过程。在相关理论创立者迪尔克姆看来,“社会本身即具有规范的体系,超越个人意识独立存在,通过内化过程,植根于个人意识之中”。[4]

廓清上述三个概念,为针对大学生进行事件认知的价值观内化奠定了基础。大学生处于价值观形成的时期,处于从学生阶段走向职场的最后一个时期,也是进行核心价值观教育最关键的时期,这个时候高校教育培养的成效是否合格,直接决定了大学生走向职场后的成长是否顺利。面对作为社会主义核心价值观从内化到践行存在的问题,诸如价值观教育过于偏向于说教与灌输,大学生的价值观朦胧多变、排斥说教等,高校如果能够敏锐地抓住“事件”、巧妙地借用事件践行社会主义核心价值观的认知教育,引导大学生正确判断对于事件应该持有的正确态度,然后形成价值观判断并根植于内心深处,就会形成内化,为践行社会主义核心价值观,将其落实为个人自觉的行动奠定基础,这也是做好大学生思想政治教育的重要手段和关键一环。

二、内化对象:“00 后”大学生的特点分析

习近平总书记指出:“一个时代有一个时代的问题,一代人有一代人的使命。”[5] 2000 年之后出生的这一代青年是实现中华民族伟大复兴的重要生力军和中坚力量,这一代人的理想信念、价值取向、精神风貌、综合素质,是国家核心竞争力的重要因素。特别是当代青年大学生欣逢全面建成小康社会,开始迈向全面建设社会主义现代化国家新征程,他们必将成为实现中华民族伟

大复兴中国梦的中坚和骨干力量。换而言之,“富强、民主、文明、和谐、美丽”的社会主义现代化强国将在这一代青年大学生的努力中得以实现,这是当代大学生的光荣,也是一份艰巨的使命和责任。因此,敏锐抓住当代大学生自身的特点,是进行针对性思想教育特别是进行价值观内化的重要基础性工作。

习近平总书记指出:“青年是整个社会力量中最积极、最有生气的力量,国家的希望在青年,民族的未来在青年。”[6]从积极的方面看,“00后”大学生生活于中国改革开放、深度融入国际的时代,生活于互联网高度发达、信息极为丰富的时代,这是整个地球成为“地球村”的时代,中西文化交融、碰撞,多重价值观交融、嬗变、对抗,深刻地影响着青年人的思维与行动。因此,当代大学生视野开阔,善于接受新生事物,开放意识极为浓厚,具有丰富的国际化视野与思维,具有较为强烈的爱国意识和爱国行为。在一些重大社会活动和事件中,广大青年有着优秀的表现。

从存在问题的方面整体看,由于“00后”大学生出生于中国改革开放取得了巨大成就的时代、生活于中国日益现代化的时代,因此他们整体上处于衣食无忧的状态,与父辈相比,他们的物质资源极其丰富,甚至部分大学生处于养尊处优的状态,对农村生活、生活艰辛、体力劳动理解不深不透,个别大学生甚至有着“何不食肉糜”的混沌心理;有的大学生体质虚弱,面对体育课、军训等需要一定体力的活动有畏难情绪;思想上容易享受顺境,难以接受逆境,抗挫折、抗打击能力偏弱,存在着公民意识与责任意识弱、吃苦耐劳品质不够的问题。部分大学生存在容易改变、价值观不够清晰坚定的弱点;有些甚至失去了青年大学生应该具有的蓬勃朝气、昂扬锐气和奋斗勇气;有的大学生有朴素的爱国热情但政治立场不坚定、有理想信念但道德观念多元、有学习能力但实践能力偏弱、有个性但缺乏彰显个性的心理素质、渴望友谊但人际关系淡漠等问题。

青年大学生自身特点的多维性、复杂性和不成熟性是思想政治教育工作者强化对大学生进行思想引领的重要工作依据和解决问题的根本出发点。利用事件进行大学生思想教育,让社会主义核心价值观的教育具体可感,是有的放矢实现育人效果优化的必然要求。

三、合理引导:以事件推动社会主义核心价值观内化

人的认知总是受到社会上的人和事的影响,形成后天的价值观。从教育的角度看,人的思想与观念都可以受到影响,发生转变,这就给思想政治教育工作提出了要求,如何有效地影响教育对象、感染教育对象,从而使教育对象

朝着理想方向发生变化，这是思想政治教育工作的努力方向，也是把社会主义核心价值观贯彻好、落实好的必然要求。

事件纷繁复杂，见解莫衷一是。能够称得上“事件”的，往往是与现实生活对比具有非同寻常性和影响深远性。大学生处于价值观嬗变的关键时期，正是由于事件构成了客观世界，而事件的主体与客体都是人，人和事件实现了高度的融合。面对事件，大学生作为客体身处其中，会在潜移默化中受到影响并产生各种认知。但限于自身的认知、经验与环境，大学生的认知未必全部正确与客观。此时尤其需要科学的引领，需要思想政治工作者进行恰当的引导，以促进大学生价值观的科学内化，进而为大学生践行社会主义核心价值观奠定基础。如果思想政治教育工作者对此敏感度不够，不能及时加以正确引领，假以时日，就可能导致大学生的价值观错位而出现偏差。通过恰当的引领，帮助大学生拨开思想的迷雾，揭示事件的本质，提供必要的思想支持，就会给大学生提供思想的工具，指出前进的方向，有助于大学生的健康成长和可持续发展。因此，也可以说，事件给广大思想政治教育工作者提供了思想政治教育的契机，是对大学生进行社会主义核心价值观教育与引领的契机，为大学生实现价值观内化奠定坚实基础。

(一)通过辩之以正实现价值观内化

事物往往都有两面性，呈现出复杂的多向度，因此也就有了不同的价值判断。以东京奥运会羽毛球运动员陈清晨的“国骂”为例，一方面，让我们看到了运动员奔放的个性，不拘小节的真性情，释放了自我的压力，让我们看到了运动员们有血有肉的一面。另一方面，“国骂”事件的出现，又总让我们感觉深层次的不安乃至困惑，这个事件应该出现吗？伴随着电视等媒体的现场直播，展示出来的文化糟粕我们能够坦然接受吗？青年应该如何看待这个事件，可以去模仿吗？

这样深层次思考之后，就带来了问题，就可以借机引导大学生们进行热烈的讨论：首先，是从运动员现场比赛的角度看，竞争激烈压力巨大，需要发泄出口，需要鼓舞队友，需要在气势上压倒对方，这是可以理解的。但要达到这样的目的，必须要骂人吗？有没有其他路径？当然有。这就需要站在体育主管部门的角度思考问题，加强对运动员文化修养的引导。我们需要运动员为国争光、不懈拼搏，但我们不能培养“四肢发达、头脑简单”的运动员，主管部门要持续帮助运动员“野蛮其体魄，文明其精神”，才能培养具有特长的文明优秀运动员。其次，当这一事件发生后，体育主管部门和教练团队该做什么，要进行深入辨析。是文过饰非、遮遮掩掩，还是直面问题、引导社会价值观正向发力？当然应该选择后者。由近及远辩证分析，一是要及时引导运动员承认错误，及时道歉，并确保在今后的比赛中不再犯此类错误，绝不能文过饰非，不加遮掩，那将会越来越被动。二是要举一反三，加强对所有运动员的教育引导，引以为戒，形成良好氛围。因为运动员是公众人物，其一言一行都具有引领和示范效应，不可不慎。三是要持续强化运动员的文明素养、文化修养，因为运动员的运动生涯有限，最终还是要回归大社会，文化将是他们走向社会的重要依托，否则运动员结束运动生涯，回归社会后既走不远也走不好。

这种“辩之以正”也包括频繁出现在生活中的诸如“老年人摔倒了要不要扶”“老年人是不是变坏了”等社会极端事件出现的时候。如果我们能够从积极的方面引导大学生：一个文明的社会需要每个人奉献自己的爱心，奉献不能预设条件，否则社会就会失去温度，变得冷冰冰而反噬每一个主体；不能因为个别小概率事件影响对社会的信任，社会主义核心价值观引领下的新时代，人们的文明程度整体是在逐步提升的；即使担心出现“讹诈”，也要在留下证据、联系相关机构的情况下尽力帮助别人，积极营造社会的和谐。如果能够对大学生进行这种富有辩证思维的教育引导，那么经由事件，大学生就可以得到教育，就会明晓自己的责任与使命，达致启智润心的教育目标，为实现“立德树人”教育的根本任务奠定基础。

（二）通过动之以情实现价值观内化

人的情感具有鲜明的共通性。“感人心者，莫先乎情。”最能打动人心的是由衷而发的情感。在进行社会主义核心价值观内化的引领过程中，情感最能让人受到如同接受隐性课程熏陶般的教育效果。比如，强化“爱国”主题的核心价值观教育，就可以抓住先国后家的爱国主义情怀进行教育。林则徐“苟利国家生死以，岂因祸福避趋之”，爱国之情充溢其人生的全过程。如果把虎门销烟这一事件与林则徐的爱国情怀结合起来正面进行爱国主义教育引导，就是特别好的素材。反过来说，如果把中日甲午海战这一事件与李鸿章赴日签订《马关条约》这两个事件结合起来，特别是把李鸿章与日本首相伊藤博文谈判的实录介绍给当代大学生，毫无疑问，在谈判实录的字里行间，凡有血性的中国人都会深刻体悟到其中蕴含的国家“落后就要挨打”“弱国无外交”的朴素真理，从而痛定思痛，强化“为中华之崛起而读书”的爱国情怀。如果让学生了解鲁迅在日本仙台所遇到的解剖课成绩及格，就被日本学生诘难，认为中国人怎么可能考到及格的分数；课间幻灯片播放发生在旅顺的日俄战争中，中国人给日本人做间谍，因而被杀，围观的都是麻木的中国人这样的事件，一定会激起大学生们深深的愤恨，对落后就要挨打，对中国人在清朝统治时期不知觉醒产生深刻印象，最终演化为奋发图强、努力学习、报效中华的爱国之情。

从这个角度往下延伸，我们就可以告诉大学生，爱国，从来就不是一句空话，它是大学生真正发自内心的一份情感。爱国，也是可以通过特殊的、具有情感性的事件进行培育的。比如，我们要进行“敬业”这一核心价值观教育，就要抓住不怕牺牲、先公后私的社会性事件进行有针对性的引导。“戏比天大”的常香玉积极克服困难，即使身患重病，也努力把舞台放在第一位，她要永远对得起观众。石油工人王进喜面对帝国主义对中国的石油封锁，不怕困难，不怕吃苦，满怀豪情地喊出“宁可少活二十年，拼命也要拿下大油田”，他以“石油工人吼一吼，地球也要抖三抖”的激情战天斗地，体现了强烈的主人翁责任感，他可以跳下喷涌的油井，以血肉之躯保护集体财产。“铁人”精神已经成为进行大学生核心价值观教育的重要元素，有着弥久愈新的独特价值。

（三）通过晓之以理实现价值观内化

逻辑具有无可辩驳的强大力量，晓之以理就是强调通过逻辑去说理的力量。“00后”大学生有主见，他们遵从自己的内心，如果在逻辑上他们认为说得通、有道理，他们就会心悦诚服地接受。因此，如何在进行社会主义核心价值观引领时，对大学生晓之以理，让大学生心悦诚服，是实现价值观内化的关键。无论是自由、平等、公正、法治之理，还是爱国、敬业、诚信、友善之理，都离不开思想政治教育工作者借助事件把理说好、说深、说透，才能让大学生透过现象看到本质，才能得到教诲和收益。

以2020年突如其来的新冠疫情为例。面对来势汹汹的疫情，全国人民坚守生命至上、举国同心、舍生忘死、尊重科学、命运与共的伟大抗疫精神，一方有难、八方支援，相互支持，共同谱写了一曲众志成城战胜疫情的凯歌。其间，习近平总书记给北京大学援鄂医疗队全体“90后”党员回信指出：“在新冠疫情防控斗争中，你们青年人同在一线英勇奋战的广大疫情防控人员一道，不畏艰险、冲锋在前、舍生忘死，彰显了青春的蓬勃力量，交出了合格答卷。广大青年用行动证明，新时代的中国青年是好样的，是堪当大任的！……希望你们努力在为人民服务中茁壮成长、在艰苦奋斗中砥砺意志品质、在实践中增长工作本领，继续在救死扶伤的岗位上拼搏奋战，带动广大青年不惧风雨、勇挑重担，让青春在党和人民最需要的地方绽放绚丽之花。”如果把这些具体的事例运用到核心价值观的具体教育过程中，大学生就会感觉到朋辈的榜样力量，觉察到中国人民战胜疫情的伟大与崇高。如果思想政治教育工作者再把中国抗“疫”与西方国家进行横向比较，那就更会让广大学生发自内心地感受到中国共产党领导下的和平生活。这是任何说教都不可能达到的效果。

同样的道理，也可以通过中国近代以来各阶级阶层面对国破家亡的时代进行的主体抗争体现出来。中国共产党诞生之前，林则徐睁眼看世界，进行了虎门销烟，提振了士气，但鸦片战争却以失败告终；洪秀全领导太平天国农民起义，却无法提出先进的纲领或主张；地主阶级改革派推动了洋务运动，却因"中学为体，西学为用"而无法从根本上推动国家的实质性变革，最终归于1895年甲午海战结束，宣告了洋务运动的失败；资产阶级维新派推动的"百日维新"胎死腹中，是因为国家体制问题没有根本解决，改革也就不可能成功；资产阶级改革派领导了辛亥革命，却不能动员群众参与，所以虽然先是胜利了，最后却失败了，因为胜利的果实被袁世凯所窃取。这些事件背后的合理逻辑是什么，需要思想政治教育工作者进行科学的引导，找寻事件背后的理论路径，用事实的展示、逻辑的力量去对学生进行引导，让事件凸显的真理得到彰显，大学生在这种逻辑力量和现实依据的面前，就会发自内心认识到，唯有中国共产党可以救中国、发展中国，并最终引领中华民族强起来。因为中国共产党有科学的理论武装，坚定的政治信仰，钢铁般的纪律与意志和团结协作、勇于牺牲的优秀团队，这些都是其他力量所不具备的。推及至今，大学生就会理解，中国共产党领导人民实现中华民族伟大复兴的中国梦，建设富强、民主、文明、和谐、美丽的社会主义现代化强国也是历史的选择、现实的必然，具有着不可替代的先进性和科学性。

（四）通过"化之以文"实现价值观的内化

习近平总书记在全国高校思想政治工作会议的讲话中要求，高校要特别重视以文化人、以文育人的工作。所谓以文化人，就是指高校思想政治工作者对于大学生要"化之以文"，"化"即经由教育引领以达至理想化改变，"文"即为"文明""文化"。"化之以文"就是通过文明与文化的熏陶与引导使教育对象得到感染，从而有所成长与优化。

在大学生所遇所感的事件中，有很多可以作为化人的重要手段，推动大学生的健康成长和可持续发展。在此过程中，育人的内容、载体、思路和方法等都可以体现出来。例如，2018年7月，陕西省神木市的社会公益性岗位招聘过程中，招聘生态环境协管员30名、经济工作协管员70名，要求具备全日制研究生学历和硕士学位，月薪2 500元，用工形式为劳务派遣。就这样一个沸沸扬扬的社会事件，思想政治教育工作者如何引领学生的思想呢？一方面，我们需要向大学生们明确，工作没有高低贵贱，都是平等的，任何自食其力的劳动者都是光荣的，都值得肯定。另一方面，必须看到，人才的浪费是最大的浪费，社会各界有责任和义务推动人尽其才，发挥其最大价值，推动社会进步与发展，对于社会上存在的盲目追逐高学历必须有清醒的认识。再一方面，结合近年的新冠疫情等宏观社会事件，要引导大学生对就业现状有清醒的认识，推动大学生在一定程度上降低就业期望值，争取实现顺利就业，让就业这个最大的民生问题落到实处，推动家庭和谐、社会稳定。再比如，近期教育部专门发文，提出加强审美教育，在高等院校，如何抓住社会事件进行审美教育呢？以书法为例，社会上有很多热点事件可以作为此类教育引领的资源。比如，一段时间以来，书法界“丑书”“盲书”“身体书”大行其道，对此人们褒贬不一。思想政治教育工作者如果能够适时引导，向同学们介绍真正优美的书法乃至以书法为表现形式的中华优秀传统文化和中华文明源远流长的特征，则这一事件背后正向价值就会得到充分体现。

一言以蔽之，于教育工作者而言，思想政治教育的路径多种多样，要强化教育效果，一个重要的路径就是善于抓住社会发展过程中的标志性事件，进行深入的分析与探究，深入挖掘其中的育人元素，借以推动大学生的成长与发展。无论事件是崭新到刚刚发生，还是久远到沉淀为历史，都会有其育人的社会价值，都可能成为推动大学生获得社会进步动力的重要契机。正是从这个意义上说，以社会事件为抓手，推动思想政治教育效果的优化，不仅是一个重要的哲学命题，更是一个重要的实践命题。

参考文献

[1] 习近平. 党的十九大辅导读本[M]. 北京：人民出版社，2017. 10：41-42.

[2] 夏征农，陈至立. 辞海（第六版）普及本[M]. 上海：上海辞书出版社：3590.

[3] 夏征农，陈至立. 辞海（第六版）普及本[M]. 上海：上海辞书出版社：3266.

[4] 夏征农，陈至立. 辞海（第六版）普及本[M]. 上海：上海辞书出版社：2840.

[5] 习近平. 在博鳌亚洲论坛开幕式上的讲话[N]. 人民日报. 2018-4-11：1.

[6] 习近平. 在纪念五四运动100周年大会上的讲话[N]. 人民日报. 2018-5-1：2.

传统文化视角下残疾人高等职业院校新时代爱国主义教育实践研究

王 珊

（沈阳工业大学，辽宁 沈阳 110870）

摘 要：中华优秀传统文化是在历史发展过程中所形成的积极向上的，并能够给人力量的文化。残疾人高等职业教育是社会主义教育的一个组成部分，残疾人也是祖国的儿女，是社会主义事业的建设者和接班人，仍然需要对其开展爱国主义教育。文章首先分析了中华优秀传统文化在残疾人大学生思政教育过程中的必要性及重要意义；其次分析了高等职业院校的残疾学生特点及新形势下残疾人大学生爱国主义教育面临的挑战和需求；最后探讨了如何以中华优秀传统文化为依托，结合残疾大学生特点进行爱国主义教育的对策。

关键词：残疾人；高等职业院校；爱国主义教育

2019年11月，中共中央、国务院印发了《新时代爱国主义教育实施纲要》（以下简称《纲要》），明确指出：爱国主义是中华民族的民族心、民族魂，是中华民族最重要的精神财富，是中国人民和中华民族维护民族独立和民族尊严的强大精神动力。爱国主义精神深深植根于人民心中，维系着中华大地上各个民族儿女的团结统一，激励着一代又一代中华儿女为祖国的繁荣发展自强不息、不懈奋斗。《纲要》中还特别强调：传承和弘扬中华优秀传统文化，是对祖国悠久历史、深厚文化的理解和接受，是爱国主义情感培育和发展的重要条件。要引导人们了解中华民族的悠久历史和灿烂文化，从历史中汲取营养和智慧，自觉延续文化基因，增强民族自尊心、自信心和自豪感。要从历史中吸取精髓，辩证地看问题，结合时代发展，不断创新，将中华优秀传统文化发扬光大，进而实现中华优秀传统文化不断推陈出新。

在五千年的历史长河中,我国人民创造出了无数优秀的文化。讲述优秀的传统文化故事,能够自然地培养残疾大学生爱国主义的品格,也可以更好地激发残疾大学生的勇气、志气和信心。

一、传统文化教育在残疾人高等职业院校爱国主义教育中的重要性和必要性

(一)加强残疾人高等职业院校思政建设、党史学习教育的需要

弘扬中华优秀传统文化,是社会主义核心价值体系的一部分,也是积极将传统文化融入当代爱国主义教育的必然要求。可以说,深入融入传统文化教育能够切实加强残疾人高职院校思政建设工作,也能发挥党史学习教育的实际作用。

(二)弥补传统文化在残疾人高等职业院校爱国主义教育的缺失

虽然大学生在中学阶段已经学习过传统文化,但只是知识层面的浅薄了解,对学生形成的影响微乎其微。尤其对于残疾人高等职业教育的学生来说,他们入学的层次、路径等均不相同,接受过的基础教育水平也不同,进而对传统文化的了解程度也是不同的。所以,应该用浅显易懂的方式将重点放在讲解优秀传统文化故事上,让残疾人大学生对传统文化形成深度准确的认知,让他们弄清楚传统文化的精髓。寓教于乐,在了解传统文化的基础上,自然地培养其深厚的爱国主义情怀。鉴于当前残疾人高等职业院校在爱国主义教育中缺乏对传统文化的渗入,所以这项工作对我们建设有很大的空间,必须大力加强对传统文化的宣传,进而增强残疾大学生的爱国主义情怀。

(三)开展残疾人高等职业院校爱国主义教育是践行优秀传统文化的体现

扶弱助残、乐善好施,本身就是中华民族的传统美德,而且古代历史中也有很多残疾人身残志坚,取得很大成就的事例。在残疾人大学生中宣传优秀的传统文化,就是在积极引导学生自强自立,在传统文化的学习活动中感受关怀、认识自我、了解历史、提升爱国意识。

二、新形势下残疾人高等职业院校爱国主义教育面临的挑战

(一)社会环境

1. 经济快速发展影响理想信念

近年来,由于信息的传播,在文化输出方面加速了全球的政治、经济和文化的发展。虽然这是增加互动交流的一种方法,但也容易对那些民族意识相

对淡薄的学生思想带来冲击。鉴于残疾大学生本身处于弱势群体的这个角度,可能部分残疾大学生对爱国主义的理解本身就不是很深刻,对我国历史的了解也不够深入,那么会容易造成盲目从流、失去初心的情况。通过文化引导,让残疾大学生汲取本民族的优秀文化,达到能够清晰地认识到自己国家文化的优点的程度。这样学生的民族自信心和自豪感也会慢慢得到提升。

2. 互联网快速发展影响价值取向

伴随着全球化的发展,各种形态的文化思潮涌入我国,使得我国主体文化受到冲击。互联网的兴起进一步加强了这种文化上的冲击。网络不仅仅能够方便人们获得丰富信息资源,加强文化生活,也是我国当今经济结构中的重要组成部分,并不断为我国的经济发展创造新的增长点。但是在互联网上也充斥着大量负面舆论,会对残疾人大学生的思想造成腐蚀,对爱国主义教育形成阻碍。残疾大学生由于自身原因,相对于普通大学生对事物的认知能力相对较弱。在互联网负面文化的冲击下,残疾人大学生的思想观念、价值取向等都可能会受到负面的不良影响。部分残疾大学生好奇心往往更重,因为个人生理条件不愿意去获得更多信息,或者没有条件去获得更多信息,也不知道如何去选择有效的正确信息,所以往往是以得到知识为主,却没有准确的判断力。

(二)学校方面

根据调研实际情况,残疾人高职院校目前最多的还是采用普通的选修课来传播中华优秀传统文化。但从实际效果来看,选择此门课的学生数量本身并不多,课堂的内容空洞,教学的形式比较单一,基本为讲座、报告,没有针对性和互动性,教学方式很单一、不生动,不能引起残疾大学生的共鸣,对残疾大学生的启发性不大,也无法引出残疾大学生对问题的深层次思考,不能够充分发挥思想政治教育的实效性。

(三)个人条件

不同类型的残疾人大学生在生理、心理方面有其相对固定的发展特点,作为高校教师,在开展相关爱国主义活动时,应先提前充分了解他们各自的身心特点,有的放矢地去开展活动(见表1)。

同时,对部分残疾高职大学生来说,“国家”是一个十分抽象的概念。对于这群学生来说,爱国主义教育相对要比普通学校难度更高。有些学生虽然已经进入高职阶段,但不可避免地会因为基础教育的自控力相对较弱而导致学习能力有限,学习的知识储备有限,因此在组织活动的过程中也要充分考虑到他们的知识技能水平。

表1　不同残疾类型学生特点

类型	生理特征	心理特征	日常倾向的表达方式
视力障碍的残疾大学生	缺少光感，注意力高度集中，神经紧张，肌肉张力增强，非常容易疲劳	复杂多变，自卑感比较严重，容易出现烦躁不安、紧张的心理，有时候出现冲动行为	弱视的学生可以借助辅助设备观看影视作品；程度严重的学生就是依靠听力了解外界，说话时多声音洪亮
听力障碍的残疾大学生	听觉定向比较困难，感觉不到声音特点的变化，例如，声音的大、小、有、无等	借助于手势及动作示范进行思考，基本上只停留在直观形象层面上。容易对别人产生误解和猜疑，不能用语言表达自己的思想和愿望，他们希望被人理解的要求得不到满足时引发一些强烈的情感和行为问题，如自制力差、猜疑、攻击性、焦虑、自我封闭等	手语是听力障碍的残疾学生的重要表达方式之一，喜欢运动，模仿能力很强
肢体障碍的残疾大学生	由于肢体残疾，活动形式受拘束，活动场所受限制，活动半径很小，缺乏交流的场所，交流的对象也有限	不能正确认识自身的缺陷，很在意别人对他们的态度、看法及评价，敏感多疑，容易因为受各方面照顾与呵护养成依赖习性，不满情绪反应强烈，容易与别人发生冲突，性情暴躁，遇事畏缩，容易自暴自弃	轻度障碍的肢体残疾学生和健全学生在表达沟通方面一致，听说读写均可以。严重障碍的学生出行不便，更多选择留在无障碍环境或者居家不出门，通过手机等方式进行沟通

为更好地了解残疾大学生的爱国主义观，我们做了相关调研，以下为统计结果(见表2)。

表 2 残疾大学生爱国主义观统计汇总

各项目结果分布						
1	平时是否经常关注爱国主义信息	从无	偶尔	经常		
		2.94%	58.82%	38.24%		
2	是否自愿参加爱国主义教育,如讲座、参观等	从无	偶尔	经常		
		14.71%	64.71%	20.59%		
3	爱国主义教育对大学生来说是否有必要	有必要	没有必要			
		91.18%	8.82%			
4	对于爱国主义教育的形式,你认为该如何达到更好的教育效果(多选)	趣味性游戏	知识性问答	竞技性比赛	实地参观考察	其他
		58.82%	55.88%	55.88%	76.47%	5.88%
5	如果你不愿意参与爱国主义讲座,原因是什么?(多选)	身体情况不允许	内容无聊	离现在的生活太遥远,没有必要	自己有一定规划,不用听讲座	愿意参与讲座
		20.59%	14.71%	8.82%	5.88%	50%
6	你觉得学校应该如何开展爱国主义教育的活动?(多选)	提高参与度	精简内容	计入学分	邀请名人举办讲座	其他
		50%	20.59%	2.94%	26.47%	
7	你觉得升国旗重要不重要?	很有意义	有点意义	形式主义,没有意义		
		85.29%	8.82%	5.88%		
8	你了解中国历史吗?	非常了解	了解	略有所知	不了解	
		20.59%	50.88%	23.53%	0	
9	你对爱国纪念日的态度是什么?	非常有意义	没有必要,形式主义	无所谓		
		94.12%	5.88%	0		
10	你如何看待中国留学生不回国、毕业了就留在海外工作?	强烈指责,辜负国家的培养	表示理解,这是个人自由	无所谓		
		35.9%	64.71%			

从分析上述答疑情况可知,部分残疾学生在爱国方面还是能够具有正确立场的,但是仍然存在部分学生对于爱国主义方面的活动理解不到位或者态

度相对消极。同时，这也给学校在开展相关活动方面提供了参考，一方面要经常开展相关爱国主义活动，全方位、全过程、全员参与投入进去；另一方面要经常针对残疾大学生这一特殊群体进行思想动态调查和分析，要及时了解他们的政治思想方向。

三、中华优秀传统文化在残疾人高等职业院校开展爱国主义教育的运用路径

（一）积极推动“课程思政”建设，将中华优秀传统文化融入专业教学中

作为残疾大学生的教师，应当深入挖掘自身专业课领域所蕴含的思政元素，尤其是传统文化的元素，同时不断地优化教学方法，采用多样的教学手段帮助学生热爱并逐渐认同我国的文化，实现爱国主义教育的目的。例如，在讲授中医按摩推拿时，就可以介绍按摩方法是我国传统文化保健项目之一，并由此引出祖国医学历史的悠久和几千年来中医文化对于后世的不断影响，以及不同时代的中医名家们是如何心怀天下苍生，如何不畏各类艰难险阻而采药施药，并且有部分名篇至今都在传承的故事和案例。在为听力障碍的学生讲授艺术等课程时，可以拓展一下传统文化方面的内容，比如，京剧的历史，京剧大师梅兰芳是如何维护民族利益与日本侵略者做斗争的，等等。

（二）积极推动校园外部文化建设

将优秀传统文化因素渗透到校园硬件设施的整体环境中，可以使全校师生更加直接感受到来自传统文化的感染和熏陶，无形之中增强他们对于它的认知和了解，潜移默化地提升他们的品位。学校可以在板报、教室和图书馆、食堂，以及实训室中悬挂名言警句和以“爱国”为主题的标语，也可以挂一些与传统文化相关且有寓意的小故事，同时也要挂一些励志的标语，残疾大学生们在无形之中会提高对这些内容的了解与认识，与此同时也提高了他们的道德素养和爱国主义热情。

（三）开展各类文化活动，将中华优秀传统文化融入学生第二课堂

除了上述丰富校园文化外，也要逐渐扩大我国的传统文化在思想政治教育中的影响力。例如，我们可以充分利用各类传统节日开展形式多样、内容丰富的文体活动，以传统文化节日作为切入点，打造特色鲜明、吸引力强的文化活动，加深学生对传统节日的认识和对中华民族的认同。在实际开展活动过程中，可以充分参考国家对于劳动教育和美育育人的相关内容，比如，在国庆节等重大节日让残疾同学参与活动。对于视力障碍的学生，可以举办朗诵会、

演讲比赛、唱歌比赛、辩论赛等，充分发挥他们的优势。对于听力障碍的同学，可以组织他们开展文艺舞蹈演出、手语歌创作、趣味体育项目、爱国主义题材的书法绘画、手工制作等活动，充分调动他们的积极性。对于肢体障碍的残疾学生，可以组织他们观看爱国主义教育影视作品、阅读书籍等，撰写观后感或者读后感；组织各类文艺演出、演讲比赛以及开展适合的社会调研和实践项目等。

从在日常活动中及时收集的学生作品，可以发现其实他们是非常喜欢参加这种活动的，大部分学生积极性都很高，而且这些学生完成得更为认真，所以深入实践，多做一些活动是残疾大学生喜闻乐见的形式。

举办活动的时候务必要注意以下几点：一是部分残疾学生由于自卑、腼腆以及过往生活环境的影响，可能不爱参与、不敢参与活动，因此教师应该特别关注残疾学生的心理状态，鼓励和支持他们参与活动，让更多的残疾学生享有同等的活动权利；二是在开展活动时，务必要注意环境有无障碍，要充分考虑到视力障碍的同学和肢体障碍的同学出行的情况，必要的话还应该安排专人看护。

(四)加强残疾人高等院校教师自身的文化内涵和底蕴

在职业院校的残疾大学生中，他们的身体原因，或者其他特殊的原因，导致了他们的认知普遍比同龄人要低。所以，教师无论是在课堂的教学中，还是在日常的教育中，都要避免说教的传统形式，因为他们会产生厌烦心理，要以他们日常的实际生活需求为主，自然而然地将课程内容融入进去，从根本上解决他们对爱国主义教育的认识，进而才能够激发他们的爱心与积极向上的精神。对于高职的辅导员老师，这项工作是重中之重，尤其是在做残疾大学生的心理健康工作时，就可以潜移默化地植入爱国主义教育，用心用情关怀他们、感化他们，真正做到育人实效。若要做好上述工作，那么首先就要高职学校的教师具备良好的思想政治素养，能够深入领悟传统文化的内涵，能够理解和清楚残疾大学生的真正需求和痛点，结合学生的生理特点，将道理性的知识分解，结合传统文化再将其重组，融入残疾大学生日常的生活当中，也可以组织一些可以实践的趣味性活动，真正做到理实结合，起到实效性。

(五)将优秀传统文化融入学校的办学理念

我国传统文化中很多理念都包含了对弱势群体的关注和支持，将优秀传统文化理念融进残疾人高等职业院校的办学理念，本身就是对我国优秀传统文化的践行，是对我国优秀传统文化在当今高校的发展和再延续。办学理念是学校长期发展过程中的内涵积淀，不同残疾人高等职业院校的办学理念虽然各不相同，但都有着统一的目标，那就是培养出友爱互助、自强不息的残疾大学生，使他们将来成为社会可用的优秀人才。所有教育的基础都离不开人的教育，残疾人大学生同样也要形成正确的人生观和世界观。那么，学校在办学文化理念输出上就更应注意此项工作的意义。

综上，当今全球化时代背景下，将中华优秀传统文化运用到当代思政教育当中，是我国残疾人高等教育亟待加强的重要内容。加强残疾人大学生德育教育，需要社会、高校、教师以及大学生之间相互配合、相互促进，形成强大的教育合力，共同促进多因素之间的深度融合，通过多方努力，使残疾大学生能够共享改革开放发展成果、能够平等地进入社会、能够自信地看待自己、能够深刻认识爱国主义的重要价值，并逐渐接受和认同优秀传统文化，真正做到以传统文化为骄傲，以弘扬中华优秀传统文化作为己任，在传统文化的积极影响下，能够加深文化自觉、加强自身文化建设。

参考文献

[1] 刘佳欣. 中华优秀传统文化在大学生思想政治教育中的运用研究[D]. 绵阳:西南科技大学,2019.

[2] 周洁. 特殊教育学校思想政治教育研究[D]. 长沙:湖南农业大学,2010.

[3] 刘小梅. 爱国主义教育在特殊教育中的作用、特点和实施要点[C]. 萃英集——青海省教育委员会、青海省教育学会优秀教育论文集,2000.

[4] 许鑫媛,邓达. 新时代爱国主义教育引领少先队组织建设的内涵与路径[C]. 新生代,2021.

附录

大学生爱国主义教育调查问卷

为了真实了解您对于爱国主义教育的学习情况，请同学们按实际情况和真实想法回答问题，感谢帮助！

1. 你所在的年级是（ ）。

A. 一年级

B. 二年级

C. 三年级

2. 你平时是否经常关注爱国主义信息？（ ）

A. 从不

B. 偶尔

C. 经常

3. 你是否愿意自愿参加爱国主义教育，如讲座、参观等？（ ）

A. 从不

B. 偶尔

C. 经常

4. 你觉得爱国主义教育对于大学生来说重不重要？（ ）

A. 效果很好，大多数同学有所收获

B. 部分同学有所收获

C. 大部分同学并未认真参与

5. 你觉得学校开展爱国主义教育是否有必要？（ ）

A. 有必要

B. 没有必要

6. 对于爱国主义教育的形式，你认为该如何达到更好的教育效果 ？（ ）

A. 趣味性游戏

B. 知识性问答

C. 竞技性比赛

D. 实地参观考察

E. 其他

7. 如果你不愿意参加爱国主义讲座，原因是（ ）。

A. 身体情况不允许

B. 内容无聊
C. 离现在的生活太遥远,没有必要
D. 自己有一定规划,不用听讲座
E. 愿意参加讲座

8. 你所在学校是否有关于爱国主义的课程?( )
A. 有,且计入学分
B. 有,但不计入学分
C. 无
D. 不了解

9. 你觉得学校应该如何开展爱国主义教育的活动?( )
A. 提高参与度
B. 精简内容
C. 计入学分
D. 邀请名人做讲座
E. 其他

10. 你觉得升国旗是否重要?( )
A. 很有意义
B. 有点儿意义
C. 形式主义,没有意义

11. 你了解中国历史吗?( )
A. 非常了解
B. 了解
C. 略有所知
D. 不了解

12. 你对爱国纪念日的态度是( )。
A. 非常有意义
B. 没有必要,形式主义
C. 无所谓

13. 你如何看待部分留学生不回国、毕业了就留在海外工作?( )
A. 强烈指责,辜负祖国的培养
B. 表示理解,这是个人自由
C. 无所谓

在新时代大学生中培塑五四精神的价值研究

徐万鹏,徐　宁
(铁岭卫生职业学院,辽宁 铁岭　112000)

摘　要:1919 年 5 月,在北京发生了一起由青年学生掀起的爱国主义运动——五四运动,以爱国主义为核心的五四精神作为这次伟大运动的强大推动力,激励着一代代青年人为民族崛起、国家富强而努力奋斗。本次调查研究旨在了解新时代大学生对五四精神认识的程度,分析存在的问题及原因,探讨五四精神对于新时代大学生的非凡意义,研究在新时代大学生中厚植五四精神的途径。

关键词:五四精神;新时代;大学生;社会主义核心价值观

一、调查基本情况介绍

2021 年,作者对沈阳、大连、铁岭地区 4 所高校 474 名学生发放调查问卷,进行了一次详细的问卷调查,其中大学位于沈阳的受调查对象为 235 人,大连的为 140 人,铁岭的为 99 人。其中文科 230 人:女生 189 人,男生 41 人;专科学历 135 人,本科学历 95 人。理科 244 人:男生 127 人,女生 117 人,专科学历 114 人;本科学历 130 人。《新时代大学生对五四精神认识的调查问卷》根据学生学历、文理情况,采取分别收集、整理、统计的调查方式,具体情况如表 1、表 2 所示:

表 1　受调查对象学历、文理情况

	专科		本科		总计
	男	女	男	女	
文科	18	117	23	72	230
理科	78	36	49	81	244
总计	96	153	72	153	474
	249		225		474

表 2　文科学生对五四精神了解情况

	专科		本科	
	人数	占比	人数	占比
了解	15	11.11%	33	34.74%
知道一点	97	71.85%	57	60%
不了解	23	17.04%	5	5.26%

从表 2 可以看出，文科学生中专科学生对五四精神了解情况中，“知道一点”占多数比例，“不了解”比“了解”多出近 6%；本科学生对五四精神了解情况中，“知道一点”占半数以上比例，“了解”占比为 34.74%，少数为“不了解”。专科学生和本科学生对五四精神了解情况对比，“了解”的本科学生占比要比专科学生占比多 23%，“不了解”的专科学生比本科学生占比多近 12%，“知道一点”的专科学生比本科学生占比多 11%。通过表 2 数据分析可以发现，文科学生中，本科学生对五四精神的了解情况比专科学生要好。

表 3　理科学生对五四精神了解情况

	专科		本科	
	人数	占比	人数	占比
了解	19	16.66%	37	28.46%
知道一点	69	60.53%	73	56.15%
不了解	26	22.81%	20	15.39%

从表 3 可以看出，理科学生中专科学生对五四精神了解情况中，“知道一点”占比 60%多，“不了解”占比比“了解”多 6%左右；本科学生对“五四精神”

了解情况中,“知道一点”占比56%左右,“了解”占比比“不了解”多13%左右。就理科专科学生和本科学生对五四精神了解程度对比,本科学生“了解”占比比专科学生多出近12%,而“不了解”专科学生比本科学生多7%,在“知道一点”统计中,专科学生比本科学生多4%。通过表3数据分析可以看出,理科学生中本科学生对五四精神的了解要稍好于专科学生。

表2和表3文科专科学生对五四精神的了解情况中,理科学生“了解”的占比比文科学生多5%左右,文科学生“不了解”的占比比理科学生少5%左右,“知道一点”文科学生比理科学生多11%左右。理科本科学生对五四精神的了解情况中,文科学生“了解”占比比理科多6%左右,“不了解”文科学生比理科学生少10%左右,“知道一点”文科学生占比比理科学生占比多接近4%。总体来看,文科学生对五四精神了解程度比理科学生要好。

表4　学生了解到五四精神的途径(此为多选)

	文科		理科	
	人数	占比	人数	占比
网络	83	36.09%	127	52.05%
新闻	197	85.65%	64	26.23%
校园活动	58	25.22%	137	56.15%
历史教材	223	92.92%	162	66.39%
其他	137	57.08%	84	34.43%

从表4可以看出,文科学生了解到五四精神的途径为“历史教材”的占比最多,其次为观看“新闻”,选择“其他”的超过半数,经过个别交谈,多是通过影视剧了解到五四精神;理科学生了解到五四精神的途径同样占比最多的为“历史教材”,但是较文科学生低26%左右,其次占比较多的为“校园活动”和“网络”,通过“新闻”了解到五四精神占比最少。理科学生通过“网络”“校园活动”途径了解到五四精神比文科学生通过这两种方式占比要多,而文科学生通过“历史教材”“新闻”“其他”途径了解到五四精神要比理科学生占比要多,其中通过“新闻”途径占比要比理科学生多59%左右,经个别交谈,原因是文科学生由于大学所学专业原因,需要经常浏览新闻,在浏览新闻的过程中增加了了解五四精神的机会。文科学生通过“历史教材”了解到五四精神占比更多,通过表2、表3、表4数据统计、分析,其原因为相对于理科学生来说,文科学生高中阶段历史课程中关于五四运动内容多次学习、巩固加深,通过对五四

运动知识点的学习，了解到五四精神内涵，文科学生对于五四精神了解情况比理科学生理解程度要高。

表 5　学生愿意参加纪念五四运动活动的方式（此为多选）

	文科		理科	
	人数	占比	人数	占比
参加志愿者活动	205	89.13%	183	75%
表彰先进集体	42	17.21%	93	38.11%
参观爱国主义教育基地	185	80.43%	162	66.39%
五四运动为主题的知识竞赛	79	34.35%	147	60.25%
其他	53	23.04%	72	29.51%

从表 5 可以看出，文科学生和理科学生愿意通过“参加志愿者活动”形式来纪念五四运动活动的占比最多，占比分别为 89.13% 和 75%；其次为“参观爱国主义教育基地”，分别为 80.43% 和 66.39%；与文科生相比较，理科生愿意通过参加“五四运动为主题的知识竞赛”来纪念五四运动的学生占比更多，多接近 26%；文科学生在“表彰先进集体”一项，选择热情度没有理科学生高，占比低接近 21%；愿意通过“其他”方式来参加纪念五四运动活动的占比皆未到 30%。高校在组织纪念五四运动活动时，可以考虑大学生为社会提供志愿服务的意愿，以组织参加青年志愿者活动的形式为主，参观爱国主义教育基地、五四运动为主题的知识竞赛等其他形式为辅，并表彰在活动中表现优异的先进集体，以实现活动的高效性、育人性、现实性等要求。

表 6　学生认为新时代大学生应具备何种五四精神（此为多选）

	人数	占比
理性的爱国主义	458	96.62%
创新精神	421	88.82%
对真理的不懈追求	397	83.76%
集体意识与责任	412	86.92%

从表 6 可以看出，在“新时代大学生应具备何种五四精神”问题的选择中，受调查对象认为新时代大学生应具备“理性的爱国主义”精神占比最多，另三种精神依次为“创新精神”“对真理的不懈追求”和“集体意识与责任”，三种精神的占比相差不大。从受调查对象提供的选择可以分析出，虽然受调查对象

对五四精神的了解程度、方式有限，但是依旧认为“五四精神”对新时代大学生有着非凡意义，体现出“五四精神”的爱国性、先进性、科学性、民主性内涵。

二、新时代大学生对五四精神的认识存在的问题及原因

（一）存在的问题

1. 对五四精神的认识不足

当务之急是找出造成这些问题的原因，并采取措施加以修正。现如今大学生对五四精神的了解少之又少，面对一些充满诱惑力的外来文化和潜移默化的社会和舆论两方面的“轰炸”，以及不被重视的校园教育逐渐缺失，五四精神已经淡出我们心中，甚至一些大学生连五四精神是什么都一知半解。大部分学生随波逐流，对五四精神淡化，认为有没有都无关紧要，正是这种错误的观念和不了解、不坚持、不认真的态度，让新时代大学生丧失了这种民族精神。

2. 对五四精神的传承不到位

如今大学生对五四精神的传承还存在很多问题，很多大学生的认知还是非常浅显的，甚至只是停留在对这个概念有所耳闻的阶段，从根本上说对其本质没有深层次的了解，这样的非正常情况竟然在年轻人群中是普遍现象，小到学生个人的发展，大到国家的未来，都会受到负面的影响。因此，学校和家庭应该做足这方面的教育，社会也应该担负起引导年轻人正确思想的责任，我们大学生更应该尽早自我反省，思考引起这种情况的原因。引起这种情况的原因有很多，我们应该理性对待这些问题并找到解决的办法。

3. 对五四精神的内涵了解不深

数据反映，现在大学生中对五四精神的认知程度低，甚至在每年 5 月 4 日这个具有意义的时间里，很多同学也没有采取行动去纪念五四运动，传承五四精神。五四精神是一种非常重要的民族精神，其根本是理性的爱国主义精神。所谓爱国精神，则是中华民族的立国根本，更是青年学生的爱国主义精神。当今社会，人们对大学生的要求逐渐提高，大学生不再是高学历、高水平的代名词，而是承载着全社会的一种更高的期望，肩负着一份更重的责任与担当，更是一个时代的象征，爱国主义是永恒的，所以我们当代大学生更应该成为五四精神的实践者，但是大学生对五四精神并没有达到一定的认知度，这是一个非常严重的“病态”现象。

（二）原因

通过对问题的分析，找到了产生以上问题的几个原因，一是外来文化的冲

击对五四精神的传承产生了一定程度的影响；二是社会价值导向多元化的影响，社会中本该存在的对五四精神的正向引导并没有为五四精神在大学生群体中进行传承产生积极的影响；三是社会不良舆情的影响，当国际、国内出现突发事件后，现实和网络社会中会出现攻击国家和党的错误言论，这些不良舆情影响大学生对五四精神的传承；第四是学校教育没有为当代大学生做足五四精神的教育，让当代大学生对五四运动了解不足，对五四精神认知不足。

1. 外来文化冲击

外来文化冲击无疑已经对中国传统文化的传承产生了巨大的影响，这些文化冲击有利有弊，如果单独谈及其对五四精神的影响，应该是弊大于利。在度过以圣诞节为例的一系列外来节日的时候，很多大学生会选择各种各样的方式去庆祝这些节日，但是却很少有大学生会在五四青年节这天用特殊的方式来纪念这个具有历史意义的日子。商业刻意宣传外来节日作为噱头是造成这种节日被外来文化冲击而逐渐淡化的重要原因。

2. 社会价值导向多元化的影响

社会价值导向从根本上左右着大多数青年人的价值导向，也就是说社会价值导向多元化使一些青年人的价值导向也会产生或多或少的偏差。而当今中国社会中存在的一种价值导向是对物质的追求远大于对精神的追求，这就导致了大多数当代大学生学习成长的目标是物质的富足而非精神的满足，进而导致了五四精神在当代大学生群体中不受重视而逐渐失落。追求物质无可厚非，但不能在物质与精神之间厚此薄彼，以爱国主义为源泉，以民主和科学为核心的五四精神更值得当代大学生继承与发扬。

3. 社会不良舆情影响

舆论是一股很强大的力量，它可以改变人们的思想，甚至控制人们的行为，以正确的舆论来引导人一直是政府的重要工作。五四运动的发起与当时的舆论这些对于掀起青年学生的爱国热忱不无关系，而现在五四精神在当代大学生群体中的没落也与舆论有着很大的关系。因为现在在网络上存在着很多错误解读五四运动的言论，让尚未形成稳定价值观的大学生对五四精神产生了质疑，应该纠正这种错误的思想，弘扬正确的五四精神。

4. 校园教育缺失

中国教育观念重视科学而轻视人文，学校对五四精神的宣传教育力度不足、方式不正确，五四精神没有得到当代大学生的普遍认同。在很多学生的眼中，五四运动仅仅是课本上的一个知识点，他们根本没有与五四运动所蕴含的五四精神产生共鸣，尤其是五四精神这种忧国忧民的爱国主义精神。国家渴望人才，但国家更需要的是拥有爱国赤子之心的人才，学校只有踏踏实实做好爱国主义精神教育，才能培养出国家真正需要的人才。

三、五四精神对新时代大学生的意义

在不同的历史时期，五四精神具有不同的意义，五四精神在新时代也被赋予了新的内涵，五四精神对新时代大学生依然有着重要的意义。五四精神的传承有利于培养青年大学生的爱国情怀、实践精神，增强他们的自主创新能力，当代大学生不仅仅是祖国的未来以及民族的希望，更要以实现中华民族的伟大复兴作为自己的理想与目标。

(一) 五四精神为新时代大学生提供思想上的指引

自二十世纪马克思主义传入中国后，五四运动又一次将马克思主义思想在中国广泛传播。马克思主义思想一直作为指导思想改变着中国社会，直至今日马克思主义思想依然是我们立党立国的根本指导思想。[1]近代的第一批知识分子有思想、有主张，具有高度社会责任感和民族使命感，通过思想、知识和精神的力量来改变人们的思想和社会形态，他们留下来的作品能让大学生最直观地感受五四时期有志青年的满腔热血。

(二) 五四精神对新时代大学生弘扬社会主义核心价值观的影响

大学生从高中、中职校园进入新的校园，有的还没有明确自己的人生目标，还没有理解个人生命与国家、民族命运的关系，没有思考个人与社会属性的从属关系。受家庭教育等环境因素影响，大学生需明确自己的个人理想与国家、民族前途命运的关系，为人民建功立业、投身社会主义现代化强国建设是实现个人价值的最高理想，也是社会主义核心价值观对新时代大学生的期望。[2]五四精神倡导“爱国、进步、民主、科学”，社会主义核心价值观倡导“富强、民主、文明、和谐、自由、平等、公正、法治、爱国、敬业、诚信、友善”[3]，从一定意义上来说社会主义核心价值观是对五四精神的传承和升华，五四运动所倡导的精神依然是在新时代需要坚守和践行的核心价值。古人云：“礼义廉耻，国之四维；四维不张，国乃灭亡。”每个历史时期，核心价值观都影响着国家的发展。习近平总书记说过“青年的价值取向影响着未来社会的价值取向”，大学生本就处于价值观未完全成型的阶段，五四精神所蕴含的积极的价值观念对当代大学生形成社会主义核心价值观有着非常重要的意义。青年人是祖国的未来，对新时代大学生来说，传承五四精神是对自己负责，也是对国家未来负责。

(三)五四精神对新时代大学生科学观、实践观的影响

五四运动为中国的知识分子带来了祛除思想上纸上谈兵、以实际行动表达爱国之情的革命运动。有的青年人对国家的危难、社会的黑暗麻木不仁,学生停留在纸上谈兵阶段、工人处于资本家压榨的惨痛阶级矛盾中[4],而五四运动让青年学生不再纸上谈兵,有组织地实现爱国之理想,真真切切参与到社会中去,用从实践中得出的真知来规范和要求自己,唤醒中国人爱国的情感。为了更加充分地认识到中国社会的现状,并找到一条真正能够解救国救民的道路,这些青年学生深入社会,再到农村、到工厂,他们与底层人民同吃同住,并通过实践得出自己的想法与思考。于是,他们创办新的杂志、报纸,油印传单等进行发放与宣传,到街头巷尾进行演讲、游行,做到了身体力行,来向中国人民宣传更加进步的思想。对于新时代大学生来说,在生活、学习、工作中,坚持群众路线、实事求是,为求得问题得到科学解决,必须深入实践去探索、分析,发现问题的本质,从而为解决问题找到科学的措施。

(四)习近平新时代中国特色社会主义思想中"爱国主义"的践行

习近平总书记在全国教育大会上提出,为了培养社会主义建设者和接班人,要"厚植爱国主义情怀"[5],五四精神作为爱国主义精神的升华,弘扬五四精神是培养学生正确的爱国主义精神的重要环节。五四精神中所具备的忧国忧民的爱国主义精神、无私奉献的高度社会责任感,正是国家希望在教育引导下新时代大学生能够养成的基本素养。爱国主义精神通过五四精神这一载体,为新时代大学生树立了正确的爱国主义观念,用科学民主的方式理性爱国。

四、在新时代大学生中厚植五四精神的途径

新时代大学生是实现中华民族伟大复兴的新生力量,在新时代大学生中厚植五四精神对国家未来发展有着重要的意义。

(一)通过新闻媒体导向厚植五四精神

新闻媒体作为流量巨大的信息传播途径,它对大学生的影响方式非常符合"厚植"的定义,如果能够得到妥善的运用,那么它将是在大学生中厚植五四精神的重要途径。新闻媒体不应每天宣传狭义上的五四精神,而应该去宣扬五四精神所蕴含的价值观。新闻媒体导向应该符合五四精神的正确价值观,帮助新时代大学生形成正确价值观是新闻媒体义不容辞的责任。所以说,具有责任感的新闻媒体便是在新时代大学生中厚植五四精神的主要平台

之一。

（二）发挥社会舆论传播五四精神的导向作用

舆论导向一直是党和政府的重要工作之一，社会舆论氛围积极，人心振奋，反之，则人心惶惶。社会的舆论氛围对人的精神有着直接的影响，营造好社会舆论氛围，就能凝聚强大的精神力量。一百年前，五四精神之所以能成为一股振奋人心的强大精神力量，正是因为它凝聚了那个年代中国青年的青春热血和蓬勃朝气。如果在舆论氛围的影响下，能凝聚新时代大学生的热血与热忱，让新时代的大学生与五四时代的中国青年产生这种层面的共鸣，那么在新时代大学生中厚植五四精神也只是顺水推舟。由此可见，营造好社会舆论氛围，凝聚出新时代的五四精神，是在新时代大学生中厚植五四精神的主要途径之一。

（三）校园开展“五四运动”主题教育、社会实践等活动

在新时代大学生中厚植五四精神终究是需要回归校园，以校园活动来引领大学生的思潮。秉承着以大学教育引导为主、说教为辅的理念，在开展五四精神主题讲座或者会议的同时，应该引导大学生自发地开展一些五四精神主题活动，例如，开展五四精神主题的文艺汇演、开展五四精神主题的班会等。通过这些校园活动拉近大学生与五四精神的距离，让大学生更加直观地去感受和理解五四精神。理论与实践统一是马克思主义的一项基本原则，在社会实践中，大学生能够最直接地接触到中国社会的现状，也能清楚地去感受国家面临的难题，在这一过程中培养大学生的社会责任感和民族归属感，让五四精神与社会实践相结合，促进大学生形成健全的社会主义核心价值观[6]。可以说校园活动和社会实践是在大学生中厚植五四精神的核心途径。

五四运动是青年学生怀报国之志、爱国之情，向帝国主义、封建主义宣战的学生运动洪流，孕育出了爱国、进步、民主、科学的五四精神，为加速马克思主义在中国的传播提供了空间介质[7]，为中国共产党的诞生提供了先决条件，对近代中国产生了巨大的影响，有利于马克思主义与中国国情相结合，加强了爱国主义精神的弘扬，以及助力了中华民族的伟大复兴，发扬了科学精神，有利于社会主义民主政治的完善。中国特色社会主义进入新时代，五四运动虽然已经离新时代大学生远去，但其传承下来的五四精神依然对青年产生着积极的影响，青年学生应该继承发扬五四精神，为中华民族伟大复兴努力奋斗，创造出更佳的光辉业绩。

参考文献

[1] 王文兵. 新文化运动:走向马克思主义的文化自觉[J]. 徐州:中国矿业大学学报(社会科学版),2018,20(03):3-13.

[2] 崔梅,葛敏. 论五四精神之于培育当代大学生爱国主义精神的价值[J]. 学校党建与思想教育,2019(06):37-39.

[3] 刘峥. 大学生认同与践行社会主义核心价值观研究[D]. 长沙:中南大学,2012.

[4] 刘欣,韩云花. 五四精神的传承及当代价值[J]. 长春:长春师范大学学报,2019,38(03):67-70.

[5] 肖建国. 五四精神对新时代大学生价值观培育的启示[J]. 开封:开封教育学院学报,2018,38(12):215-216.

[6] 白杨. 五四精神及其时代价值探析[J]. 鄂州:鄂州大学学报,2018,25(05):5-9+24.

[7] 郭玮. 五四精神的当代价值及传承发展[J]. 西安:西部学刊,2017(11):34-36+52.

从中国特色减贫道路领会新时代爱国主义教育
——以西昌民族幼儿师范高等专科学校为例

袁唯人,苗超渊

(西昌民族幼儿师范高等专科学校,四川 西昌 615013)

摘 要:2021 年,中国立足国情取得脱贫攻坚的全面胜利,用实际行动走出了一条中国特色减贫道路。这不仅是中国发展进程中具有里程碑意义的历史节点,也是新时代爱国主义教育具有深远意义的大事件。从中国特色减贫道路的历史脉络领会,中国样本能为世界各国减贫脱贫增强信心,是来源于深厚的历史底蕴、马克思主义基本原理以及中国的具体实践。本研究以西昌民族幼儿师范高等专科学校爱国主义教育为例,从中国特色减贫道路的现实推进和时代要求中领会,新时代爱国主义教育要教育青年做理想信念的坚定信仰者,做伟大梦想的忠实践行者,做千秋伟业的扎实奋斗者。

关键词:中国特色;减贫道路;大学生;爱国主义教育

新时代中国共产党带领中国人民立足国情,出台了一系列求真务实、用心用情、聚焦聚力的政策和具有战略意义的举措。回首整个脱贫攻坚战进程,以习近平同志为核心的党中央加强顶层设计和战略性规划,一系列为减贫工作保驾护航的政策体系、工作体系、制度体系等行之有效的责任体系不断涌现,这些都为中国特色减贫道路的形成发挥着积极的效能。中国特色减贫道路理论的形成和实践的成功,让我们一直坚持中国共产党的领导以及社会主义制度的政治优势得到了深度的彰显。中国特色减贫道路所凝练的理论精华予以新时代大学生成长启示,引导青年一代始终坚信并矢志不渝地去坚持中国共产党的领导,像脱贫攻坚事业一样不断地去战胜前进道路中的荆棘险阻。中国特色减贫道路所呈现的实践成果同样予以新时代大学生成长启示,只要全国人民坚持做到以人民为中心,一件事情接着一件事情办,一代人接着一代人干，一张图接着一张图勾画，就一定能够实现全体人民共同富裕的目标。可以说中国特色减贫道路从理论和实践中给新时代大学生们在这个不平凡的年代上了一堂生动的爱国主义教育课。

在脱贫攻坚战中形成的中国特色减贫道路，涌现出许多新时代被歌颂的人物和事迹，获得很多重要的经验和认识。回顾过往，世界上没有哪一个国家能够在如此短的时间内实现了几亿人脱贫，这一成就折服了世界，鼓舞了国人，更激励着青年学生。这场气壮山河的脱贫攻坚战的全面胜利，使新时代大学生的民族自豪感和爱国热情空前高涨。四川大凉山是脱贫攻坚战中“最难啃的骨头”，西昌民族幼儿师范高等专科学校的老师和同学们亲身经历了这场凉山25万人的脱贫蜕变史，凉山彝族儿女是如何在中国共产党的带领下不断去战胜贫困顽疾的。

全面推进乡村振兴阶段，同样是对新时代大学生爱国主义教育的一次大检阅。2020年11月，四川大凉山彝族自治州最后7个贫困县在中国共产党的正确领导下实现了全部脱贫摘帽，脱贫攻坚战取得了最后的胜利。根据现阶段实际情况，我国开始全面实施乡村振兴战略，随之而来需要做的就是更好地去巩固拓展脱贫攻坚成果，作为教育工作者，我们要结合“巩固脱贫攻坚成果、全面推进乡村振兴”实践的爱国热潮，把握新时代大学生爱国主义教育关键历史节点，把中国特色减贫道路的理论和实践成果根植于新时代大学生的内心深处，这样培养新时代大学生爱国精神才更具有深远意义。

以西昌民族幼儿师范高等专科学校为例，充分利用凉山彝族“一步跨千年”的生动脱贫案例，将中国特色减贫道路的理论和实践相结合，贯穿大学思政育人全过程，培养学生爱国热情。2018年举国上下进入脱贫攻坚事业的冲刺期，凉山处于大力发展民族地区教育和学前教育事业的大背景下，西昌民族幼儿师范高等专科学校于当年3月成立，这是一所公办全日制普通高等专科学校。办学三年来，在教育部、国家民委和省委、省政府、州委、州政府的关心指导下，特别是在教育部教师工作司和四川省教育厅的鼎力支持下，北京师范大学、中央音乐学院、西南石油大学、金华职业技术学院等十六所高校对西昌民族幼儿师范高等专科学校开展对口支援帮扶工作。西昌民族幼儿师范高等专科学校的成立，是全国帮扶聚焦凉山教育扶贫的生动实践。学校建立在脱贫攻坚主战场，用新时代爱国主义教育扶智、扶志，为西南区域致富奔康，为大凉山民族地区经济社会向更好的方向发展提供人才支撑。

一、领会新时代爱国主义教育的继承和发展

（一）具有深厚的历史底蕴

中国特色减贫道路主要是以逐步实现全体中国人民的共同富裕为目标。在不同的历史时期中国共产党实施不同战略政策，先后做出了一系列重大部署和规划，率领全国各族人民齐心协力，一代接着一代干，创造了人类减贫史上的中国奇迹。这是经历了长期的实践，通过不懈的探索逐步发展形成的，具有深厚的历史底蕴。

中国特色减贫道路的历史脉络，可以大致分为三大时期。第一个时期是从中华人民共和国成立到中国改革开放（1949—1978 年），这个时期主要是减缓绝对贫困；第二个时期主要是从改革开放到党的十八大召开（1978—2012 年），这个时期主要是通过政府管控和专项扶贫计划相结合，通过实际可行方案实现大幅度减少绝对贫困的现状；第三个时期是党的十八大至我国脱贫攻坚工作取得全面胜利（2012—2021 年），这个时期中国共产党主要通过精准扶贫的战略方针，运用制度创新，用长期发展的办法消除农村地区贫困根源。从历史脉络中可以看到国家在不同的阶段根据不同贫困现状采取了一系列扶贫战略，出台了一系列扶贫政策。综合来说，从 1949 年中华人民共和国成立至 2021 年我国脱贫攻坚工作取得全面胜利，中国的特色减贫道路确立了一套以制度为基础的国家减贫模式。

（二）根源于马克思主义基本原理

中国特色减贫道路在形成和发展历程中凝聚了中国几代领导集体的共同智慧，它是马克思主义基本原理在中国落地实践中形成的本土化成果。中国特色减贫道路对中国特色社会主义更好发展起到了理论和实践支撑作用，这对于马克思主义反贫困理论来讲，也必将是一项重大的理论和实践贡献。

中国特色减贫道路继承及发展了马克思主义反贫困的思想。马克思的反贫困思想较其他思想学派而言是最具辐射力与最为彻头彻尾的一场思想活动，原因在于他不仅强化了历史进步论中的超越性，也强调了历史进步过程中的反贫困实践，实现了人类全面自由发展的未来可能。马克思以反贫困为批判内容，深度地挖掘出反贫困与现代世界的一个内在性关联——他不仅从哲学与经济学双重维度方向上阐述了无产阶级贫困化的根源，还从社会解放维度等方面提出了无产阶级贫困的解决路径。纵观马克思的全部文本内容，可以清晰地看出，国家始终会贯穿着这样的话题：资本性的批判与反贫困的实践是紧密联系的。其实这没有真正地去解决掉农村地区贫困问题，立足我国实

际情况，把握好从中华人民共和国成立以来中国共产党总结的减贫规律，在历经艰难坎坷过后，一条适合中国特色的反贫困道路应运而生，一套拥有中国特色、中国实际情况的反贫困理论被运用了起来。这一套理论在新的发展时期创新性地说明并提升了马克思主义中国化的反贫困思想。由于时代的局限，马克思只关注到了资本主义社会化的反贫困问题，不能够充分考察社会主义的反贫困实践。新时代中国脱贫攻坚所取得的伟大胜利，是社会主义国家中第一次实现消灭绝对贫困的成功范例，为世界各个国家提供了反贫困的中国智慧方案。中国特色减贫道路同时也创新了马克思反贫困思想。这些经验是我国脱贫攻坚的重要理论结晶，也构成了马克思反贫困思想中国化的最新成果，极大地丰富了马克思反贫困思想。

（三）来源于中国的具体实践

党的十八大召开以来，一系列治国理政的鲜明亮点相继展开，成果相继涌现，充分彰显了思想的伟力、政治的伟力以及制度的伟力，这就是中国特色减贫道路的实践来源。就历史方向而言，社会主义制度超越资本主义制度的重要内容就是消灭绝对贫困、消除相对贫困，实现全体人民的共同富裕。新时代我国脱贫攻坚战的伟大胜利也证明了我国社会主义制度的优越性，证实了社会主义道路始终是以人民为中心的共同富裕之路，为世界其他国家提供了制度选择。就实践效果而言，中国能够取得消灭绝对贫困的历史胜利是在中国共产党领导下经历一路艰难而实现的，也为世界各国更好地发展提供了反贫困的中国方案。就实践经验而言，中国反贫困方案为世界各国反贫困提供了实践标本，即只有坚持社会主义道路与共产党的领导，才能真正地完成消灭绝对贫困的历史重任。就实践途径而言，脱贫攻坚的国家设计与制度优化，塑造出有中国特色的反贫困内容，为其他国家反贫困提供出中国方法。

以西昌民族幼儿师范高等专科学校为例，作为中国教育一线脱贫攻坚的缩影和例证，学校面对特殊省情、州情，付出艰苦努力，从“阻断代际脱贫”上协助地方解决了绝对贫困问题，见证凉山州与全国同步全面建成小康社会，西昌民族幼儿师范高等专科学校在爱国主义教育上卓有成效的工作成绩正是来源于中国特色减贫道路的具体实践。

二、从中国特色减贫道路的现实推进领会新时代爱国主义教育的成就和优势

(一)聚焦成就:“中国特色减贫道路”展现“新时代爱国主义教育”

中国特色减贫道路取得的系列理论以及实践成效,体现着“我将无我,不负人民”的大无畏精神。西昌民族幼儿师范高等专科学校的学生生源几乎都来自凉山本土,在校期间学校组织他们认真了解国家扶贫成效,结合家乡、家族变化说自己成长变化,让学生们深入了解国情、社情以及民情,使爱国主义精神深深植入心中,并在日常的生活实践中践行爱国主义精神,以此来进一步点燃在校学生们的爱国之情,激发他们的爱国之志。

西昌民族幼儿师范高等专科学校从学生思政课及日常教育管理等方面着手,在每周的思想政治理论课中向大学生展示家乡脱贫后的喜报,让学生感受中国共产党员在减贫道路中所经历的艰辛,带领学生们在学校党委会议室重温入党入团誓词,使大凉山脱贫攻坚成果第一线成为学生们重要的爱国主义教育基地。西昌民族幼儿师范高等专科学校将脱贫攻坚成果深化教育与爱国主义教育相融通,通过真人真事编撰扶贫工作丛书,建设专题爱国主义教育网站,举办全校性的报告会、图片和实物展、脱贫地区农副产品展销会等,让学生们有更多的机会和渠道去了解发生在身边的扶贫典型案例。

(二)探索优势:“中国特色减贫道路”支撑“新时代爱国主义教育”

1. 领导优势

中国特色减贫道路的成就体现了我们始终坚持中国共产党的领导优势,也集中反映了中国共产党的壮大发展是以马克思主义为指导,在实践中不断完善,深深植根中国大地,并且是一个有着深厚中华文化根基和广泛群众基础的政党。西昌民族幼儿师范高等专科学校在新时代爱国主义教育中对中国共产党的领导优势进行专题教育,利用早读和晚读时间带领学生在学术报告厅深入开展学习习近平新时代中国特色社会主义思想,将“学习强国”APP深入学生课堂中,根据不同年级和不同专业学生的不同知识水平和认知特点,选择合适的教学内容进行深入学习。同时挖掘红色文化丰富爱党、爱国教育内涵。开展以“脱贫筑梦”为主题的诗歌咏诵会、青年马克思主义者培养工程、引领高雅艺术进校园、弘扬新时代“彝海结盟”精神等活动,让党的基因融入西昌民族幼儿师范高等专科学校青年学生的成长全过程。通过红色文化激发学生们的内心共鸣,将党对于全国人民的领导优势深深植入每一名学生内心。

2. 力量优势

凝聚起全国之力、汇结起全民之智、集聚齐各方之志，是中国扶贫开发路和脱贫攻坚战的成功经验，也是中国特色减贫道路的力量优势。西昌民族幼儿师范高等学校在学习这些成果经验的同时做到了将理论学习和爱国主义教育文化活动相结合，组织开展“团结就是力量”全校师生合唱歌咏比赛，通过提高师生、班级凝聚力的方式让学生们感受中国特色减贫道路下的力量优势。学校切实将凉山彝族自治州脱贫攻坚实践成果转化为文化育人元素，举办“凉山脱贫攻坚大讲堂”并通过录制系列视频，邀请凉山各村第一书记为师生分享鲜活的脱贫故事和认识感受。将思政教育中党的力量优势提炼成专题，到班级、团支部、宿舍进行理论宣讲并编撰成册。

3. 速度优势

回想这么多年来，在中国共产党的正确领导下，脱贫攻坚战中的成就举世瞩目，14 亿中国人开始共同迈向全面建成小康社会的历史新局面，书写出了一篇人类历史上“最成功的脱贫故事”，这是中国制度的速度优势。西昌民族幼儿师范高等专科学校通过开展实践教育为学生专题讲述“中国速度”的故事，以此拓展爱国主义教育途径。学校坚持将爱国主义教育与社会实践相结合、知识积累与奉献社会相结合，相继建立起 30 多个大凉山志愿服务基地，在学生周末及课余时间开展了丰富多彩的社会实践和志愿服务活动。在学校宣传统战部的积极组织下，带领学生代表们参观和学习了凉山脱贫攻坚博物馆、彝海结盟纪念馆等爱国主义系列教育基地，做起了馆内“中国速度”板块讲解员，引导学生在巩固脱贫攻坚战成果的幸福感中增强社会责任感和使命感，认识和了解国情、州情，将爱国主义精神转化为报效家乡的自觉行动。

4. 目标优势

中国特色减贫道路精准聚焦贫困个人，把扶贫同扶志、扶智结合，不同的困难群众进行不同施策，激发贫困地区需要被帮扶和关怀的贫困人口，在工作以及生活中的积极性、主动性和创造性方面，引导他们通过自身努力去不断改变现状、改变命运，这就是党的目标优势在中国特色减贫道路中的集中体现。凉山彝族自治州作为全国脱贫攻坚的最后战地，州委及州教体局对于西昌民族幼儿师范高等专科学校对助力脱贫攻坚方面的策略目标也提出了新的要求，全校师生通过以购代捐的方式每学期购买来自凉山州喜德县大黑子村村民自家养的跑山鸡，通过目标导向性政策有效助力脱贫攻坚，发挥了榜样示范带动作用，用“真帮扶”的实践行动体现出中国特色减贫道路中的目标优势。

三、从中国特色减贫道路的时代要求领会新时代爱国主义教育的价值和担当

（一）“中国共产党具有无比强大的领导力、组织力、执行力。”这是对新时代爱国主义教育的时代要求

中国共产党的领导力对于脱贫攻坚开展起到了凝聚和引领的作用，是中国人民走向继往开来的精神纽带支撑。党的领导让新时代的爱国主义教育在当下有了“主心骨”。党的领导力体现在充分地去整合和调动全社会资源，它让新时代爱国主义教育形成了“向心力”。新时代的大学生通过这次人民群众举国上下的集体行动，在全国范围内形成了万众一心、无坚不摧的强大力量，以此来确保脱贫攻坚目标的如期实现。中国共产党的高效组织力成了巩固实现中华民族伟大复兴中国梦的鲜亮主题。党的组织力在执行的过程中主要体现在把中央制定的一系列政策措施落到实处，真正做到精准帮扶，尽早实现精准脱贫。中国共产党用高效有力的组织力确保各项工作有效落地，这就要求新时代爱国主义教育同样需要科学的爱国主义理论体系来凝聚和指引当代大学生。脱贫攻坚这一历史性任务的成功完成，充分彰显了党在脱贫攻坚进程中的有效执行力。中国共产党的高效执行力是新时代爱国主义教育的生动学习素材，为学生树立了标杆。在“活教材”中学习他们心中有大爱、至诚报效祖国的价值追求，在党的高效执行力中领悟新时代爱国主义教育的时代要求。

（二）“必须把实现好、维护好、发展好最广大人民根本利益作为一切工作的出发点和落脚点。”这是对新时代爱国主义教育的时代要求

从中国特色减贫道路的成就中，新时代大学生切实感受到了中国共产党很好地把“实现好、维护好、发展好”最广大人民的根本利益融入实践中，这都是新时代爱国主义教育的生动体现，在日常学习教育过程中，要将这些生动鲜明的事迹融入课堂思政中，提升学生的爱国主义情感。从中国特色减贫道路成就中，新时代大学生能够真实体悟到中国共产党把人民利益看得高于天，一切以人民为本，始终将为人民服务的宗旨铭记于心。在巩固拓展脱贫攻坚工作成果过程中，全国各地持续驰援大凉山，源源不断的力量开始为彝族少数民族聚居地区加强民生工程后续保障、强化基层党的建设发展、夯实脱贫攻坚进程，打开乡村振兴在未来发展中的历史新局面，努力实现凉山州彝区人民对美好生活的憧憬和追求。西昌民族幼儿师范高等专科学校的学生家里都有一位“第一书记”与他们保持着联系，这就是党群众路线的生动体现，新时代大凉

山彝区大学生通过党员干部的鲜活事例印证党心似火。

(三)“中国共产党领导和我国社会主义制度是抵御风险挑战、聚力攻坚克难的根本保证。”这是对新时代爱国主义教育的时代要求

立足我国国情实际,把握当下减贫规律,中国共产党人在新时代不断推进中国特色社会主义制度的调整和完善,通过不断努力探索走出了一条消除绝对贫困的正确道路。在党带领人民进行脱贫攻坚战的历史进程中,中国共产党人在探索中做到了不断完善和发展中国特色社会主义制度,不断地去消除导致贫困地区人民贫困的制度性和结构性因素,更好地推动了经济社会的快速发展。聚力攻坚克难,形成共同意志,彰显了我国社会主义制度集中力量办大事的政治优势。这就要求新时代爱国主义教育者要深刻理解中国创造的人类减贫史上的伟大奇迹在于中国特色社会主义的制度优势。

四、小结

从中国特色减贫道路领会新时代爱国主义教育,既有时代特色又有历史特征,这就要求高校要教育引导新时代大学生做理想信念的坚定信仰者,从中国特色减贫道路中引领新时代大学生知晓“功崇唯志,业广唯勤”,从中国共产党人的理想信念中补足精神之“钙”。从中国特色减贫道路中引领新时代大学生懂得“艰难困苦,玉汝于成”,要像锻造钢铁一样锤炼新时代大学生的顽强意志品质,把爱国主义精神打造为成长过程中不可磨灭的精神“内动力”。要教育引导新时代大学生从中国特色减贫道路中领悟“空谈误国、实干兴邦”,在真做真为中学真本领,做千秋伟业的扎实奋斗者,为完成强国使命不断耕耘,在耕耘中为中华民族伟大复兴贡献青春力量。

参考文献

[1] 周露平. 马克思的反贫困思想及其新时代启示[J]. 当代世界与社会主义,2021,(8):2-3.

[2] 评论员. 中国特色减贫道路 脱贫攻坚理论结晶[N]. 人民日报,2021,(2):3-7.

[3] 黄承伟. 党的领导在脱贫攻坚中的作用及体现[J]. 中国领导科学,2021,(5):3-5.

[4] 王小林. 我们走出了一条中国特色减贫道路[N]. 社会科学报,2021,(3):2-7.

[5] 张琦.中国减贫的奇迹:制度变革、道路探索及模式创新[J].行政管理改革,2020,(5):3-6.
[6] 谢卓芝.中国特色扶贫道路的形成与发展[D].广西:广西大学,2017.

新时代大学生爱国主义教育实践方法研究

蒋欣岑

（西南石油大学，四川 成都 610500）

摘 要：爱国主义是中华民族最重要的精神财富，是培养中国特色社会主义合格建设者和可靠接班人的思想基础。通过对在8所高校收回的920份问卷研究分析发现，新时代大学生对爱国主义的认同和践行存在一定程度的脱节，且不同生源和层次的学生对爱国主义教育渠道的需求有较为明显的差异。因此，需要对爱国主义教育实践方法进行创新，一方面，要构建以学校为龙头、学生为主体的家庭—社会—学校—个人“四位一体”协同育人机制；另一方面，要面向不同学生提供有侧重点、针对性的多渠道爱国主义教育，培养好担当民族复兴大任的时代新人。

关键词：新时代；大学生；爱国主义教育；实践方法

爱国主义是中华民族的民族心、民族魂，是中华民族最重要的精神财富，是中国人民和中华民族维护民族独立和民族尊严的强大精神动力[1]。能否做好新时代大学生爱国主义教育，是关乎高校“立德树人”根本任务能否出色完成的重要工作。新时代大学生身处世界百年未有之大变局之中[2]，经济全球化深入发展，社会信息化、文化多样化持续推进[3]，历史虚无主义与新自由主义等错误思潮沉渣泛起，给大学生爱国主义教育带来了新的挑战。为此，中共中央、国务院印发了《新时代爱国主义教育实施纲要》（以下简称《新纲要》），对新时代爱国主义教育的总体要求、基本内容、群体对象、载体方法和组织保障进行了系统设计，为如何做好新时代爱国主义教育指明了方向[4]。在《新纲要》的指引下，业内研究人员围绕新时代大学生爱国主义教育实践的载体、方式、方法等展开了深入的研究探索，产出了一系列高质量的成果，推动着爱国主义教育不断发展。本文在文献研究和实地调研的基础上,基于问卷调研结果进行研究分析,围绕当前大学生爱国主义教育中存在的问题,探索适合新时代大学生的爱国主义教育实践方法。

一、问题的提出与研究设计

中国特色社会主义进入新时代,实现社会主义现代化和中华民族伟大复兴的总任务,给高校“立德树人”工作提出了更高的要求[5],习近平总书记强调:“要在厚植爱国主义情怀上下功夫,让爱国主义精神在学生心中牢牢扎根,教育引导学生热爱和拥护中国共产党,立志听党话、跟党走,立志扎根人民、奉献国家。”[6]要想把爱国主义教育落到实处,就必须将理论与实践相结合,发掘出当前大学生爱国主义教育中存在的实际问题,并提出科学的实践方法加以解决。

(一)文献综述与问题的提出

当前,国内有大量学者针对大学生爱国主义教育展开了不同角度的研究。在教育内容、教育载体等方面,李琼基于面向全日制学生的问卷调查展开研究,提出了丰富和完善教育内容、强调爱国和爱社会主义相统一、爱国主义教育与核心价值观培养有机融合三项解决对策[7]。在教育理念、内容与方式等方面,蒋松等人基于对当前爱国主义教育所存在问题的分析,提出要完善全球化教育理念、结合时代特征将教育方式生活化和拓展教育内容广度三种解决方案[8]。在实践、环境及模式等层面,丁越勉等人以江苏部分高校的实地调研为研究基础,提出了环境、模式机制、丰富实践、特殊学生特殊施策等教育方式[9]。

总之,当前从多个角度研究大学生爱国主义教育的研究成果较多,为本文的研究开展奠定了理论基础,但当前的研究实地调研力度有待加强,系统性和针对性等方面依然存在待发展与完善的空间,亟待后续研究的探索与解决。一方面,随着时代的发展和外部环境的快速变化,经济全球化、社会信息化、文化多样化的趋势持续加强,而历史虚无主义,新自由主义等错误思潮有泛滥之势,这要求我们在进行爱国主义教育时,必须紧密结合现实,切实解决大学生爱国主义教育中面临的实际问题。另一方面,《新时代爱国主义教育实施纲要》在2019年10月底颁布,对如何做好大学生爱国主义教育做了明确的要求和规范,这既为新研究提供了有力的理论依据,又对原有的研究提出了新的挑战[11]。

没有调查就没有发言权,为了获取到新时代大学生爱国主义教育现状的一手数据,深入了解当代大学生爱国主义教育所面临的实际问题,在文献研究和实地考察的基础上,通过设计合理的问卷,在一定覆盖面进行实证调研是发现并解决爱国主义教育的实际问题的有效途径。

(二)研究设计

坚持问题导向,拟通过对已有文献的研究,结合实地调研和测试迭代,设计一套能较准确反映大学生爱国主义教育的现状问卷,通过问卷调查,查找问题,分析成因,为后续探索新时代大学生爱国主义教育实践方法提供现实依据。

为了更加全面、准确地了解当前大学生爱国主义教育的真实情况,为后续准确挖掘出新时代大学生爱国主义教育所存在的问题,并探索出有效的实践方法路径,笔者拟在全国范围内进行实证调查,覆盖当前我国现行的区域划分,在东部、西部、中部、东北四大区域,2021 年 7 月至 10 月在 12 所高校中进行了 1 400 份左右不记名问卷调查(现已在郑州大学、南京财经大学、西南交通大学、成都中医药大学、沈阳理工大学、雅安职业技术学院等 8 所高校共收回 920 份问卷)。覆盖院校层次包括:双一流建设高校、普通本科院校、高职高专,调研问卷覆盖了专科生、本科生、研究生(不区分硕士和博士)三个学历层次, 文史哲、理工、医学、农林、艺体、管理等专业大类。

二、新时代大学生爱国主义教育现状调查分析

(一)问卷基本情况

本次问卷在设计时借鉴了《中国大学生思想政治教育发展报告 2018—2019》[10](以下简称《思政教育发展报告 2018—2019》)和文献[11]中的部分内容,并结合文献研究与实地调研进行了改良,通过在雅安职业技术学院和西南石油大学等学校中进行测试迭代,最终形成了问卷版本,投入正式调研中使用。

本次调研共发放问卷 920 份,回收问卷 920 份,其中有效问卷 885 份,无效问卷 35 份,问卷有效率为 96. 2%(有效率=有效问卷数量/回收问卷总数)。

本次调研收回的有效问卷中,56. 38%为女生,43. 62%为男生。学历层次占比中,研究生占比 17. 63%,本科生占比 45. 87%,专科生占比 36. 50%。政治面貌中中共党员(含预备党员)占比 22. 82%,共青团员占比 74. 13%,群众占比 3. 05%,未收集到民主党派数据。在这些数据中,41. 02%的同学生源来自农村,58. 98%来自城镇。受测人员中 70. 96%的同学担任过或正在担任学生干部,81. 02%的同学获得过各类奖学金或者助学金,其中获得过助学金的

占比41.58%,获得过奖学金的占比68.7%,既获得过助学金又获得过奖学金的占比29.26%。

(二)当前大学生爱国主义教育取得的成就

1.大学生的爱国热情空前高涨

问卷调研结果显示,93.9%的学生赞同(含非常赞同)包括自己在内的绝大多数中国人是爱国的,96.16%的学生为自己作为一名中国人而感到自豪(含非常自豪),这与《思政教育发展报告2019》中的数据较为相近,一定程度上肯定了问卷的信度。在收回的问卷中,95.14%的同学认可在高校进行爱国主义教育是必要(含非常必要)的,超九成的同学认为热爱祖国的表现包含爱党、爱国与爱社会主义相统一和关心国事、时事,以及富有报国之心(分别为93.11%和91.64%),这些调查结果通过实际数据说明了新时代大学生的爱国热情空前高涨,一定程度上肯定了高校爱国主义教育的工作成效。

2.大学生对理性爱国的认可度稳步提高

新时代大学生是伴随着祖国不断强大而成长起来的,切身感受到了祖国逐步向好的变化,亲自感受到了祖国走向繁荣富强带来的改变,加之社会主义核心价值观不断深入人心,新时代大学生愈发认可理性爱国。95.48%的大学生认可(含非常认可)"理性的爱国才是真正的爱国"的观点。这一结果也在近年的真实事件中得以充分体现。2021年3月,瑞典服装品牌H&M等公开抵制新疆棉花,大学生群体带头坚决抵制污化中国,并在网络上呼吁全体同胞理性爱国,以文字、视频、图像等多种方式为国家正名。问卷结果和实际行为的一致表现,体现了新时代大学生对理性爱国的认可度稳步提高。

3.越来越多的大学生开始自觉践行爱国行为

新时代大学生爱国主义教育工作的成效,不但要看大学生是否将爱国主义内化于心,转化为对国家、对中国共产党、对社会主义的认同,还要看大学生是否自觉将爱国主义精神外化于行,是否有意愿亲身参与祖国的建设,将爱国主义的热情转化为具体行动,在实际行动中践行爱国主义。当祖国的部分地区遭遇严重灾难时,绝大多数(99.21%)同学会参与(含视情况参与)到捐献物资帮助同胞的队伍当中去,在收回问卷中,仅0.79%的学生选择不参与物资捐献,0人觉得此事和自己无关。这一点结论在近年来得到了充分体现,在新冠疫情、洪涝、台风等灾难面前,全国各地涌现出一批又一批大学生志愿者冲锋在一线,包括海外留学生在内的大学生群体,在线上线下献智献力,以自身实际行动践行着爱国主义精神,用现实表现告诉大家,越来越多的新时代大学生正在自觉践行爱国行为。

（三）当前大学生爱国主义教育存在问题及成因剖析

在通过问卷看到当前大学生爱国主义教育所取得成就的同时，我们也通过分析发现了当前爱国主义教育仍然存在的问题。

1. 大学生对爱国主义的情感认同和践行意愿存在脱节现象

通过对问卷进行更深层次的研究分析，我们发现当代大学生对爱国主义的情感认同和践行意愿存在一定程度的脱节。例如，96.16%的大学生认为大学生对基本国情有了解的必要（问卷中第25题），93.9%的同学认为自己对我国基本国情一般了解、比较了解甚至非常熟悉（问卷中第26-1题），但在后续关于我国社会主要矛盾、根本政治制度、中国最高权力机关、国家宪法日四道题目中只有不到一半（48.59%）的同学全部回答正确。94.35%的同学选择了在升挂国旗时，大学生应该行立正、注目礼、跟唱国歌等升挂国旗礼仪（问卷中第15题），但在"您看到国旗升起时，您通常的行为如何"一题中（问卷中第16题），仅60.36的%同学选择了除非有十分紧急的情况，通常会行立正、注目礼、跟唱国歌等升国旗礼仪；其他近四成同学选择了除了有学校或单位要求，其他情况遇见看心情行升挂国旗礼仪，或者在行此类礼仪时心不在焉。超九成（90.96%）的同学认可应当在实际行动中践行爱国主义，将个人实现与祖国需要相统一，但只有11.86%的同学将"小我融入大我，青春献给祖国""把学习奋斗的具体目标同民族复兴的伟大目标结合起来"等内容作为自己生涯规划时的决定因素（问卷中第20题）。这些都体现了新时代大学生对爱国主义的情感认同与践行意愿还存在一定程度上的脱节。

为了明确大学生对爱国主义的情感认同与践行意愿脱节问题的原因，本文结合问卷调查结果进行了研究分析，进一步发现，大学生关于爱国主义的认同度与学校教育、社会实践等更为相关，而对爱国主义的践行意愿则和家庭教育、朋辈带动等因素更为相关，决定大学生爱国主义认同度和决定爱国主义践行意愿的影响因子不相同，导致了新时代大学生对爱国主义的情感认同与践行意愿存在脱节现象。

2. 大学生对爱国主义教育的需求存在差异

笔者将不同学历层次、不同生源、不同政治面貌与学科类别以及是否获得奖助学金的学生进行了分类标注，就不同学生在学校、家庭、社会三种环境下接受爱国主义教育的主要渠道，最能接受的爱国主义教育方式，参与爱国主义教育相关的讨论、交流、学习情况，以及对当前大学生爱国主义教育的满意度等进行了对比研究（问卷中第29~42题），发现不同类型的学生对爱国主义教育的需求有明显差异。

学历层次越高的学生越倾向于接受通过参加社会实践、参观红色基地、查阅文献报刊等传统媒体等渠道进行爱国主义教育，学历层次越低的学生越倾向于通过言传身教、查阅论坛、刷短视频等渠道接受爱国主义教育。生源地为农村的大学生相较于生源地为城镇的大学生，文史哲和艺体专业的大学生相较于其他专业的大学生更有意愿参与相关社会实践和参观红色基地；而生源地为城镇的同学相较于生源地为农村的同学更愿意接纳文化产品和网络媒体作为爱国主义教育载体。获得过各种奖学金或助学金的大学生，特别是既获得过奖学金又获得过助学金的大学生，相较于未获得奖和助学金的同学更愿意通过课堂教授、知识竞赛等方法接受爱国主义教育，而从未获得过任何奖、助学金的同学则更愿意接受爱国主义影像、社会公益等主题实践活动作为爱国主义教育的渠道。值得一提的是，我们发现学生反馈中学校使用频次最高的爱国主义教育是知识竞赛、演讲、写作、合唱等，而这些恰巧在大学生最容易接受的爱国主义教育题目（问卷中第 35 题）中是被选频率最低的选项，这项结果和文献[11]的问卷调研结果基本一致，问卷中所反映出的大学生对爱国主义教育的需求存在差异的现状，正是当前爱国主义教育实际存在并且亟待解决的问题。

3. 课程思政中的爱国主义教育内容还没有充分发掘

课程思政的概念从 2004 年孕育，到 2014 年正式形成并开始逐步走向全国，旨在将思想政治教育元素融入各门课程中去，潜移默化地对学生的思想意识、行为举止产生影响，爱国主义教育作为思政教育的重中之重，是课程思政不可回避的核心主题之一，同时也是各门专业课程开展课程思政时，可用题材最为丰富的主题之一。

在附录问卷中的第 36 题，有高达 50. 73%的大学生选择了非爱国主义教育课程中穿插的爱国主义教育内容且有较多的师生互动讨论交流作为效果最佳的课堂爱国教育情景，但在紧跟着的第 37 题中，仅有 19. 21%的同学差不多每学年都会经历此类场景。这在一定程度上反映了当前高校对大学生开展爱国主义教育时，课程思政中的爱国主义教育内容还没有得到充分发掘。

四、新时代大学生爱国主义教育实践方法

要想落实好《新纲要》中对爱国主义教育的要求，完成好高校“立德树人”的根本任务，解决好大学生对爱国主义的情感认同和践行意愿存在的知行不统一的问题，光靠学校和教师是远远不够的。必须要立足“三全育人”，深入构建以学校为龙头、以学生为主体的家庭—社会—学校—学生“四位一体”协

同育人机制，提供有针对性的爱国主义教育。

在学校—学生层面，首先要强调学生的主体性，认识到不同生源、不同层次、不同家庭状况、不同经历的学生之间的价值观与爱国主义思想的差别，这一点在本文第三板块中，通过覆盖 8 所高校的 920 份问卷调研结果中也得到了充分体现，《新纲要》明确指出爱国主义教育就是要着眼培养担当民族复兴大任的时代新人。首先，要让爱国主义教育入心入脑，“因材施教、分类指导”是必经之路。其次，要强化教师队伍和管理队伍的理论武装，爱国主义教育光靠喊口号是不能走进大学生心里的，要把学生锻炼成才先得把教师锤炼成钢，教师队伍和管理队伍要带头用习近平新时代中国特色社会主义思想武装头脑，指导实践，在实际工作与科研学习中践行爱国主义，用言传身教带动更多学生“把我之小我融入国之大我”。再次，从附录问卷中第 41 题调研结果可知，朋辈模范带头作用是决定大学生对爱国主义践行意愿的重要因素，因此，高校在开展爱国主义教育时，要根据实际情况，选出一批践行爱国主义精神的先锋模范，助力新时代大学生对爱国主义的认同度和践行意愿达到知行合一。最后，还要注重方式、载体、渠道的传承与创新，既要利用好合唱、心理剧、知识竞赛等传统途径，也要在此基础上利用 VR/AR、人工智能、动图表情包等形式推动爱国主义教育上“两微一端”、上网站论坛，用学生喜闻乐见的方式将爱国主义教育送到学生最常用的生活、学习情景中去。

在学校—家庭层面，一方面，要充分发挥学校在家校联合中的领头作用，通过辅导员、班主任等建立起、维护好家校联合机制，选取合适的机会向家长传达爱国主义教育的重要性以及加强家校联合育人的重要性，让家长主动参与到爱国主义教育中来，让家长接触和学习爱国主义教育相关知识，并通过言传身教影响学生。另一方面，也要充分发挥学生本人的主观能动性，传统观念认为家长才是良好家风形成的主要因素，家长可为孩子塑造爱国主义价值观。其实在当今时代，大学生接触爱国主义知识的渠道更多、更广，只要合理发挥学生本人的主观能动性，学生也能将爱国主义教育和爱国主义精神带进家庭，学生也可以成为良好家风的主要塑造者。让学生带家长参观博物馆、纪念馆，看爱国主义题材的影视作品，为家长们讲解英雄先烈们的爱国史诗，也是营造良好的育人环境的有力手段之一。

在学校—社会层面，首先，要将鼓励学生参与实践与为学生创造实践机会相结合，一方面鼓励在校大学生利用自身所学专业知识投身到社会公益、社会服务、社会实践当中去；另一方面，要深入挖掘可利用资源，为学生创造更多可供选择的实践平台、实践资源、实践机会，特别是全日制大学生进党政机关、科研院所、社会服务机构、农村社区等开展岗位实践的优质机会。其次，要鼓励学生传播和创作网络文化作品，利用大学生对新媒体、新技术的理解和运用能力强，对青年所面临的问题以及所乐意接受的教育方式体会深刻等优势，创作出一批青年接受度高、教育效果突出的爱国主义文化作品在网络上传播，奏响爱国主义主旋律。最后，要注重占领舆论高地，号召大学生用习近平新时代中国特色社会主义思想等先进理论武装头脑，夯实大学生的爱国主义理论基础，帮助大学生掌握网络传播的特点和规律，培育大学生们理性爱国的思维，在网上同抹黑国家以及社会主义的言论做斗争的能力，在互联网时代为做好爱国主义教育工作打下坚实基础。

五、结语

爱国主义教育是高等学校"立德树人"根本任务的重要组成部分，是新时代要求，也是永恒的主题，更是实现社会主义现代化和中华民族伟大复兴的现实需要，本文在文献研究、实证调研的基础上进行了新时代大学生爱国主义教育现状的问卷设计与测试迭代。基于在 8 所高校收回的 920 份问卷展开研究，探索了当前大学生爱国主义教育取得的成就和存在的问题，并对问题产生原因和其影响因素进行了剖析，在此基础上，有针对性地提出了关于新时代大学生爱国主义教育的实践方法，希望能让新时代大学生在"专起来，更有才"的同时，"红起来，更有德"，成为又红又专、德才兼备、全面发展的中国特色社会主义合格建设者和可靠接班人。

论文不足之处体现在问卷的设计可能还不够完善，以及覆盖面还有待进一步扩大两方面，将在之后的工作中予以改进。

参考文献

[1] 中共中央、国务院. 新时代爱国主义教育实施纲要[N]. 人民日报，2019-11-13(6).

[2] 杨梓. 高校学生党员教育管理存在问题及对策研究[D]. 湘潭：湘潭大学，2020.

[3] 陈东琼，吴晓芳. 中国战"疫"视域下爱国主义教育论析[J]. 学校党建与思想教育，2021，(1)：23-25.

[4] 冯刚，刘文博. 网络环境下大学生爱国主义教育实践路径研究[J]. 西北工业大学学报(社会科学版)，2020，(3)：1-7.

[5] 陈富奋. 社交媒体对大学生主流意识形态教育的影响及对策研究[D]. 福州:福建师范大学,2017.

[6] 习近平. 坚持中国特色社会主义教育发展道路 培养德智体美劳全面发展的社会主义建设者和接班人——在全国教育大会上的讲话[N]. 人民日报,2018-09-11.

[7] 李琼. 新形势下大学生爱国主义教育的有效路径[J]. 思想理论教育导刊,2017(04):143-147.

[8] 蒋松,冯程. 经济全球化背景下大学生爱国主义教育的有效途径探索[J]. 学校党建与思想教育,2015(14):19-20.

[9] 丁越勉,石启承. 当代大学生爱国主义教育实践研究——基于泰州地区高校的调查[J]. 黑龙江高教研究,2016(12):146-150.

[10] 沈壮海. 中国大学生思想政治教育发展报告 2018—2019[M]. 北京:北京师范大学出版社,2020.

[11] 李滨娜. 新时代大学生爱国主义教育研究[D]. 哈尔滨:哈尔滨师范大学,2020.

创新高校学生党建工作，加强大学生爱国主义教育

张娟娟

（燕山大学，河北 秦皇岛 066004）

摘　要：高校学生党建工作是高校党组织对入党积极分子、学生党员进行培养、发展、教育、管理的实践活动和对大学生党组织进行思想、组织、作风和制度建设的总称。近年来，高校学生党建工作在取得一定成绩的同时还存在一定的问题，面对新形势、新挑战，高校学生党务工作者要因事而化、因时而进、因势而新，要立足实际，与时俱进，解放思想，创新思维，积极探索高校学生党建工作的新途径，加强大学生爱国主义教育。

关键词：高校；学生党建；党建工作载体；创新机制；爱国主义教育

党的十八大以来，以习近平同志为核心的党中央高度重视高校党的建设工作，做出了一系列重大部署，推动高校党的建设取得了重大进展和明显成效。第二十七次全国高校党的建设工作会议，指出要深入学习贯彻习近平总书记“七一”重要讲话精神和关于加强高校党建工作的重要论述，贯彻落实《中国共产党普通高等学校基层组织工作条例》，紧扣“立德树人”根本任务，扎实推进高校党的建设和思想政治工作，努力培养德、智、体、美、劳全面发展的社会主义建设者和接班人，紧紧围绕“立德树人”这一根本任务，加强、改进、创新高校党建工作和大学生思想政治教育工作[1]。一直以来，高校学生党建是对大学生进行思想政治教育、爱国主义教育的主要途径和方式之一，把思想政治教育工作做到实处是高校党建工作的重要内容。就当前大学生的思想政治教育而言，重点应加强两个方面的教育和引导：一是信念问题，即共产主义信念和中国特色社会主义信念；二是观念问题，即世界观、人生观、价值观方面[2]。因此，思想政治教育工作是高校学生党建工作的永恒主题，加强对高校

学生党建工作研究,对于提升大学生思想政治工作的水平具有难以替代的特殊作用。

新形势下,经济全球化、市场化,高等教育大众化,网络技术的迅猛发展对高校学生党建工作而言,既是机遇也是挑战。从整体看,近年来高校学生党建工作取得了有目共睹的成绩,学生党员队伍不断壮大,学生党组织战斗力增强,各项规章制度逐步建立,党建工作渐趋规范。但是,在看到成绩的同时,高校学生党建工作也面临着严峻的挑战:经济全球化、市场化导致高校少数党员和部分师生对社会主义理想信念产生动摇,社会中的自由主义、功利主义、拜金主义、享乐主义、个人主义等思想给部分师生带来消极影响,使其世界观、人生观、价值观发生偏差;随着高等教育大众化的推进,学生综合素质因学生数量增加而导致平均教育水平下降的感觉。教学基础设施条件不足,以及师资队伍量缺质弱,高等教育基本结构体系失衡[3];互联网技术的发展,使得文化思想的传播打破了地域和国别的限制,信息的瞬间对接给西方意识形态和国外敌对势力以可乘之机。目前,高校学生党建工作距离全国高校党建工作会议确定的大学生党建工作目标要求还有相当大的差距,归其原因有以下四点:党建工作理念陈旧落后;党务工作者积极性不高;党建工作载体缺乏创新;党建工作缺乏长效机制。因此,本文就创新学生党建工作载体建设提出几点思考,以达到增强思政教育实效性的最终目的。

一、成立学生党建导师团,将开展学生党建工作与解决大学生思想、学习和生活中的实际问题相结合

借鉴高校实行导师制的有益经验,结合高校丰富的党员教师与党员学生资源,成立学生党建导师团。党建导师团由一名导师(教师党员)、一名学生党员和若干名入党积极分子组成一个小组,每个小组负责部分学生,协助传统学生党支部开展学生党员思想政治教育工作。从以下三个方面将学生党建工作与解决大学生思想、学习和生活中的实际问题很好地结合起来。

(一)关心大学生的思想发展状况

随着经济全球化进程的加快以及国内市场经济的深入发展,西方资本主义腐朽没落的生活方式和价值理念渗透进高校学生的日常生活,利己主义、金钱主义、享乐主义等思想意识迅速蔓延。大学生正处于世界观、人生观和价值观确立阶段,心理和思想状况尚不成熟,对社会问题的认识存在偏激的倾向,容易受到各种有害思潮的影响。针对大学生思想发展的现状,党建导师团通过以点带面的方式,研究商讨并制定相应办法,主动和相关学生进行思想交

流，帮助其树立正确的世界观、人生观、价值观，把近乎单纯的政治培养转化为“思想政治教育+专业技术水平+创新思维能力+做人”。

(二)关心大学生的学习状况

对于学生而言，学习永远是第一任务，只有好的学习成绩才会更全面地均衡发展。党建导师团内优秀的预备党员与入党积极分子要主动与后进同学建立帮扶关系，老师也可以有针对性地通过对导师团内成员的培训，教授其科学有效的学习方法，良好的学习习惯，层层渗透至广大同学当中。这样不仅可以充分发挥学生党员的先锋模范作用，也增强了党组织在广大普通同学中的威信。

(三)关心大学生的日常生活

大学生日常生活状况的好坏不仅直接关系到大学生能否安心学习，也从根本上影响到大学生的精神面貌和思想状况。党建导师团通过组织开展社会实践、志愿服务等活动，有针对性地改善校园环境、宿舍环境，通过创造一些勤工俭学的机会，鼓励家庭经济困难的学生通过自己的劳动和个人的努力实现经济上的自立等。

二、成立学生党务工作办公室，努力培养大学生自我教育、自我管理、自我服务能力

目前，学生党支部的二级管理模式是“学生党员—学生党支部”，在这种模式下，党支部工作主要通过党支部书记、组织委员和宣传委员进行。在高校，大部分党支部书记由辅导员担任，他们处于学生工作的最底层，“上面千条线，下面一根针”，往往疲于应付各种繁重的事务性工作，很难保证工作质量。基于以上学生党建工作现状，创建“学生党员—学生党务工作办公室—学生党支部”三级管理模式，学生党务工作办公室由学生党员组成，为学生党建工作服务，是大学生党员进行自我锻炼、自我提高、自我教育、自我服务的平台。办公室的主要职责是协助学院各学生支部对学生党员、入党重点发展对象及入党积极分子进行教育、管理、监督和考核等，具体执行学生党建各项工作。

学生党务工作办公室作为管理机构，肩负着强化培训和严格考核两大重任。要针对不同发展阶段的学生制订相应的培训计划，加强日常教育和专题培训，日常教育计划主要是辅助各支部开展“三会一课”、党员活动日计划等；专题培训包括党务知识培训、党建工作理论和工作细则学习、时事政治座谈、理论研讨分析等。同时，面向全体学生党员，建立考核奖惩机制，以便表彰先进，树立榜样。从考核内容来看，要重点考核思想政治素质、工作能力、工作作

风、工作态度和工作成绩;从考核途径来看,应实行自评和他评;在考核形式上,可以采取师生座谈、工作检查、量化考核等方式来进行。考核时间为一学期一次,最终将考核结果送报给学生党支部,作为参考指标。

三、搭建学生社会实践创新平台,提高学生党员志愿服务意识

社会实践作为大学生思想政治教育的重要环节和大学生党建工作的主要载体之一,“对于促进大学生了解社会、了解国情,增长才干、奉献社会,锻炼毅力、培养品格,增强社会责任感具有不可替代的作用”[4]。通过成立大学生社会实践临时党支部,搭建学生社会实践创新平台,把大学生社会实践工作同大学生党建工作紧密结合起来,以社会实践促大学生党建,以大学生党建带动社会实践。

社会实践创新平台为大学生党员和入党积极分子践行社会主义核心价值观提供了一个有效的通道。以此平台为支撑,首先,把社会实践纳入党校教学计划,规定学时、学分,对大学生党员和入党积极分子参加社会实践提出时间和任务要求。其次,结合寒暑期社会实践,组织大学生党员和入党积极分子,宣传党的先进理论,深入开展社会调查,将书本之所学与社会之现实相对照,提高分析问题、解决问题的能力。再次,开展大学生社会实践基地建设,打造大学生社会实践活动的特色品牌,扩大影响力,吸引更多的社会单位提供实践岗位,同时也吸引更多的大学生党员和入党积极分子参与到社会实践中来。最后,利用平台创造有利条件,引导大学生党员和入党积极分子参加生产劳动,培养其劳动观念和职业道德,引导大学生党员和入党积极分子参加社会公益活动,运用所学知识服务人民、奉献社会。

四、打造党团学品牌活动,大力提升大学生的综合素质,促进大学生的全面发展

青年大学生是高等学校的主体,对大学生的培养教育,单靠党支部的力量是远远不够的,因此要与团学工作相结合,充分利用团委、社团、班级、寝室的力量,共同打造党团学品牌活动,做到党建带团学工作的同时,团学工作促进党建工作的开展,从而形成党团学建设的良好互动。

基于此开展党团学品牌活动“红色周末”,通过拓宽横向组织和纵深组织两个途径来创新支部活动模式。横向组织创新是指由学生党务工作办公室统一组织,各个年级学生党支部进行横向联合共同参与,形成“高年级带低年级,比赶超”的支部活动形式。纵深组织创新是指对于部分党支部活动内容局限、

活动形式单一的现状，拓展党支部活动的维度，挖掘活动的深度。通过“红色周末”活动的开展，学生党员或入党积极分子能以主人翁的姿态参与学生支部活动的策划与组织实施过程中，通过相互交流、学习和激励，学生党支部的主观能动性和学生党员受教育者的主体性得到充分激发，不但学生党员获取的信息量更大、视野更开阔，而且学生党支部教育管理活动的针对性、有效性增强，支部建设焕发强有力的生机和活力。

红色周末活动将由以下四部分组成，具体实施计划如下：

两会思想流动车。采取统一组织安排，由各年级学生党员、入党积极分子交叉组队的形式。深入企业、农村、街道，开展党的先进思想的传播和社会调研活动，使学生党员和入党积极分子在宣传工作的同时，得到自身的学习并巩固提高理论知识水平，增强社会责任感和历史使命感。在活动中要邀请思想政治理论教师进行有针对性的指导，以保证实践活动的有效开展。高年级与低年级学生党员、入党积极分子共同参与完成实践活动，既有利于低年级同学向高年级同学学习，又能起到彼此监督、提高工作效率的作用。

党课我来讲。采取统一组织安排，各学生支部分别独立开展，学生党务工作办公室记录考核的形式。每半个月进行一期，由两位党员围绕一个主题进行阐述。话题涉及党史党章、母校荣耀、优秀共产党员事迹、好书分享、热点话题等，借助 PPT、视频等工具使党课变得更生动有趣，贴近同学生活，而且可以更加锻炼学生党员独立演讲的能力。

“思辨之美”活动月。采取统一组织，各学生支部组队参与的形式。一言之辩，重于九鼎之宝，三寸之舌，强于百万雄兵。一思一辩，一问一答，一攻一守，在思辨中彰显真理的力量。选择当今较为关注的热点话题，通过辩论，将枯燥的政治理论知识转变为唇枪舌剑，使同学们能够对当今时政分析更加透彻，理解更加深入，从而能够将理论知识更好地用于指导生活实际，而不仅仅是纸上谈兵。

亮身份树形象，党员结对一帮一。采取统一组织安排，各学生支部分别独立开展，学生党务工作办公室记录考核的形式。此项活动是对预备党员预备期一年内，以及入党积极分子一年培养期内，党员活动进课堂的一项实践活动考察。每一名预备党员以及入党积极分子都要在支部书记的安排下帮扶一名学习方面有困难的学生，并且能够起到一定的帮扶作用。各学生支部辅导员老师（兼学生支部书记）要对被帮扶学生以及帮扶学生，每学期召开动员会和期末的总结会，学期中由支部书记抽检帮扶工作。此项活动缩小帮扶范围，以学风为主，但正是以小见大，一方面可以考核并提高学生党员的综合素质；另一方面使得普通同学受益匪浅。

五、利用网络虚拟载体，推动学生党建工作与时俱进

信息网络的出现，极大地改变了党建工作的环境，使党务工作者直接、快速、准确地掌握学生党员和入党积极分子的思想成为可能。同时，网络信息资源具有无限的可复制性，教育内容的扩散成本趋于零，更有利于先进理论和文化的传播，从而延伸了党建工作的时间和空间。现在在校大学生多为“95后”，是伴随互联网长大的一代人，被称为“互联网的原住民”，高校党务工作者如何加强新媒体应用能力和“互联网+”工作思维，是不小的挑战。

聚焦新媒体，拓宽视野，形成合力。成立实品网络文化工作室，着力打造1个大型网络活动——网络文化节；建设2支队伍——辅导员队伍和网络评论员队伍；推出3类产品——视频、漫画和推文；依托4大平台——网站、微博、微信和易班开展网络党建工作。要主动涉猎有一定受众的社交软件平台，比如说微博、微信、知乎、豆瓣、易班等，因为每个平台特点不同，受众群体也不尽相同，所以要通过不同平台不同特点，适当引流，形成合力，采取大学生易于接受的形式，用马克思主义占领网络意识形态的阵地。

结合高校党建工作的实际，大学生党建网络建设内容应该包括以下四个方面：第一，发布重大新闻。用于在第一时间内发布国内外重大新闻，使广大党员和入党积极分子以最快的速度了解国内外政治、经济和社会生活信息，了解党和国家以及学校的重要新闻，确立正确的舆论导向。第二，阅读经典著作。用于收集马列主义经典著作、党的基本路线、方针政策、党和国家领导人重要讲话等文献资料。第三，引领主流文化。用于提供大量优秀的文化作品，如革命影片、纪录片、马克思主义经典文学名著等，使学生在欣赏作品中愉快地接受主流文化价值观的熏陶和灌溉。第四，开展理论研讨。用于定期发布党建理论研究成果，引导大学生采用“留言板”“网上聊天”等形式发表意见和观点。使网络阵地成为学生党支部日常信息发布的平台、党建党务的公开平台、时事政治的宣传平台、组织生活的讨论平台、师生党员的交流平台。

加强和改进在大学生中发展党员工作，是实施人才强国战略、培养为中华民族伟大复兴而努力奋斗的一代新人的迫切需要；是增强党的阶级基础和扩大党的群众基础，不断提高党在全社会的影响力和凝聚力的重大举措；是以党建为核心，全面加强学生思想政治工作的有效途径。目前，高校学生大多是新世纪出生的青年，他们的成长历程使得他们比较重视自我价值的实现，强调个性的解放，具有广阔的视野，思想前卫，有着强烈的自我表现欲。与此相对应，

在他们身上相对缺乏纪律性和社会责任感，功利主义色彩浓厚，社会主义传统价值观体现较少，对一般性的理论说教比较排斥和抵制。因此，这就要求高校学生党务工作者，要根据这个群体身上体现出来的鲜明的时代特征，以他们所熟悉的语言和喜闻乐见的方式开展高校学生党建工作。新时期下，要做好高校学生党建工作，要因事而化、因时而进、因势而新[6]，高校学生党务工作者只有立足实际，与时俱进，解放思想，创新思维，才能探索出一条高校学生党建工作的新道路。

参考文献

[1] 刘蔚如.《习近平主持召开部分高校党建工作座谈会并发表重要讲话》，清华新闻网，2012-06-21.

[2] 冀伦文，任佳英.《深入贯彻十五大精神，培养造就跨世纪人才》. 理论探索，1998(4).

[3] 戴惠法，等. 新世纪高校党建工作面临的形势与对策. 浙江科技学院学报》，2004(4).

[4] 中共中央、国务院：关于进一步加强和改进大学生思想政治教育的意见. 人民日报，2004-10-14.

[5] 转引自中新社网站 http://news.sina.com.cn/c/160892.html.

[6] 中共中央、国务院：《全国高校思想政治工作会议》，2016-12-07.

新时代厚植大学生家国情怀的实践探索

——以珠海城市职业技术学院为例

叶甫能

（珠海城市职业技术学院，广东 珠海 519090）

摘 要：家国情怀是中华优秀传统文化的核心价值理念，是落实“立德树人”根本任务，引导大学生弘扬中华优秀传统文化和爱国主义精神，为实现中华民族伟大复兴中国梦而不懈努力奋斗的有效途径。珠海城市职业技术学院在探索厚植大学生家国情怀培育路径方面进行了有益探索。

关键词：大学生；家国情怀；培育路径

青年兴则国家兴，青年强则国家强。习近平总书记强调，“我们要在全社会大力弘扬家国情怀，培育和践行社会主义核心价值观”。[1]习近平总书记积极倡导家国情怀，既是对生生不息、薪火相传的中华优秀传统文化精神的深刻揭示，也是对新时代大学生自觉担负起时代赋予的使命与责任的激励与号召。此外，2019年中共中央、国务院印发的《新时代爱国主义教育实施纲要》明确提出，要在爱国主义教育中厚植家国情怀，引导人们感悟中华文化，增进家国情怀，弘扬爱国奋斗精神。为此，关系高校“培养什么人，如何培养人，为谁培养人”的思想政治工作，必须“因事而化、因时而进、因势而新”，将厚植家国情怀融入大学生日常思想政治教育中，使其做到内化于心、外化于行，从而在实现中国梦的伟大事业中立鸿鹄志、做奋斗者，将爱国情、强国志、报国行作为永恒的价值追求。

一、厚植大学生家国情怀的现实意义

家国情怀是中华优秀传统文化的核心价值理念，是建构社会成员国家认同、民族认同、文化认同的情感基础，是开展爱国主义知、情、意、行相统一教育

和培育中华民族精神家园的思想保证。[2]其基本内涵源于中国古代社会的“家国同构”思想和“共同体意识”以及“仁爱之情”等思想观念。其本质是一个人对国家、民族和人民表现出来的一种深厚感情,以及对社会和谐、国家富强、人民幸福所展现出来的理想追求。在高校尤其是面向新时代大学生开展家国情怀教育,培育精神家园,是落实“立德树人”根本任务,引导大学生心怀“国之大者”,积极践行社会主义核心价值观,把个人前途和国家前途命运联系在一起,崇德修身、技能报国,为实现中华民族伟大复兴的中国梦而不懈努力奋斗的有效途径。其主要价值和意义有以下三个方面:

(一)有利于形成以爱国主义为核心的民族精神

爱国主义是中华民族精神的核心。人无精神不立,国无精神不强。从古至今,“先天下之忧而忧”“位卑未敢忘忧国”“人生自古谁无死”“苟利国家生死以”“为天地立心、为生民立命、为往圣继绝学、为万世开太平”等名言广为传涌。新时代,习近平总书记充分肯定黄大年、南仁东、黄旭华、钟南山等“心有大我、至诚报国”的感人事迹;高度赞扬钱学森、邓稼先、郭永怀等“两弹一星”元勋的爱国情怀;号召广大青年向将青春和生命献给脱贫攻坚事业的黄文秀学习。这些古已有之的家国情怀和奉献精神,从本质上讲,就是对国家和民族的一种深情大爱。正处在“拔节孕穗期”的大学生是将祖国建成社会主义现代化强国的后备军,厚植家国情怀,有利于增强大学生对新时代爱国奉献精神、党和国家百年奋斗目标的思想认同、情感认同、价值认同,进而形成以爱国主义为核心的民族精神。

(二)有利于强化大学生的社会责任感和历史使命感

“家国情怀是对自己国家一种高度认同感和归属感、责任感和使命感的体现,是一种深层次的文化心理密码。”[3]家是最小国,国是千万家。新冠疫情发生以来,无数人冒着被病毒感染的巨大风险,奔赴抗疫第一线,舍小家为大家。其中最真实的情操就是爱国主义的家国情怀。新的征程,想要夺取社会主义现代化强国建设的伟大胜利,还有许多困难需要跨越,还有许多“雪山”“草地”“娄山关”“腊子口”需要征服。中国梦是历史的、现实的,也是未来的、具体的、每个人的。当代大学生将全程参与和见证中国梦的实现,可谓生逢其时且肩担重任。如果缺乏使命和责任意识,就会迷失方向,其学习和行动的动力就难以坚定持久。正如习近平总书记指出的那样:“青年的人生目标会有不同,职业选择也有差异,但只有把自己的小我融入祖国的大我、人民的大我之中,与时代同步伐、与人民共命运,才能实现人生价值、升华人生境界。离开了祖国需要、人民利益,任何孤芳自赏都会陷入越走越窄的狭小天地。”[4]厚植家国情怀,在大学生心中播下了真善美的种子,有利于青年学生深刻认识中国梦是国家的梦、民族的梦,也是每个中国人的梦;新时代中国青年不能囿于个人利益,而应牢牢地把个人发展与祖国前途联系起来,以舍我其谁的使命担当,争做新时代的奋斗者、追梦人。

(三)有利于提升大学生的道德素质和自身修养

习近平总书记指出:“人无德不立,品德是为人之本。止于至善,是中华民族始终不变的人格追求。”[5]家国情怀是中华民族优秀传统文化的精髓。是道德理想和行为准则。《完善中华优秀传统文化教育指导纲要》特别要求,“以家国情怀教育、社会关爱教育和人格修养教育为重点来提升学生的政治素养,培育学生的道德素质”。实践证明,是否具备良好的道德素养,是一个人能否被社会接纳并更好实践自身价值的关键。“玉不琢,不成器。”大学生成长成才的过程是个人道德修养不断完善的过程。无论是《大学》中“古之欲明明德于天下者,先治其国;欲治其国者,先齐其家;欲齐其家者,先修其身”的论述,还是当下所倡导的社会主义核心价值观,都给了我们非常鲜活的启示:青年要安身立命、成长成才,就要不断锤炼高尚品格、遵守道德规范、厚植家国情怀。千里之行始于足下,天下大事必作于细,奋斗不只是响亮的口号。当代大学生只有在日常学习和生活中继承优良传统,崇德修身,锻造技能,才能让青春的航船劈波斩浪、行稳致远。

二、珠海城市职业技术学院厚植大学生家国情怀的实践途径

家国情怀就是把个人命运与国家、民族和社会的命运融合在一起。厚植大学生的家国情怀是一个长期、复杂的过程,需要政府、高校、社会、家庭共同努力方能取得好的成效。就高校自身而言,要以“立德树人”为根本,将“以生为本”的理念落细、落小、落实,空洞调头必须少唱,而代之以新鲜活泼、喜闻乐见的,符合新时代大学生思想状况和发展特征的方式方法;要高度重视教师群体的言传身教,将理论教学、校园文化、实践育人、家校联动融入日常思政工作,做到以理服人、以文化人、以情感人,让家国情怀的培育更有温度、更有力度、更有广度、更有高度、更有厚度、更有深度。珠海城市职业技术学院把家国情怀的培育与学生思想、心理、学习、生活的现实问题结合起来,融入日常,抓在经常,将有形空间的打造与无形体验浸润结合,将有形教学教育与无形引导引领结合,重点培养学生在家国情怀方面的思想认知、态度转变和情感共鸣,让广大学生在“务实报国”的路上为实现中华民族伟大复兴的中国梦添砖加

瓦、担当作为。

(一)夯实以生为本,使家国情怀的培育更有温度

培养家国情怀其实也是生活化的情感教育。从效果层面来看,照本宣科式的空洞说教、填鸭式的单向灌输将难以奏效,甚至会适得其反。这就必然要求高校"在习近平总书记'以人民为中心发展教育'的思想指引下",做到"眼中有人、心中有爱"。在实际工作中,必须树立"以学生为本"的理念,坚持"从学生中来,到学生中去",始终"遵循思想政治工作规律、教书育人规律、学生成长规律""围绕学生、关照学生、服务学生",贴近学生需求、融入学生生活,和学生同理共情,为学生排忧解难,让学生无论在校园的哪个环节、哪个空间,都能享受教育给他们带来的美好体验和熏陶。珠海城市职业技术学院涌现了在"共享厨房"带领学生包饺子,和学生"共享生活"的辅导员团队;尤其值得一提的是,珠海城市职业技术学院与"麦佬汇"面包店合作开展"爱心面包项目",组建了一支由 12 名教师组成的"爱心面包"接力队,每天晚上等着打烊时间取爱心面包,第二天一早免费派送给家庭困难学生。截至目前,累计收取发放爱心面包约 2 万个。受此影响,部分受到资助的同学,开始从自身做起,自助助人。实践证明,教育者直接或间接地向学生传送价值、传递关爱,帮助学生体味做事做人、求学奋斗的道理,其影响及教育成效将更加务实且接地气。

(二)做好言传身教,使家国情怀的培育更有力度

经师易求,人师难得。先有好教师,才有好教育。培育大学生家国情怀是高校思想政治教育的重要内容之一。高校教师承担着大学生思想引领的职责,在大学生家国情怀培育方面应以身垂范。师者,人之模范也。亲其师,才能信其道。我们思想政治教育的效果如何,从某种意义上可以说,取决于教师这个关键作用发挥得如何。党的十八大以来,习近平总书记对教师队伍提出了"四个引路人""四有好老师""四个相统一""两个关键""六个要"等重要论述,其核心就是强调:让有信仰的人讲信仰、让有情怀的人讲情怀。正如"时代楷模"曲建武教授说的:"信仰比知识重要,情感比方法重要,践行比说教重要。"珠海城市职业技术学院创新工作机制,在教师岗位职责、职务职称评聘、评优评先等文件中明确规定,"立德树人"是教师的根本任务;教师要成为塑造学生品格、塑造学生品位的"大先生"。同时,设立服务师生首问负责制,推动育人力量践行一线规则,真心为学生解决实际问题;在辅导员教师职称评审标准的制定上,把"培养好学生"作为辅导员职称晋级的根本标准;要求新进党员教师至少担任一年辅导员;所有年轻教师晋升高级职称必须要有辅导员

或班主任工作经历，坚决克服“四唯”趋向，带动广大教职员工真正做好“教书育人”，让校园里爱生崇教蔚然成风。

（三）推动家校联动，使家国情怀的培育更有广度

习近平总书记指出：“家庭是人生的第一所学校，家长是孩子的第一任老师，要给孩子讲好‘人生第一课’，帮助扣好‘人生第一粒扣子’。”[6]家庭教育对大学生的健康成长有着重要的影响。新时代培育大学生的家国情怀，必须通过建立家校联动机制，在家庭教育中弘扬优良家风，在学校教育中取得家长的支持和配合，从而形成家校协同育人的合力。近年来，珠海城市职业技术学院始终坚持为学生做好一件事，即利用寒暑假的时间，组织全校教职员工进好“百家门”，行好“万里路”，在家校联动中引导新时代大学生自觉担负起对家庭、社会和国家的责任。2018 年以来，珠海城市职业技术学院走访慰问了 500 多个困难学生家庭，足迹遍及广东省 21 个地市，覆盖粤东西北，加深了师生感情、增进了家校联系、凝聚了育人合力。

（四）增强理论教学，使家国情怀的培育更有高度

思想政治理论课是加强大学生思想政治教育的主渠道。但如何让理论教育入脑入心，让学生真学真懂真用，是高校需要解决好的重大课题。新形势下，我们要深入学习贯彻习近平总书记在学校思想政治理论课教师座谈会上的重要讲话精神，理直气壮开好思想政治理论课，推动思想政治理论课改革创新。其他各门课都要守好一段渠、种好责任田，各类课程与思想政治理论课同向同行，形成协同效应。在提升思想政治理论课思想性、理论性、亲和力和针对性方面，要善于了解学生的思想状态，讲好身边事、身边人；要改变传统的纯理论式、灌输式教学，采用“案例分析”“情境模拟”“项目驱动”“问题探究”等互动式、体验式教学方法和手段，适时引入新冠疫情防控下的教育资源，以及党史、新中国史、改革开放史、社会主义发展史的教育资源，引导青年学生深刻认识中国共产党为什么“能”、马克思主义为什么“行”、中国特色社会主义为什么“好”。在专业课教学过程中，要充分挖掘其中涉及家国情怀、工匠精神的优秀传统文化资源，既讲透“大道理”，又讲通“小道理”；既讲理，又动情，形成协同育人的课堂教学合力。珠海城市职业技术学院专注于思想政治理论课课堂教学改革，邀请了时代楷模曲建武教授现身说法，为师生传道解惑。成立了思政课名师工作室、课程思政指导中心，思政课程、课程思政“融会贯通”，课堂、实训室、宿舍、饭堂也都是思政课堂，校园跑道也成了学生的人生大道。

（五）践行实践育人，使家国情怀的培育更有厚度

理论与实践相结合，才能更好地促进青年学生把家国情怀的感性认识转

化为实际行动。做到以知促行、以行促知,最终实现“知行合一”。高校要积极拓宽家国情怀的社会实践渠道,打通高校与社会的联系,让学生“走出社会、走出课堂、走出校园”“访国情、访民情、访社情”“进乡村、进企业、进社区”,让广大青年学生在实践中用脚步丈量美丽中国,增强家国意识,把远大的理想抱负和现实追求落实到报效国家、服务人民的行动中。珠海城市职业技术学院实施“政校村企”共建计划,先后与珠海市“红色三杰”(苏兆征、杨匏安、林伟民)陈列馆共建“实践教学基地”,学生在行走的思政课堂中学习红色资源,赓续红色血脉,涵养家国情怀。为了让家国情怀教育更接地气,珠海城市职业技术学院每年组织学生利用寒暑假返乡之际,开展立足乡土文化的社会实践活动。近年来,创立了大学生“知行社”,组建了新时代大学生理论宣讲队、大学生社会实践挂职锻炼队、星星之火燎原队、美丽乡村服务队,深入脱贫攻坚和乡村田野中,挖掘搜集乡土文化,感受乡村变化,将爱家乡与爱祖国联系起来,升华家国情怀。在这一过程中,形成了大学生“保护红色资源,传承革命记忆”“中国梦·井冈情”“乡村振兴计划”等特色项目。

(六)坚持以文化人,使家国情怀的培育有深度

高校是意识形态工作的前沿阵地。加强校园文化建设是做好意识形态工作,培养大学生家国情怀的有效途径。一个人思想品德的形成和发展,必定受到他所生活在其中的各种人际关系和环境氛围的影响。就一所学校而言,无论是有形的物质文化,还是无形的精神文化,往往都能给身处其中的师生带来显著的影响。因此,加强高校校园精神文化建设,以文化人,是一个极其重要的工作。近年来,珠海城市职业技术学院从学生成长发展需求着手,从物理空间、环境设施和形式内容等方面着手,打造了“设施齐全、师生共融、精神彰显、体验丰富”的“立德园”“树人馆”“青年之家”“女生之家”“馨香园”“四于书院”等六大社区思政平台。“时代楷模”曲建武教授为“立德园”揭牌。学院以绣花般的细心、耐心和精心推进了育人工作的空间延伸、力量下沉、资源互动、功能重构,为学生营造了一个浓郁的“家国”氛围。近年来,珠海城市职业技术学院依托六大社区思政平台,衍生了德匠坊、初心源地、服务学习驿站、橙汁茶语半岛、筑梦园、自主学习社、共享厨房、视听空间等30个思政工作站点。开展了“感恩家书”“强国有我”等经典诵读及演讲比赛;开设了楹联、剪纸、刺绣等国学课程,持续构建横向到边、纵向到底的“家国”文化氛围。在这里,每一个部门的工作、每一位老师的教学、每一名同学的成长都体现了“家国”文化的指引和滋养。

（七）加强党的全面领导，使家国情怀的培育更有保证

办好中国的事，关键在党。办好高校的事，关键在党委。只有旗帜鲜明地加强党对高校的全面领导，才能牢牢把握社会主义办学方向，践行教育为“四为服务”的职责使命，切实肩负起“厚植家国情怀，营造人人皆可成才，人人尽展其才的良好环境，培养造就数以亿计高素质劳动者”的历史重任。珠海城市职业技术学院党委注重从顶层设计上加强制度设计，严格落实专职辅导员、思政课教师的配备，以及双线晋级、职称评审“三单计划”和编制待遇要求。每个教学班级都配备了班主任，每个学生社团都配备了指导教师。各二级学院配备了党总支书记、副书记，设立了科级岗位的学工组长，形成了校级学生工作部（处）、院系党总支、学生工作组三级联动机构，推动学生工作力量向一线延伸，切实为加强大学生家国情怀教育提供了体制机制和人才队伍保障。珠海城市职业技术学院 2019 年获全国高职院校思政工作创新示范案例、学生工作部（处）被珠海市人民政府授予珠海市教育系统“先进集体”称号、“女生之家”成为全省高校唯一的示范单位；涌现了“全国高校样板党支部”“全国活力团支部”，以及追求“工匠”精神的“中国大学生自强之星”林虹等优秀学生。在 2020 年新冠疫情防控中，刘和智老师创作的抗“疫”原创公益歌曲《亲如一家》温暖了大江南北的人们。近年来，一大批有担当、有责任的学生用实际行动践行着社会主义核心价值观，彰显了“立德树人”的成效。

新时代是属于奋斗者的时代，是奋力追梦、勇于圆梦者的时代。厚植大学生家国情怀不可能一蹴而就，需要在多次的实践、认识、再实践、再认识的过程中逐步实现并深化。作为一名教育工作者，我们要学深悟透习近平总书记关于“六个要”和“四有好老师”的重要论述，引导青年学生听党话、跟党走，锤炼道德品质，锻造专业技能，以一生的真情投入、一辈子的顽强奋斗来体现爱国主义情怀，让自己的人生在崇德修身、技能报国的服务奉献中焕发更加绚丽的光彩。

参考文献

[1] 习近平. 在 2019 年春节团拜会上的讲话[N]. 光明日报,2019-02-04.

[2] 李振跃. 厚植家国情怀 培育精神家园[N]. 人民日报,2019-02-04.

[3] 任纪象. 让家国情怀与芳华时代共振 [N]. 解放日报, 2018-01-04.

[4] 习近平. 在纪念五四运动 100 周年大会上的讲话[N]. 人民日报,2019-04-30.

[5] 习近平. 在纪念五四运动 100 周年大会上的讲话[N]. 人民日报,2019-04-30.
[6] 习近平. 在全国教育大会上强调“坚持中国特色社会主义教育发展道路”“培养德、智、体、美、劳全面发展的社会主义建设者和接班人”[N]. 人民日报,2018-09-11.

以爱国情、强国志、报国行谱写青春华章

曲佳慧

（大连民族大学，辽宁 大连 116600）

摘 要：新时代爱国主义教育是新时代大学生思想政治教育的重要组成部分，高校应时刻加强对青年的爱国主义情怀的培养，发挥辅导员的中坚力量，积极探索、教育引导学生形成爱国情、强国志、报国行的统一。知史爱国，在党史学习教育中引导学生汲取前进力量；知行合一，在疫情防控教育中引导学生涵养家国情怀；凝心聚力，在民族团结进步教育中引导学生增进爱国情感；不忘本来，在中华优秀传统文化传承中引导学生滋养爱国初心。通过教育的层层递进，真正使爱国主义教育融入高校学生的日常生活之中，谱写新时代青春华章。

关键词：爱国主义；党史学习教育；辅导员；青年学生

中共中央、国务院印发的《新时代爱国主义教育实施纲要》指出："爱国主义是中华民族的民族心、民族魂，是中华民族最重要的精神财富，是中国人民和中华民族维护民族独立和民族尊严的强大精神动力。"作为一名高校辅导员，牢记"立德树人"使命，深知爱国主义教育是一项固本培元、凝心铸魂的工程，必须绵绵用力、久久为功，培养中国特色社会主义合格建设者和可靠接班人，必须要培养学生的爱国主义情怀，教育引导学生"把爱国情、强国志、报国行自觉融入坚持和发展中国特色社会主义事业、建成社会主义现代化强国、实现中华民族伟大复兴的奋斗之中"。

一、知史爱国，在党史学习教育中引导学生汲取前进力量

2021 年，中国共产党迎来了建党一百周年。百年征程波澜壮阔，百年初心历久弥坚。习近平总书记在党史学习教育动员大会上强调，"党的历史是最生

动、最有说服力的教科书。我们党历来重视党史学习教育,注重用党的奋斗历程和伟大成就鼓舞斗志、明确方向,用党的光荣传统和优良作风坚定信念、凝聚力量,用党的实践创造和历史经验启迪智慧、砥砺品格”。青年大学生是祖国的希望,是民族的未来。扎实开展党史学习教育,引导学生学好、悟好、用好党史“大思政课”教材,深刻认识红色政权来之不易、新中国来之不易、中国特色社会主义来之不易,知史爱党,知史爱国,坚定理想信念,练就过硬本领,把个人理想追求融入国家和民族的事业中。

党史学习教育开展以来,响应学校号召,认真组织开展“国旗天天升,国歌天天唱”主题教育。英姿飒爽的国旗护卫队迈着整齐划一的步伐护送五星红旗入场,伴随着庄严的国歌,鲜艳的五星红旗冉冉升起,全场师生行注目礼,爱国情怀在心中激荡,国旗下一起聆听党史微党课,激励同学们不负青春,树立为祖国为人民永久奋斗、赤诚奉献的坚定目标。

组织学生集中收看和深入学习习近平总书记在党史学习教育动员大会上的重要讲话、在庆祝中国共产党成立100周年大会上的重要讲话。通过学习习近平总书记重要讲话,学生们纷纷表示,当代青年生在红旗下,长在春风里,生逢盛世,肩负重任,一定听党话、感党恩、跟党走,不断增强做中国人的志气、骨气、底气,以青春之我、奋斗之我,为民族复兴铺路架桥,为祖国建设添砖加瓦。

为献礼中国共产党成立100周年,学校丰富理论宣讲形式,开设“学党史,做时代新人”辅导员微课堂。辅导员围绕长征精神、延安精神、西柏坡精神、抗美援朝精神、伟大抗“疫”精神等主题,开展中国共产党人精神谱系系列宣讲活动。理论宣讲活动巩固深化党史学习教育成果,引领各族师生感悟思想伟力,感悟真理的力量、信仰的力量、意志的力量、人格的力量,准确把握中国共产党人精神谱系的科学内涵和时代价值,赓续红色血脉、砥砺初心使命,弘扬精神谱系、汲取精神力量,振奋迈进新征程、奋进新时代的精气神。

为丰富党史学习教育形式,扎实推动党史学习教育走深走实走心,认真组织党史学习教育主题系列活动。开展“走进身边党员,找寻百年印记”活动,引导学生走近身边党员,倾听那些平凡岗位上的党员心声,厚植爱党爱国爱社会主义的情感,让青春在奉献中焕发绚丽光彩;开展“聆听历史回声,歌颂建党百年”活动,引导学生深入学习“四史”,诵读红色经典,发扬红色传统,传承红色基因,坚定不移听党话、跟党走;开展“党史故事我领学”活动,引导学生从党史故事中汲取奋进的智慧和力量,不断增强“四个意识”、坚定“四个自信”、做到“两个维护”。

二、知行合一，在疫情防控教育中引导学生涵养家国情怀

在全国抗击新冠疫情表彰大会上，习近平总书记深刻指出："抗击新冠疫情斗争取得重大战略成果，充分展现了中国共产党领导和我国社会主义制度的显著优势，充分展现了中国人民和中华民族的伟大力量，充分展现了中华文明的深厚底蕴，充分展现了中国负责任大国的自觉担当，极大增强了全党全国各族人民的自信心和自豪感、凝聚力和向心力，必将激励我们在新时代新征程上披荆斩棘、奋勇前进。"新冠疫情发生以来，大连民族大学把疫情防控作为一堂生动精彩的"大思政课"，在全校推进形成每名教师都是"思政教师"、每门课程都是"思政课"、每名教师都上"思政课"的良好格局，深入落实"立德树人"根本任务，强化思想理论教育和价值引领，培养学生爱党爱国情怀。

主题班会是辅导员开展思想政治教育工作的重要阵地，通过主题班会，引导学生充分挖掘和梳理抗击疫情过程中涌现出的先进典型、英雄人物和感动事迹，讲好中国抗"疫"故事和一方有难、八方支援的大爱壮举。在主题班会上，有的同学分享了自己的家人奋战在抗"疫"一线的故事，有的同学讲述了各民族守望相助共同抗"疫"的故事，有的同学表达了对抗疫英雄的敬意，有的同学创作了诗歌赞颂伟大抗"疫"精神……把抗"疫"实践作为思政教育生动教材，大力弘扬新时代爱国主义精神，以抗"疫"斗争中的中国精神、中国力量、中国担当鼓舞学生、教育学生，不断增强各族学生对伟大祖国、中华民族、中华文化、中国特色社会主义的认同。

组织学生集中学习习近平总书记给北京大学援鄂医疗队全体"90 后"党员的回信、习近平总书记在全国抗击新冠疫情表彰大会上重要讲话。参加抗"疫"的医务人员中有近一半是"90 后""00 后"，用自己的实际行动证明了青年一代的责任和担当。引导学生担当起党和人民赋予的历史重任，涵养深沉的家国情怀，将小我融入大我，把爱国情、强国志、报国行自觉融入实现国家富强、民族振兴、人民幸福的伟大梦想之中。

三、凝心聚力，在民族团结进步教育中引导学生增进爱国情感

习近平总书记在中共中央政治局第二十九次集体学习时发表重要讲话，强调"弘扬爱国主义精神，必须维护祖国统一和民族团结。在新的时代条件下，弘扬爱国主义精神，必须把维护祖国统一和民族团结作为重要着力点和落脚点"。大连民族大学是国家唯一设在东北和沿海开放地区、以工科为主多学科协调发展的综合性民族高等学校。学校面向全国 31 个省区市及港澳台地区招生，56

个民族学生齐聚校园,少数民族学生约占60%。2009年、2014年和2019年,学校连续三次被国务院授予"全国民族团结进步模范集体"荣誉称号。作为一名民族院校辅导员,要以铸牢中华民族共同体意识为鲜明主线,坚持"立德树人"根本任务,深化民族团结进步教育,培养具有民族团结基因的社会主义建设者和接班人。

学校采取嵌入式教育管理格局,将各民族学生混合编班分寝,构建各族学子"共居、共学、共事、共乐"的"一家亲"格局。在新生刚入学的时候,组织学生以"民族团结一家亲"为主题开展第一次班会。鼓励学生围绕身边人和身边事畅谈身边的民族团结故事、分享各族人民齐心协力共建美好家园的故事,引导学生铸牢中华民族共同体意识,牢固树立"三个离不开"思想、不断增强"五个认同",促进各民族学生像石榴籽一样紧紧抱在一起。

组织学生积极参加学校的"一帮一"互助学习小组活动,鼓励学生围绕课程、项目和课题学习,不分民族、跨专业、跨班级组建互助学习小组,共同学习、共同进步。在学习上互相帮助的同时,学生们在生活中互相关心,在情感上互相交融,各族学生在民大校园里手足相亲、守望相助,民族团结意识在学生心中扎根开花。

引导学生积极参加"边疆少数民族学生看大连""培根铸魂,同心筑梦"中华民族共同体知识竞赛、"铸牢中华民族共同体意识"主题演讲比赛、"团结杯"足球赛等校园文体活动。在校园文体活动中开展民族团结进步教育,促进学生交往、交流、交融,引导学生树立正确的历史观、民族观、国家观、文化观。

利用年级大会、班会与学生分享优秀毕业生的事迹,其中有响应祖国号召,加入"西部计划志愿者"的行列,在西藏自治区那曲市志愿服务的毕业生;有选择成为一名特岗教师,在云南省富宁县木央镇木杠小学任教的毕业生;也有前往贵州省铜仁市从事基层乡镇工作的毕业生……"祖国需要处,皆是我故乡。"这些优秀学子到基层和人民中去建功立业,为当地经济社会发展、民族团结进步贡献青春力量。通过与学生分享和交流毕业生事迹,引导学生团结一心,到祖国最需要的地方去,激励学生把爱国之情转化为实际行动,让青春在为祖国、为民族、为人民、为人类的不懈奋斗中绽放绚丽之花。

四、不忘初心,在中华优秀传统文化传承中引导学生滋养爱国初心

习近平总书记在中共中央政治局第二十九次集体学习时发表重要讲话,指出"弘扬爱国主义精神,必须尊重和传承中华民族历史和文化。对祖国悠久历史、深厚文化的理解和接受,是人们爱国主义情感培育和发展的重要条件"。中

华优秀传统文化是中华民族的“根”与“魂”。开展爱国主义教育，需要引导同学们了解中华民族的悠久历史和灿烂文化，深刻体会中华优秀传统文化的魅力，增进对中华优秀传统文化的认识，增强学生的民族自尊心、自信心和自豪感，在中华优秀传统文化传承中滋养爱国初心。

在中华民族传统节日端午节、中秋节等来临之际，积极组织学生参加学校举办的中华优秀传统文化体验活动，同学们热情高涨，积极参与赛龙舟、撞鸡蛋、编织彩绳、制作月饼等民俗文化活动，在浓厚的节日氛围中感受中华优秀传统文化的魅力。通过参加中华优秀传统文化体验活动，同学们进一步感悟中华文化、增进家国情怀，增长了民俗文化相关知识，提升了团队合作意识，锻炼了动手能力。将爱国主义教育融入校园文化活动之中，以文化人、以文育人，激发了同学们的爱国主义和集体主义精神。

坚持开展“每日清晨一首诗”“阅读经典”等活动，同学们在分享古诗或历史文化典籍的同时，畅谈自己的阅读收获和心得感悟。在分享和交流的过程中，同学们一起体悟中华优秀传统文化，不断增强对中华优秀传统文化的认同感。引导学生坚定文化自信，自觉传承和弘扬中华优秀传统文化，从历史中汲取营养和智慧，自觉延续文化基因，做中华优秀传统文化的传承者和弘扬者。引导大学生深刻认识中华优秀传统文化中所包含的爱国主义思想精髓，厚植爱国主义情怀。

指导学生认真参加假期社会实践调研活动，通过访谈家人、邻居、有关工作人员等人物和实地考察调研撰写《我的家史》《我的家乡历史》等不同主题的社会实践调研报告，追溯历史，发掘家史和家乡史中蕴含的中华优秀传统文化。习近平总书记在2019年春节团拜会上的讲话中指出：“在家尽孝、为国尽忠是中华民族的优良传统。没有国家繁荣发展，就没有家庭幸福美满。同样，没有千千万万家庭幸福美满，就没有国家繁荣发展。我们要在全社会大力弘扬家国情怀，培育和践行社会主义核心价值观，弘扬爱国主义、集体主义、社会主义精神，提倡爱家爱国相统一，让每个人、每个家庭都为中华民族大家庭作出贡献。”引导学生将爱家和爱国联系在一起，通过社会实践活动，走近家史家训，走近家乡历史，进一步了解和传承中华优秀传统文化。培养学生的家国情怀，把实现个人梦、家庭梦融入国家梦、民族梦之中。

习近平总书记在北京大学师生座谈会上的讲话中指出：“要爱国，忠于祖国，忠于人民。爱国，是人世间最深层、最持久的情感，是一个人立德之源、立功之本。”作为一名高校辅导员，我深知深化新时代爱国主义教育需要坚持不懈、久久为功。遵循学校教育教学规律、学生成长成才规律，利用好党史、疫情防控等“大思政课”教材，通过生动鲜活、亲切质朴的方式，在党史学习教育中、在疫情防控教育中、在民族团结进步教育中、在中华优秀传统文化传承中加强爱国主义教育,让爱国主义精神深深植根于各族学生心中,让爱国主义教育真正融入学生的日常生活,让青春的心跳与爱国的情怀同频共振,以爱国情、强国志、报国行谱写青春华章!

加强大学生爱国主义教育的对策探析

潘　博,万欣芮

(大连外国语大学,辽宁 大连　116044)

摘　要:以爱国主义为核心的民族精神是中华民族几千年奠基而成的精神财富,是中国长久屹立于世界东方的精神动力。当前,大学生爱国主义教育实践已在激发情感、强调责任、丰富形式、规范开展等方面取得令人欣喜的成果。但为了更好破解大学生爱国主义教育仍然存在的难题,以实现高校落实“立德树人”根本任务的客观要求,各高校还需要进一步从环境、内容、载体等角度着手,优化大学生爱国主义教育的对策。

关键词:大学生;爱国主义教育;思想政治教育

本文旨在以马克思主义理论为指导,借鉴思想政治教育学等相关学科的理论成果来回答如何加强大学生爱国主义教育这一命题。在具体阐释对策之前,需要从历史与现实的维度把握大学生爱国主义教育的精神内涵和时代特征,以及梳理大学生爱国主义教育的现实成效与突出问题。最后,在以上研究基础上探讨优化大学生爱国主义教育的策略,从强化对爱国主义教育的氛围营造、深化内容、丰富载体等方面提出有针对性的见解。

一、加强大学生爱国主义教育的历史必然与时代要求

(一)爱国主义教育是中华民族的优良传统

爱国主义教育之所以成为民族精神的核心与其有着悠久的历史密切相关。历朝历代爱国主义思想的具体内容略有更改但思想内核从未变过。中国进入近代以来,“师夷长技以制夷”成为彼时的爱国思想,进步人士推崇儒家的修身、齐家、治国、平天下,将个人命运与国家国运联系起来,鼓励个人坚持不懈,提升自

我的能力和修养,然后成家立业,承担家庭责任,从而为天下苍生着想,将治天下与个人价值的实现等同视之。[1]正是因为有这种浓厚的传统文化与爱国精神底蕴,才使得一代又一代的中华儿女面对外敌侵略的时候可以同仇敌忾,最终推翻了"三座大山",实现了民族独立和人民解放。大学生是推动当今时代发展的生力军,是思想政治教育尤其是爱国主义教育的核心对象。大学生的爱国主义教育要着力站在历史的交汇点上培养一批志存高远、胸怀天下的青年才俊,引导他们将实现国家富强、民族复兴与人民幸福作为自己一生的奋斗目标。

(二)爱国主义教育具有与时俱进的时代特征

第一,当前爱国主义意识更具国际担当。"人类命运共同体"理念、"一带一路"构想等一系列政策、战略都向世界发出中国声音、传递中国智慧、提供中国方案。[2]在世界历史不断演进中,中国始终致力于向全世界提出互利共赢的发展战略,坚持追求和平发展的道路,即是"在发展中繁荣,在发展中进步"。中国力求发挥中国力量来维护世界和平与发展的长远目标正是爱国主义意识觉醒的新表现。第二,当前爱国主义情怀更加开放包容。世界上存在着多种多样的文明,而这些文明都凝聚着不同国家、不同地域、不同民族所蕴含的历史和智慧,我们要尊重文明的差异性,保护文明的丰富性,让各个文明之间要对话,不要排斥;要交流,不要取代。[3]弘扬爱国主义需要面向世界,开放包容的胸怀能够利于文化的多元发展和民族文化的繁荣。要把弘扬爱国主义精神和对外开放结合起来,不断丰富和发展我国的同时,充分吸收其他国家的先进经验,保证中华文化的先进性。第三,当前爱国主义心态更加理智。历史是最好的教科书,也是最强有力的清醒剂。[4]过去的中国民贫国弱,国民的心态总是妄自菲薄,如今的中国虽已进入中国特色社会主义新时代,实现了"强起来"的伟大飞跃,但我们仍不可妄自尊大,只有保持平和理性的心态才能更好地认识和处理国家内部问题、应对外部挑战。第四,当前爱国主义行为更加规范。爱国主义情怀是主观生发出来的,并要与具体的实际行动相结合。我们应清醒地认识到爱国主义行为不仅是爱国情感的外化展现,更是道德规范和政治原则的集中体现。任何爱国行为都不能仅仅视为一种纯粹的个人行为,不能等同于任何由内向外的情感宣泄,它必须要体现一定的道德规范和遵循一定的政治原则,尤其不能触碰法律的底线。

二、当前大学生爱国主义教育的主要成效与突出问题

(一)当前大学生爱国主义教育的主要成效

一是大学生爱国主义情感明显提升。在近几年的爱国主义教育实践中已发现高校大学生的爱国主义情感明显提升,并随着中国国力日益强盛、经济持续健

康发展，大学生对国家的关注更深，对国情的把握更准。尤其是当国家出台相关政策和发表富有建设性成果时，大学生总是积极探讨活跃在网络平台上，为中国的每一项进步成果点赞、转发和评论。这可以表露出他们内心有着很强的国家荣誉感与自豪感。在国家需要全民贡献力量的时候，大学生有着较高的参与积极性。[5]部分大学生投身基层支教、扶贫，以此服务国家与人民。从这几年新冠疫情肆虐的危险环境下以大学生为代表的青年群体挺身而出奋战在第一线的种种事迹可以展现他们浓浓的爱国情怀。面对社会舆论，部分大学生敢于亮剑，坚决做到不信谣、不传谣，更不造谣，旗帜鲜明地维护国家形象、坚定正确立场。当发生与国家、民族命运密切相关的重要政治事件并使国家利益和尊严遭受侵犯之时，大学生的爱国主义的情感普遍会激增，他们更加勇敢地站出来指责这些言论，维护国家的利益与尊严。二是大学生爱国责任担当更加凸显。爱国实则是每个公民的义务，是展现国人对于国家是否负责的一种体现。处于中国特色社会主义新时代的大学生更是责任重大，必须自觉肩负起为中华民族谋复兴、为中国人民谋幸福的历史之责。这就需要他们将个人的发展和国家的建设相结合，为新时代大学生成熟爱国意识与积极国民心态的形成提供了良好条件。[6]三是大学生爱国主义教育形式更为多样。教育形式的差异化会造成思想政治教育效果的多元化。当前的思想政治教育已逐步转变为“大思政”的全新样态，大学生爱国主义教育的模式已不固定于课堂教学，将爱国主义融入社会实践也是有效的教育方式。在具体教育实践中结合具备一定教育价值的历史事件、节日以及纪念日强化对学生爱国主义的情感培育，利用社会上极为丰富的爱国主义教育资源实现对爱国主义的教育目的，以及利用新媒体和网络平台实施爱国主义教育。例如，高校在官方微博、微信公众号以及各知名短视频 App 等发布和爱国主义教育相关的内容也都是当前有效的教育途径。四是大学生爱国主义教育开展日益规范化。当前国家高度关注大学生的国家认同感，着力于爱国主义教育工作的落实。可以说在社会各界的共同努力下，大学生爱国主义教育工作进展顺利、开展规范。2019 年 11 月在原有《爱国主义教育实施纲要》的基础上颁布了《新时代爱国主义教育实施纲要》，这一新纲要的颁布进一步规范了爱国主义教育的开展。《新时代爱国主义教育实施纲要》中明确地指出了爱国主义教育的基本内容，包括中华民族优秀文化教育、中华民族悠久历史教育、国防教育与国家安全教育、祖国统一教育、国情教育等多个方面。[7]这些教育内容多通过思想政治理论课的形式呈现，与此同时也结合相关实践活动，如征文大赛、知识竞赛、歌咏比赛以及诗歌朗诵大赛等。这些喜闻乐见的活动有效激发了大学生的参与热情与动力。

（二）当前大学生爱国主义教育的突出问题

一是爱国主义教育思想仍需提升。教育作用的发挥很多时候是潜移默化、隐而不显的，正确树立爱国主义道德品质需要有环境的熏陶。所以教育环境的建设尤为重要，良好的教育环境有助于大学生良好思想品格的培养与树立。当前，爱国主义教育的校园文化氛围、社会舆情氛围等都不够浓厚。[8]高校对校园文化的认识以及开发使用力度不够，具体表现在校风校纪建设进程中通常会忽视爱国主义教育。课堂教育与课外实践有机融合度不够，课外爱国主义活动是对爱国主义教育的重要补充，但部分高校使用课外活动开展爱国主义教育的效果并不显著，往往是没有很好地把握开展教育的契机，难以在气氛上产生共情。二是爱国主义教育内容仍需丰富。虽然当前大学生爱国主义教育理论已经形成了完整的体系，但是这些理论大多停留于宏观层面的分析和论述，这样在实际的教学实践中加以落实就显得没有针对性，学生的感受也显得不真切。高校爱国主义教育没有能够按照时代的发展特征以及国家战略对内容进行必要的拓展，缺少国际教育与现实教育的内容。三是爱国主义教育载体仍需拓展。教育效果在一定程度上受到教育所依托的载体的影响。当前的大学生爱国主义教育载体尚需完善，并且爱国主义教育载体的不断丰富是教育者实践能力与认知能力的重要体现。

三、加强大学生爱国主义教育的相关对策

（一）环境层面：营造爱国主义教育的浓厚氛围

首先，加强党对爱国主义教育工作的领导。爱国主义教育工作需要马克思主义理论的指导。习近平总书记曾强调，“各级党委要重视思想政治理论课教学，紧抓制约思想政治理论课建设的核心问题，从队伍建设、工作格局、支持保障上采取积极有效的措施”。[9]加强党对大学生爱国主义教育工作的指导，坚持马克思主义的指引作用，是破解爱国主义教育工作难题的一把金钥匙。具体而言，需要从马克思主义的立场、观点出发来加强爱国主义教育工作，为其不断改进指引前进方向。

其次，还要构建爱国主义话语体系。传达爱国主义需要凭借语言与行为，将爱国主义表达形式规范化、大众化，是其得到大学生普遍认同感的关键。因此，在爱国主义教育工作中，要改正过去枯燥乏味的政治性宣读，要尊重人的普遍理解规律，用科学有效的方式开展交流、积极互动。增强媒体对爱国主义的正向宣传引导也是题中应有之义。中国自改革开放以来面临的外部冲击日益加剧，特别是在意识形态领域面临严峻挑战。国外的各种文化以无孔不入的方式对中国

进行渗透，大学生在此文化传播的浪潮中会受到不良的影响。高校必须顶住压力加强对主流价值观的宣传力度，充分发挥马克思主义的主心骨作用，使大学生坚定正确的政治立场。大众媒体和新兴媒体行业要树立正面形象，不能让网络的隐蔽性以及便捷性作为敌对势力的武器，要坚决防控以保证网络意识形态的清朗。

最后，加强爱国主义教育基地的氛围营造。爱国主义教育实践活动大部分需要在各个爱国主义教育基地开展。教育基地的建设工作需要实时更新，不能在较长时间内一成不变，尤其是要加大新技术的运用，使教育过程更加深入人心。如今很多的爱国主义教育基地已将高科技产品运用其中，例如，VR 技术增强沉浸式体验、云导游促进参观学习，这些现代科技的运用不仅吸引大学生积极加入，还有效深化参与其中生发的爱国情感，提升大学生对于爱国主义的认知和理解。

（二）内容层面：将党的指导思想与“四史”教育理念贯穿其中

习近平新时代中国特色社会主义思想系统地回答了新时代坚持和发展中国特色社会主义的基本问题，充分了解和学习“十个明确”让大学生从理论层面明白了应该坚持和发展怎样的中国特色社会主义，从而真正意义上把握好“十四个坚持”，从实践层面和方略层面了解怎样坚持和发展中国特色社会主义。[10]爱国主义教育是为了让广大高校大学生具有深刻的爱国情怀，凝聚强大的爱国力量，为实现中华民族伟大复兴而不懈奋斗，实现中国梦是我们每一个人的梦想。新时代的大学生有为国家现代化建设贡献个人青春力量的志向，必定有爱国情感在其中起着催化剂的作用。建成社会主义现代化强国，继承和弘扬中华民族的爱国主义传统与民族精神，实现中华民族伟大复兴是新时代爱国主义给大学生提出的新的历史使命。新时代的青年要做坚定的爱国者，爱国是唯一选择，努力做到怀报国之情、养报国之心、立报国之志、增建国之才、践爱国之行。具体而言，青年需要结合自身特点，积极投身到“四个伟大”中，与祖国同心，把个人的力量融入国家发展、现代化建设中。爱国之情需要建立在知史知国的基础上，知史爱党、知史爱国，知之深才能爱之切。历史是最好的教科书，当前大学生要认真学习“四史”，要了解党的百年发展史和国家的革命、建设、改革历程，正确把握党和国家历史上的重大事件和重要人物。只有正确把握住党情、国情，才能使爱国之情更稳固。

（三）载体层面：丰富爱国主义教育的方式途径

引导大学生积极参与课外实践活动，将爱国主义教育融入活动中，帮助学生树立坚定的爱国主义信念与信心。大学生在课外实践中，会潜移默化地了解和接触社会，在丰富大学生社会阅历和积累实践经验的过程中，逐渐深化对祖国以及人民的浓厚感情，加强历史责任感与使命感，激发个人的爱国之情和报国之志。此外，国家重要纪念日和节日是对高校大学生进行爱国主义教育的重要时机，也为爱国主义教育提供了极为丰富的教育素材，丰富了爱国主义教育的文化底蕴。在重要纪念日和节日对大学生开展爱国主义教育，是在合适的时机用大学生更加乐于接受的方式进行爱国主义教育，此时大学生的爱国热情更容易被激发。将抗日战争胜利纪念日、南京大屠杀纪念日等作为教育工作开展的契机可以促使高校大学生在未来的发展中牢记历史、缅怀过去，激发爱国主义精神和集体主义精神。[11]各高校要充分挖掘其中的爱国主义色彩，让广大大学生在感悟祖国大好山河的同时，接受爱国主义教育的洗礼。

参考文献

[1] 刘光明，乔玉琼. 弘扬爱国主义的优良传统[J].《理论与改革》，1995(01)：31-32.

[2] 孙夏萍. 新时代大学生爱国主义教育研究[D]. 北京：中国地质大学出版社，2019.

[3] 习近平谈治国理政(第二卷)[M]. 北京：外文出版社，2017.

[4] 中共中央办公厅，中华人民共和国国务院. 新时代爱国主义教育实施纲要[M]. 北京：中国法制出版社，2019.

[5] 沈壮海，肖洋. 2016 年度大学生思想政治状况调查分析[J]. 思想政治教育研究，2017(01)：109.

[6] 杨峻岭，武淑梅. 大学生社会主义核心价值观认同状况调查与分析——基于北京市部分高校调研数据[J]. 社会主义核心价值观研究，2018(04)：75.

[7] 中共中央办公厅，中华人民共和国国务院. 新时代公民道德建设实施纲要[N]. 人民日报，2019-10-28.

[8] 佟德志，王旭，朱炳坤. 大学生理性爱国态度及其影响因素——基于全国大学生 4054 份社会调查问卷的分析[J]. 思想教育研究，2019(06)：131-136.

[9] 习近平. 用习近平新时代中国特色社会主义思想铸魂育人 贯彻党的教育方针落实“立德树人”根本任务[N]. 人民日报，2019-03-19.

[10] 中国特色社会主义理论和实践研究[M]. 北京：高等教育出版社，

2018:12-19.

[11] 伍佳,邹丽娟.新时代云南高校深化爱国主义教育的实现路径[J].红河学院报,2021(02):91-94.

大学生爱国主义教育实例分析

——以大连外国语大学为例

徐　岩,钟俊英

(大连外国语大学,辽宁 大连　116044)

摘　要:爱国主义教育是指树立热爱祖国并为之献身的思想教育,是思想政治教育的重要内容。爱国主义是一面具有强大号召力的旗帜,也是中华民族的优良传统。新时代研究大学生爱国主义教育是实现中华民族伟大复兴、完善高校精神文明建设以及增强学生忧患意识的迫切需要。根据当前的新形势、新要求、新问题深化新时代爱国主义教育是高校的重要工作之一。党的十八大以来,以习近平同志为核心的党中央高度重视爱国主义教育并做出一系列重要部署。随着中国特色社会主义进入新时代,综合国力和国际地位显著提升,实现中华民族伟大复兴也进入了关键期。根据高校特色、学科特点有针对性地制定大学生爱国主义教育方案,通过实践总结和教育经验不断提高高校爱国主义教育内容的时代性和针对性,有利于培养广大青年的爱国之情、砥砺强国之志、实践报国之行,使爱国主义成为全体中华人民的坚定信念、精神力量和自觉行动。

关键词:爱国主义;大学生;教育内容;实践经验

本文将以大连外国语大学为例,通过六个具体案例展示大连外国语大学立足中国特色社会主义进入新时代、中华民族伟大复兴正处于关键时期,根据爱国主义教育当前面临的内外环境、形势任务发生的巨大变化,结合学校自身特点加强对新时代爱国主义教育的战略谋划和全面部署,通过多种形式深入开展爱国主义教育,将爱国主义精神贯穿于高等教育的全过程,通过实际的教育经验不断引导学生进行爱国主义学习。

案例一:“丹若沐和风,欢乐一家亲”民族文化节活动

大连外国语大学于 2021 年 11 月 3 日,在操场通过 4k 高清设备同步向“汉

语桥”秋令营的俄罗斯营员们进行现场直播，各民族学生代表为大家呈现出一个个精彩绝伦的节目，对民族特色物件进行展示，并用生动形象的讲解向外国友人宣传了中华民族文化。

大连外国语大学的学子们，用富含中华特色的精彩节目，寄托着中华民族的情感，将满腔爱国之情和民族自豪感融入其中。通过民族文化节目展示、民族特色美食、服饰以及工艺品展览、相关文化讲解等各种方式，将各个民族文化的魅力穿过天南和海北，跨越高山和流水，不同的民族欢聚一堂，形成了一道靓丽的风景线。精美绝伦的民族工艺品让人驻足欣赏；五彩斑斓且各具特色的民族传统服饰生动展现了我国民族文化的包容性；香气四溢的民族美食令人垂涎欲滴，细致清楚的文化讲解让在场的人都收获颇丰。与此同时，网络对面的俄罗斯营员们也被这民族特色所吸引，对中国文化产生了浓厚的兴趣。

爱国，是实现中华民族伟大复兴的中国梦的重要动力。每个民族都拥有一个共同的梦想，那就是振兴祖国的中国梦，大连外国语大学通过本次民族文化节的活动，有效展示了民族的风采，增进了各民族之间的团结精神和深厚友谊，促进了民族文化的交流，各民族联合起来共同探索民族振兴的道路。活动激发了学生对祖国和民族的了解和热爱，唤醒了他们的国家荣誉感和民族自豪感，把爱国热情转化为报国之志，更加坚定地走在向世界宣传中国这条道路上，将各民族同胞的爱国热情凝聚成国家发展、民族振兴的共同意志，坚定不移地走向国际，向世界介绍中国，以实际行动来报效祖国。

案例二：“感知一百年，强国有我在”主题音乐会活动

大连外国语大学于2021年11月3日下午，在启航楼礼堂举办了以“感知一百年，强国有我在”为主题的音乐会。本次音乐会以舞台剧、情景朗诵表演、钢琴独奏、独唱和合唱等形式，带领在场师生重温了中国共产党百年奋斗路，砥砺初心使命。本次音乐会以舞台剧《青春中国》拉开序幕，展示了风暴下的青年精神，跌宕起伏的情节设计和精心的人物塑造，把在场的人拉回到了从前那段奋斗时光里，切实感受到了先辈们的精神品质。继而，对经典红色歌曲的演唱，为广大师生呈现了一堂生动鲜活、动人心弦的党史育人思政课，之后的各类乐器独奏，更是将音乐会推上了高潮，国际艺术学院副院长南日老师演唱的《向往》，道出了中国梦的理想信念，激荡着守初心、担使命的磅礴力量。

追忆红色征程，礼赞建党百年。大连外国语大学通过本次活动，用音乐回望了党的百年辉煌历史，以艺术凝聚新时代的精神力量，将爱国元素深深融于其中，扎根铸魂，坚定爱国信念，激发起我辈学子的浓厚爱国热情，凝聚起奋进新时代的力量，以文化手段升华爱国情怀，凝心聚力激扬爱国之志，引导青年学子成

才，增强了学生的使命感和责任感，集中展现了当代青年与时代共奋进、与祖国同命运的爱国主义情怀和昂扬精神风貌，从百年党史中汲取奋力前行的不竭动力，走好新时代的长征路。

案例三：宪法宣传系列活动

大连外国语大学校团委于2021年12月1日与大连市旅顺口区人民法院联合举办了解读《中华人民共和国宪法修正案》主题线上讲座。旅顺法院民事一庭庭长宋永国法官为大连外国语大学同学详细解读了什么是宪法并讲解了宪法修改的重大意义，提高了大连外国语大学同学的法律意识。

在召开会议后，大连外国语大学团委积极组织全校学生参与全国大学生“学宪法，讲宪法”的线上答题活动，此次活动范围覆盖全校15个院系，462个班级，全校本科生网站注册率高达98.76%，我校学生的“宪法卫士”成绩位于全省前列。大连外国语大学也在演讲比赛及“宪法伴我成长”主题征文活动中均取得亮眼成绩。通过举办此次活动，大连外国语大学的学生懂得了“尊重宪法，崇尚法治，遵纪守法”，使大连外国语大学学生参与宪法活动的热情高涨，了解了更多关于宪法的知识，明白了宪法对我们国家的重要意义，让大连外国语大学学生为法治社会建设做出了更大的贡献，提高了自身素质，积极建设祖国，将爱国精神深深融入对宪法的传承之中，增强了学生们追求理想的决心和毅力，坚定爱国主义信念。

案例四：组建“追忆红色记忆，传承红色基因”大学生红色理论宣讲团

为庆祝中国共产党成立一百周年，深入学习宣传贯彻习近平总书记“七一”重要讲话精神，大连外国语大学组建2021年大学生红色理论宣讲团。宣讲团的六位成员通过“焦裕禄精神——永不磨灭的丰碑”等主题进行理论宣讲，拓宽宣讲范围，增强宣讲影响。其中团长刘子铿的宣讲报告《慰问新时代最可爱的人，弘扬伟大抗美援朝精神》，荣获大连外国语大学第十五届“挑战杯”红色专项活动特等奖；成员周圆翕的思政课作品《永矢不忘——旅顺万忠墓纪念馆》获2020年辽宁省高校大学生讲思政课公开课展示活动二等奖；成员辛金盈、申由美和王仕哲讲授的课程《一颗“初心”的重量》获大连外国语大学大学生讲思政课二等奖，辛金盈同学讲授主题微党课《“立德树人”担使命，教育报国守初心》获校级示范党课。大连外国语大学宣讲团荣获2021年辽宁省红色理论宣讲团宣讲活动优秀指导团队称号。马克思主义学院党总支书记李宁被评为“辽宁省优秀指导教师”，马克思主义学院2020级研究生刘子铿和2021级研究生周圆翕被评为辽宁省优秀宣讲员。

本次活动带来的不仅仅是对历史的深入了解，更让学生懂得了如何珍惜新

时代以及如何创造新未来。从实践主题的提出到围绕主题研究的展开，红色宣讲活动在促进大学生素质发展的同时，更帮助大学生从历史中汲取强筋壮骨的精神养分，做到真学、真思、真悟。坚定理想信念，与时俱进，以讲好红色故事提升效果、激发活力，深度发掘红色故事里所蕴含的深厚历史和思想文化内涵，保持青年爱国主义精神的活力，激励更多年轻人为国奉献。

案例五：青年志愿者开展学雷锋活动

大连外国语大学校团委志愿服务工作，下设红十字会、慈善义工部等五个部门。2020 年全球暴发新冠疫情，学校青年志愿者协会积极响应号召，200 余名志愿者积极行动，充分展现了大连外国语大学青年的奉献精神与专业担当。其中志愿者先后收到团中央等各级各类感谢信 4 封，两支突击队收到团省委表彰。大连外国语大学青年志愿者协会被辽宁省志愿服务协会誉为志愿者服务基地。青年志愿者协会定期协助血站医护人员组织无偿献血等活动五十余次。

2021 年 8 月，中共辽宁省委教育工委和辽宁省教育厅下发了《关于表彰辽宁省教育系统学雷锋先进集体和先进个人的决定》，其中，大连外国语大学青年志愿者协会被授予辽宁省教育系统雷锋式集体。通过大连外国语大学青年志愿者协会的一系列活动，让大外学子积极投身志愿服务行列，增强社会责任感，践行青年历史使命，以实际行动谱写雷锋精神的灿烂篇章。

案例六：就地取材，参观爱国主义教育基地

爱国主义是中华民族团结奋斗的一面旗帜，是提高全校学生整体素质的基础工程。为了激发大连外国语大学学生的爱国热忱，进一步增强学校学生爱国主义情怀，大连外国语大学组织了团校暨青年马克思主义培训班近 400 名学员前往旅顺日俄监狱旧址和旅顺博物馆参加爱国主义教育实践活动。

4 月 9 日上午 9 时，学员们首先乘车来到旅顺日俄监狱旧址，这座监狱在历史上曾关押过许多国内外革命战士，其中包括许多如刺杀伊藤博文的安重根等著名的仁人志士。在整整一个小时的时间里，学员们都是怀着沉重的心情参观了整座监狱旧址，尽管帝国主义侵略者早已离开，但是每个爱好和平的中国人都难以忘却这段屈辱的被侵略被殖民的历史，难以忘却那些仁人志士为了民族解放而慷慨赴死的精神。尤其是在参观安重根就义的房间及绞刑室之后，在怀着一丝不安和恐惧的同时，大家更多的是反思，反思前人带给我们的血泪教训。正是这种缅怀历史的心情，激励着青年学子牢记历史教训、居安思危，承担起为国家富强而奋斗的民族责任。为了中国不再任人欺凌，正义不再迟来，文明与和谐不再被战争与暴力取代，青年学子应当担起重任，扛起大旗，牢记使命，为中华之崛起勠力奋进，“青年兴则国家兴，青年强则国家强”，学员们在今天深刻领悟到了这句话，相信在未来的工作学习之中也会将这种精神发扬光大。

休息之后，学员们再次乘车，来到了旅顺博物馆参观。整个博物馆有两个展馆，第一座展馆整体主题围绕丝路文化，紧扣当代“一带一路”建设的主题，使同学们感受到别样的西域风情与盛世图景。第二座展馆则展示了大连地区几个不同时代出土的具有史学价值的珍贵文物，对中华文化的形成与塑造起着重要作用。学员们在参观过程中边观看边探讨，不仅直观地了解了中国古代史、近代史与现代史等相关知识，更是增进了学员彼此之间的友谊，也让大家理清了大连地区的历史脉络，不仅对旅顺、对大连、更对整个中华文明的源远流长和博大精深有了更深的了解与感悟。在历览旅顺博物馆各展馆的过程中，同学们更是切实感觉到了历史的“厚重”感，泱泱大国几千年的历史在两个大展馆里也只得窥见一斑，由此大家更是对源远流长和博大精深的中华文明肃然起敬。观览持续了一个小时，全体学员在中苏友谊纪念塔前合影留念，高举着标有大连外国语大学字样的旗帜，每一个人都精神饱满、热情洋溢，尽显大连外国语大学学子的青春风貌。许多同学直到校车出发回程前仍意犹未尽，依依不舍地离开了展馆。

本次活动，一方面让学员们了解了我们祖国的一些抗日战士和爱国英雄们，亲身体验和感受爱国英雄们的事迹，接受革命烈士事迹的熏陶，并引领学生回顾中华民族遭侵略、受屈辱的历史，牢记“落后就要挨打”的历史教训，增强了我校学生报效祖国的责任感和使命感，从而激励学生艰苦奋斗、自立自强。另一方面通过参观历史博物馆，学员们了解到了我们国家源远流长、博大精深的中华文化，激发学生探求知识的兴趣，增长知识，培养创新能力，同时深刻感悟历史，了解历史文化，加强文化自信，让大家牢记中国历史，继承民族团结精神，传承华夏文明，同时传播了爱家爱国的精神，激励着新时代青年担起文化复兴和传承的大任，有效激发起大家“振兴中华”的爱国热情，明确自己的责任，激发了学员们更加努力学习、奋发图强、报效祖国。这也树立了学员们的民族自豪感和历史自信心，提升了学员们的政治素养和爱国情怀，坚定了学员们做马克思主义者的伟大信念，为学校培养优秀的团干部骨干及基层学生干部骨干提供了充足的养分！

通过开展民族文化节、红色主题音乐会、宪法宣传活动、大学生红色理论宣讲、学雷锋志愿活动、参观爱国主义教育基地六大实际案例，大连外国语大学结合实地资源、学校特点，注重内外结合、虚实结合、点面结合、专兼结合，努力对爱国主义教育内容、爱国主义教育载体、爱国主义教育方式、爱国主义教育队伍进行实践创新，切实引导、培养学生形成正确的爱国主义价值观，丰富高校爱国主义教育学习内容以及提升高校爱国主义教育教学实效的价值。通过上述实际案例展示和实践教育总结，从高校层面的爱国主义教育出发，为当前高校爱国主义教育提供方案和经验,适应所处时代特征,不断提出合适的实践理念,为高校爱国主义教育提供新的思路。

参考文献

[1]王一帆,刘毅杰. 关于新时代高校爱国主义教育的再思考[J]. 锦州医科大学学报(社会科学版),2021,19(06).

[2]李凤佳,王青山. 新时代红色文化融入高校爱国主义教育的路径研究[J]. 党史博采(下),2022(01):64-66.

[3]张丽. 新时代爱国主义教育内容发展研究[D]. 上海:上海师范大学,2020.

[4]刘淑艳,周容,朱浩文. 新时代加强大学生爱国主义教育对策研究[J]. 南昌师范学院学报,2021,42(06):31-35.

[5]郝昱成. 大学生爱国主义教育实现路径[J]. 中国冶金教育,2021(06):94-96.

融媒体视域下拓宽爱国主义教育宣传路径研究

王培宇,李明洋

(辽宁对外经贸学院,辽宁 大连 116052;大连外国语大学,辽宁 大连 116044)

摘 要:本文回顾爱国主义教育宣传历史,分析融媒体视域下其面临的机遇与挑战,提出拓宽宣传路径的对策,包括建立宣传阵地、健全管理机制体制、打造人才队伍等,以增强宣传实效性。

关键词:融媒体;爱国主义教育宣传;机遇;挑战;对策

进入融媒体时代以来,爱国主义教育宣传工作受到了习近平总书记的高度关注,如何增强爱国主义教育宣传的实效性,拓宽爱国主义教育宣传的路径,成了每一个思想政治宣传工作者所必须面临的问题。

一、爱国主义教育宣传历史回顾

爱国主义教育宣传工作在党长期发展和国家建设中发挥了积极的作用,从建党之初就受到了高度重视。1922 年创办了以宣传党的革命纲领和爱国主义教育为目的的报纸《向导》。党的十八大之后,爱国主义教育宣传出现了新的变化和发展,具体表现为以下几个特点:一是坚持党对新闻舆论工作的领导,要求新闻工作者坚持党性原则,这是坚持人民性原则的体现。二是坚持和发展马克思主义,坚定共产主义理想信念教育。这是立党立国的根本和思想宣传的灵魂,要结合时代特点,不断发展和宣传。三是宣扬正能量。层出不穷的非主流媒体给党的舆论宣传带来了挑战,宣传工作者要本着实事求是的原则和新闻宣传的规律,传播正能量。四是要不断丰富宣传手段。要与时俱进发展宣传手段和方法,重视新媒体技术在宣传工作中的重要作用,重视新媒体与传统媒体的融合,实现资源通融、内容兼融、宣传互融、利益共融。五是不断提升宣传队伍质量,打造一支能够熟练运用现代化信息技术的党的宣传队伍,只有这样才能占领舆论高地。

二、融媒体视域下爱国主义教育宣传面临的机遇与挑战

(一)融媒体视域下爱国主义教育宣传面临的机遇

1. 丰富了爱国主义教育宣传的信息资源

传统媒体时代党的理论宣传主要的传播途径:领导干部通过开会学习、青年党员通过上党课、广大群众通过看报纸和电视。在确保内容质量的同时也缺失了内容和形式的丰富性[1]。新媒体时代的到来,在开阔人民视野的同时也极大丰富了党理论宣传的资源和手段。“求是网”“学习强国”等一批党的理论学习资源网站的出现,为党的理论宣传做出了积极的贡献。通过人民群众喜闻乐见的抖音、微信等平台,以漫画、微视频等形式开展更加人性化的宣传,也取得了良好的宣传效果。

2. 拓宽了爱国主义教育宣传的受众范围

在以往党的理论宣传中,内容存在抽象、深刻,广大人民群众难以理解和掌握的问题,如何用通俗易懂的语言将深刻、抽象的理论表达出来,将党的理论宣传的语言变得“接地气”,是党的理论宣传能否深入人心、人民是否接受的关键。自媒体的火热正是因为它“接地气”的表达方式,才得以突破地域的隔阂得到迅速传播,这为党的理论宣传带来了很好的启示。我国广大人民群众的文化层次参差不齐,大多数人缺乏通过阅读报纸、书籍获得党的理论思想的习惯,相反他们更乐于通过图片、视频等形式获取信息,尤其是像抖音、快手一类的自媒体,由于其及时性、原创性和多样性,极大地吸引了大众的眼球。如果能够通过自媒体平台,转化语言风格,开展党的理论宣传,便能够有效拓宽爱国主义教育宣传路径,增强爱国主义教育宣传实效性。

3. 实现了爱国主义教育宣传的载体创新

微博、微信和短视频平台已经成为人民群众生活中娱乐、沟通必不可少的一部分,这也给人们工作、生活和娱乐方式带来了变革。爱国主义教育宣传也应该发生积极的变革,重视“两微一端”宣传工作,通过新媒体平台实现爱国主义教育宣传的载体创新,随时随地开展爱国主义教育宣传。走网络群众路线,跟踪社会思潮动态变化,营造良好网络舆论环境,占领舆论制高点。

（二）融媒体视域下党的理论宣传的挑战

1. 社会主义核心价值观的标准被模糊

言论自由不等于言论放纵、超越社会和道德的底线，在网络的世界亦是如此。党的意识形态与国家的问题、政党的存亡、民族的精神面貌息息相关，所有网络安全和信息化必须统一谋划、部署、推进和实施。新媒体的快速发展给人民带来便利的同时，也导致了新闻舆论环境变得复杂、失衡。这种毫无限制的言语自由与马克思所倡导的“自由人的联合体”是不同的，它只会引发出部分人人性中的黑暗面，在网络中践踏他人的自由和权利、发生网络暴力、发布虚假新闻、制造恐慌，甚至还有一些别有用心的人散播反政府的舆论。这种绝对自由主义和极端个人主义，对普通大众有着很大的迷惑性，特别是对青年的价值观塑造造成了很坏的影响，模糊了社会道德和社会主义核心价值观的标准，严重冲击着社会主义和谐社会的建设。

2. 爱国主义教育宣传的传播模式被改变

爱国主义教育宣传是国家意识和人民精神生活的大事，是各项工作中的重点。从党的思想宣传历史回顾中我们不难发现，在长期的工作中我党已经总结出来一套行之有效的，对报刊、广播和电视等传统媒体进行领导和掌控的思想理论宣传的方法，营造了良好的舆论氛围。但新媒体时代的到来，特别是自媒体的快速发展，宣传工作呈现出多元性、独立性和差异性的趋势，党的理论宣传也需要从单行灌输变成双向互动，才能让党员干部和广大群众对主流意识从心底里认同和接受[2]。如何在新媒体与传统媒体并存的格局下，发挥传统媒体官方正统的主导作用，同时，利用新媒体特点打破时空局限，拓宽党的理论宣传路径和手段，这是爱国主义教育宣传工作者的一个重大课题。

3. 爱国主义教育宣传的成效被削弱

信息碎片化是新媒体时代阅读的一个显著特征，在带来阅读轻松与快捷的同时也严重影响阅读和思考的深刻性。一方面，面对多元丰富的信息，人们逐渐习惯于知识的简单获取，通过搜索代替记忆和思考，人的逻辑能力、思考能力和判断力受到了限制，缺乏理智和深度的思考体系，这使得混淆在海量信息之中的极端思想和错误言论有了生存空间。另一方面，新媒体信息技术的迅猛发展，一部分爱国主义教育宣传工作者还没有来得及掌握相应的技术手段，更没有做好迎接新媒体时代到来的心理准备，爱国主义教育宣传工作丰富性和灵活性都存在明显的不足，而比起严谨的、深刻的党的思想理论，包装在充满诱惑和煽动性言语之中的极端思想更容易被碎片化的阅读方式接受，对阅读者产生影响，从而对主流价值观产生怀疑，削弱爱国主义教育宣传的实效性[3]。

4. 爱国主义教育宣传的难度被增加

新媒体时代网络语言的特点呈现了诸多变化，其中非理性、虚假性和不可控性增加了爱国主义教育宣传的难度。首先，与具有权威性、合理性和深刻性的传统大众媒体不同，新媒体时代的网络表达成了现实生活的宣泄平台，表达更倾向于宣泄情感和个人利益诉求，有明显的情绪化和片面化倾向，缺乏责任意识。其次，由于网络匿名化和去中心化的特点，处于各种目的的虚假信息和错误舆论充斥网络。不负责任的言论极大地损害了党在人民群众中的形象，在一些人的推波助澜之下形成舆论压力，严重扰乱了公众的“四个”意识，加大了爱国主义教育宣传的难度。最后，新媒体时代去权威化的特点加之自媒体传播灵活、门槛低和信息海量化的特点，引导舆论的主导性和权威性不再掌握在传统媒体手中，出现了舆论引导主导者不确定、不可控的特点。舆论的不可控容易造成思想的不统一，增加了爱国主义教育宣传难度的同时，更严重背离了习近平总书记提出的抓牢网络舆论主导权的思想，影响了党和政府营造良好的执政环境和意识形态环境。

三、融媒体视域下，拓宽爱国主义教育宣传路径的对策

（一）建立爱国主义教育宣传阵地

1. 打造爱国主义教育宣传的网络平台

宣传手段要不断与时俱进。在保留传统媒体宣传工作的同时，要充分利用新媒体技术手段丰富和传播快捷的特点，改变被动单一传播党的思想理论的教育模式。不断创新宣传的内容形式，形成独有的风格。从平台定位、突出视频特点、凝练精简视频、拓展用户需求、丰富平台内容、拓展平台视野等多个方面，打造以人民群众喜闻乐见的新兴媒体平台为主阵地的宣传阵地，使党的理论宣传更易于被人民接受，增强自媒体的传播作用，让党的理论宣传内化于心。

2. 发挥网络“意见领袖”的积极作用

网络“意见领袖”随着自媒体的广泛传播，在影响热点事件的网络舆论和网友倾向、传播党的思想理论和引导正确价值观的形成上，起到的作用越来越大。那么如何将爱国主义教育宣传工作者打造成网络“意见领袖”呢？一方面，要抢占舆论制高点。与以往不同，舆论的话语权和主导权不是掌握在党的手中，网络舆论如果不管不问就容易发酵成群体性事件。所以爱国主义教育宣传工作者要主动出击，抢占舆论主动权。另一方面，要营造良好的舆论氛围。近年来国内一些所谓的公知不断炒作“改革”“公平”“民主”等概念企图否认和污化党取得的成绩，国外一些媒体也不断妖魔化中国。面对这些问题，爱国主义教育宣传工作

者要不断强化自身的民族自豪感和政治责任感，号召广大人民群众“传播中国声音，讲好中国故事”，成为网络的“意见领袖”，提升党和政府的公信力，宣传和维护国家合作共赢、和平崛起的国际形象。

（二）建立健全自媒体管理机制体制

1. 完善双向互动的渠道机制

社会不断发展，传统媒体的沟通渠道和宣传方式已经不再适应当今的时代，建立健全的群众表达诉求和参与政治生活的渠道，是我国人民政治文化生活需求不断提高的必经之路。充分利用新媒体技术通畅表达渠道，完善网民政治诉求沟通机制，是党了解民情、反映民意、集中民智的新的手段，也是排查条件矛盾、树立权威形象、监督政府机构的有效平台。党的各级组织应该继续加快、加大对“两微一端”平台的建设和发展，将其列入日常考核，不断拓宽民主化渠道，让人民群众内心的声音能够反馈给党，让党的思想理论能够走进人民群众的内心，切实增强网民对党的政治认同感。

2. 建立成熟理性的法律监管机制

公民的言论自由必须是以遵守法律为前提，相关管理部门必须以法律武器为手段，文明建设为目标，建立健全网络道德和法律监管机制。从宏观层面上，对于诈骗、赌博等违法信息要严厉打击，追究相关责任人的法律责任；对于造成不良影响虚假信息的传播和造谣者，要予以惩戒，主流媒体要主动承担起揭穿谎言澄清事实的责任；对于网络中存在的低俗信息，要依法引导、自觉抵制，建立智能过滤机制，净化网络环境。从微观层面上，要培养网民的法律意识，树立网络不是法外之地的观念。不断提高网民的思想道德意识，养成文明上网、不传谣不信谣、不进行网络暴力的良好上网习惯。通过网络监督技术和法律武器，引导网民进行自我约束，培养理智、成熟的上网心态，营造良好的网络文化氛围。

（三）打造过硬的人才队伍

1. 注重提高爱国主义教育宣传工作者的自媒体技能

党在长期思想理论宣传工作中形成了一套有效的媒体工作者培训机制和学习体系，保证了思想理论宣传工作者的职业水平和素养。虽然新媒体技术不断发展给传统媒体带来了巨大的冲击，但只要我们与时俱进，就能够不断从过往经验中汲取营养，培养出新时代优秀的思想理论宣传工作者。首先，吸纳专业人才。要不断更新队伍血液，积极吸纳新媒体相关专业的人才进入爱国主义教育宣传工作队伍中来，满足爱国主义教育宣传工作的需要。其次，完善岗位培训制度。新媒体时代的知识更新远超以往，要树立终身学习的观念，定期对爱国主义教育宣传工作者开展培训，确保所掌握的知识和技术走在时代前列。最后，创新宣传手段。爱国主义教育宣传工作要不断创新宣传的内容和手段，增强宣传内容的新鲜感，符合当代人的阅读特点，才能引发更多关注，保证爱国主义教育宣传的实效性。

2.提升利用自媒体进行爱国主义教育宣传的方法

想让党的思想理论深入人心，让更多的人认同党的方针政策，就不能一厢情愿地闭门造车，而是要根据受众的特点因人而异，与时俱进地开展宣传。一方面，做到宣传语言通俗化。语言是一种工具，本身并没有高低贵贱之分，只有通俗易懂的、被广大人民群众所接受的语言在宣传中才能保持生命力。所以，在宣传过程中，要结合实际，用“接地气”的语言进行党的理论宣传，让宣传内容鲜活起来，吸引公众的注意力。切记生搬硬套，堆积“高大上”的词语。另一方面，做到宣传内容个性化。根据不同的受众群体，要采用不同的宣传方式。对于领导干部、党员、广大群众要有针对性地开展个性化宣传，起到因材施教的作用。但无论形式怎么变，其本质不能变，颜色不能改。

参考文献

[1] 王长江.提高党的建设科学化水平[M].北京：中共中央党校出版社，2010.
[2] 张慧芝.论新媒体时代传播媒介对党建工作的影响[J].出版广角，2015(08)：82-83.
[3] 王亚庆.自媒体时代爱国主义教育宣传研究[D].成都：中共四川省委党校，2017.

新时代青年大学生爱国主义教育的实践路径探析

吕家钰

（华北水利水电大学环境与市政工程学院，河南 郑州 450045）

摘 要：高校是开展爱国主义教育的主阵地，只有切实抓好大学生的爱国主义教育，才能确保我国高校的社会主义办学方向。本文将从高校大学生爱国主义教育现状出发，结合自身工作经历分析现实事例的成效，总结高校思政育人经验，探究新时代青年大学生爱国主义教育实践路径。本文认为新时代爱国主义教育必须坚持守正与创新相统一，以党的思想旗帜筑牢精神支柱、以丰富的时代故事凝聚奋进力量、以党的创新理论培育时代新人。

关键词：青年大学生；爱国主义教育；路径

未来属于青年，希望寄予青年。在庆祝中国共产党成立100周年大会上，习近平总书记深情寄语青年。作为青年中最富活力的在校大学生，是实现中国梦的主力。一代代中国青年把青春奋斗融入国家和人民事业，成为实现中华民族伟大复兴的先锋力量。进入实现第二个百年奋斗目标新征程，加强爱国主义教育，必须着眼培养担当民族复兴大任的时代新人，培养爱国之情、砥砺强国之志、实践报国之行，让爱国主义精神在广大青年学生心中牢牢扎根。[1]习近平总书记指出："要坚持全员全过程全方位育人，在广大青年中开展深入、持久、生动的爱国主义教育，让爱国主义精神牢牢扎根。"[2]

一、高举思想旗帜，筑牢精神支柱

新时代爱国主义教育，必须始终高举习近平新时代中国特色社会主义思想伟大旗帜，固本培元、凝心铸魂，打牢爱国主义的思想信仰根基。坚持以习近平新时代中国特色社会主义思想为指导，是新时代爱国主义教育最鲜明的时代特征。加强爱国主义教育,首要任务是用习近平新时代中国特色社会主义思想定向指航、铸魂育人。

(一)加强校园文化建设,营造爱国主义教育氛围

高校是特定的教育机构,对有目的、有计划地培养大学生成为符合社会要求的人才发挥着重要作用。高校要在潜移默化中培育大学生的爱国主义精神,将其培养成为社会主义合格的建设者和接班人。将五个认同融入校园文化建设中,使学生们由"被动式"接受逐渐转变为"主动式"学习。校园是大学生生活的主要场所,通过开展第二课堂校园文化活动,寓教于乐,使学生的集体主义观念在积极参与中得到增强,爱国主义情感得到升华。

按照学院党总支的统一要求,将庆祝建党100周年作为贯穿全年的宣传思想文化工作主线,推动实施我院"不忘来时路,薪火永相传"系列主题活动,举办2021年春季运动会暨全民健身大会。开幕入场式中,百名党员方阵高举庆祝建党100周年活动标识和"学党史,知党恩,跟党走"的标语,走在队伍前列;百名团员方阵昂首阔步,紧随其后;研究生代表方阵和学习标兵方阵精神抖擞,迈着铿锵有力的步伐大步向前;创新创业方阵的队员们手持自己设计的项目LOGO,昂首挺胸,展现了"创新创业,改变世界"的勇气;青年志愿者方阵高举旗帜依次入场,充分体现了同学们的创造力和青春活力。本次运动会是学院为庆祝中国共产党成立一百周年而举行的"不忘来时路,薪火永相传"主题系列活动之一。全院师生员工以饱满的热情投身比赛之中,展现了"舞动青春,挑战自我,突破极限,超越自我"的拼搏精神,彰显了"以生为本,立德树人"的教育理念,进一步增强了学院的凝聚力和向心力。大家纷纷表示,要继续发扬团结拼搏的运动精神,在各自的岗位上勇立新功,以优异的成绩向党的百年华诞献礼!

为提升青年健康向上的精神风貌,激发青年对传统文化的热爱,播撒下文化自信的种子。学院组织开展五四大合唱、班服班牌设计大赛、金话筒主持人大赛、青春季风演讲比赛、励志金句书法比赛、诚信主题辩论赛、新生杯篮球赛、宿舍文化节、"敞开心扉,展现自我"心理情景剧大赛等文娱活动,为学院青年提供了施展才华的舞台,丰富了校园文化生活,营造了浓厚的校园艺术氛围,促进了学生综合素质的发展与提高,寓教于乐,营造积极向上的爱国主义教育气氛。

(二)发挥课堂教学主渠道作用,培育学生爱国情怀

首先,着力发掘思想政治理论课中的爱国主义教学内容。避免教师仅关注教学进度是否完成,而忽视教学资源的发掘。例如,"中国近现代史纲要"这门课程是思想政治理论课程体系中的重要课程,它以救亡图存为主旋律,以苦难、抗争、探索为主要内容。中国近现代史蕴含着十分丰富的爱国主义教育资源,具

有强大的课程吸引力和感染力,教师可通过对爱国主义内容的挖掘以及课程的讲授,使历史事件与当代实际形成鲜明的对比,让大学生认知中国近代史和现代史,了解历史人物的英勇事迹和爱国故事,激发爱国热情,积极树立理性、包容的爱国主义观念。

其次,加强思想政治理论课的爱国主义实践教学。高校只有严格按照教育部的要求实施思想政治理论课实践教学,才能真真切切地将“立德树人”的根本任务落地、落实。思想政治理论课实践教学中有关爱国主义的实践教育较少,而且比较单一,往往局限于组织大学生参观爱国主义教育基地等。因此,要创新实践教学内容与方式,比如,手绘学生家乡人文地图,开展国家版图意识教育,让大学生在感受祖国大好河山、人文历史的同时,加大对自己脚下这片土地的热爱,培育爱国主义情怀。

最后,加强思想政治理论课同其他哲学社会科学课程的有机结合。高校思想政治理论课和其他哲学社会科学课程在推进马克思主义理论体系不断完善和实施课程思政育人的过程中具有同等重要的位置,从德育方面看,两者相互配合、相互补充,对于提高大学生爱国主义教育实效性具有重要的作用。因此,爱国主义教育不仅是思想政治理论课教师应该肩负的责任,也是其他哲学社会科学课程教师应担负的责任。通过建立专业的师资队伍,积极完善教学组织和管理等措施,能够使思想政治理论课同其他哲学社会科学课程有机结合起来,形成教育合力,共同促进对大学生爱国主义教育情怀的培育。

(三)依托党团建设,夯实思想基础

让青年相信党、相信国家,紧跟党的步伐走是爱国主义教育的目标,学生党员是联系党团和联络普通学生最稳定、最持久的桥梁。每个学生党员在学深悟透党的新战略、新理论后便成为一座灯塔,普通同学会沿着学生党员照亮的方向前行,在行进中学思想、用理论。在潜移默化之中,党的政策得到广泛传播,爱国主义思想之光普照大地。学生党支部应紧紧围绕建党百年与疫情防控常态化管理,立足学生成长抓好抓实主题实践活动。通过党建带团建,团建促党建的方式,深入学生之中,以青年人喜闻乐见的方式筑牢思想堡垒。学院2018级本科生党员陈同学与2021级研究生党员张同学原创说唱歌曲《红色信仰》被学校官方公众号发布,阅读量达4 230余次,学院青年学子用年轻人喜爱的方式唱红歌,表达自己对祖国、对党、对学校的热爱。学院不断鼓励学生党员作为第二支点宣传引导普通同学参与实践,学生党支部可以依托各种新媒体、新手段深入学生成长成才第一线,每位党员针对各自擅长的领域开展宣传引导工作,稳步推进主题实践向纵深发展,提升爱国主义教育工作的实际效果。

学院始终把习近平新时代中国特色社会主义思想作为党员教育培训的重中之重，通过线上线下多种形式，认真组织开展政治理论学习，引导广大学生党员通过学习坚定政治信仰，增强“四个意识”，坚定“四个自信”，做到“两个维护”，推动习近平新时代中国特色社会主义思想入脑入心。不断加大对党支部书记的培训力度，提升其政治素质和党务工作能力。以开展党史学习教育为契机，通过重温入党誓词、举行“学习标兵”评选、集体过政治生日、组织学生党员清明赴郑州烈士陵园祭扫英烈、赴兰考市焦裕禄烈士陵园等红色教育基地开展实践教学等方式，激励广大党员传承红色基因，牢记初心使命，坚持正确方向，树立正确党史观。

二、讲好时代故事，凝聚奋进力量

爱国主义是鲜活的、真实的，具有鲜明的时代性。推进新时代爱国主义教育，必须紧扣时代主题，讲好时代故事，凝聚奋进新时代、开创新局面的前行力量。

(一)组织开展实践活动，将爱国主义融入学生生活

各级党组织、共青团、学生会、学生社团等，要把爱国主义内容融入党日团日、主题班会以及各类主题教育之中。学院每学年组织团员青年开展数十次主题团日，围绕“请党放心，强国有我”“聚焦十九届六中全会，践行新时代青年担当”“学习习近平总书记‘七一’重要讲话精神”等主题，举办知识竞赛、读书分享会、辩论、演讲等形式多样的主题团日活动。组织优秀学生代表赴兰考市参观焦裕禄纪念馆，学习焦裕禄精神。按照团中央、团省委、校团委相关通知精神，组织学生参加“三下乡”“返家乡”等暑期社会实践。我院共有 296 人参与暑期社会实践，其中政务实践 3 人，集中组队实践 80 人，其余为个人分散返乡，奔赴祖国大江南北，开展了内容丰富、形式多样的暑期社会实践活动。在社会实践中，学生更好地了解国情民情，强化责任担当，加强了与城市社区、农村、企业、部队、社会机构等的联系，拓展了爱国主义教育校外实践领域。

(二)用好红色文化资源，坚定发展信心

红色文化是党带领人民在革命、建设、改革的历史征程中，为追求中华民族伟大复兴所创造的一种新质文化形态，蕴含着生生不息的爱国主义奋斗精神。纵观党的百年征程，无论是革命时期，党带领人民“小米加步枪”，推翻“三座大山”，成立了中华人民共和国；抑或是建设时期，带领人民打破帝国主义的封锁包围，排除万难，艰苦创业，建立了较为完善的工业体系和国民经济体系；还是改革开放时期，带领人民解放思想、实事求是，大刀阔斧稳步向前，极大地增强了综

合国力。说到底,靠的就是爱国主义精神的强大支撑。然而在今天,红色故事依然没有褪色,它所蕴含的爱国主义情怀,仍然具有穿越时空的不朽价值。高校必须以思政课为着力点,充分挖掘红色资源,创新教学内容方法,如结合情景教学法、翻转课堂等形式,把红色故事讲活、讲深、讲好,引导学生向英雄模范学习,发扬红色传统,厚植爱国情怀,使红色基因融入骨血。[3]

(三)大力宣传英雄楷模,发挥先进典型引领作用

坚持以榜样为引领,教育激励广大青年学习先进、争当先锋,推进思想政治教育深入开展。2021 年 7 月 20 日河南郑州经历"720"特大暴雨自然灾害,随后又暴发新冠疫情。在防洪抗"疫"期间,学院领导和老师积极投身防洪抗"疫"一线,2019 级辅导员胡老师在灾难面前挺身而出,积极参与运送救灾物资,多次参加核酸检测志愿服务,其先进事迹受到媒体广泛报道,引领带动了广大党员和青年学生纷纷加入志愿者队伍,服务公益事业。据不完全统计,2021 年防洪抗"疫"期间,学院有 53 名学生党员、117 名团员参加志愿服务,逐步形成了学做先进、争当先进的浓厚氛围。胡老师用实际行动去引领当代大学生扛起责任,勇挑重担,学院党委、团委积极将胡老师的先进事迹融入主题党团日活动、党团支部大会等,致力于让每名同学都切实感受到身边榜样的力量。

深化青年马克思主义者培养工程,落细落实学院"华小青"示范班的培养机制,每学年选拔一批优秀的共青团员通过理论培训、红色教育、实践锻炼、爱校教育、志愿服务、交流研讨、素质拓展等一系列的课程设置,致力于培养一批对党忠诚、信仰坚定、素质优良、作风过硬的中国特色社会主义事业的合格建设者和接班人,对表现突出的学员进行表彰嘉奖,发挥榜样引领作用,带动更多同学积极加入青年马克思主义者培养工程。

三、坚持守正创新,培育时代新人

新时代加强爱国主义教育,必须着眼培养担当民族复兴大任的时代新人,拓宽教育途径,创新教育方式,统筹各类资源,使爱国主义成为广大青年学生的坚定信念、精神力量和自觉行动。

(一)占领网络阵地,拓宽爱国主义教育手段

持续推动青年大学生学习行动,引导学生积极主动进行网上团课学习,细化参学统计数据,将其科学融入学生考核评价体系,培养同学们良好的学习习惯,切实发挥青年大学生学习的政治引领作用。利用班团联动机制,将各班青年大学生学习完成情况作为学生评优评先的参考标准之一,学院青年大学生学习完成率高达 95%左右。由各年级辅导员、团委主要学生干部组建学院青年讲师团,

紧紧围绕重大主题，定期开展线上培训宣讲会，充分发挥理论武装“轻骑兵”的作用。

学院团委制定了《×××学院新媒体平台管理办法》，认真执行“三审三校”制度和监测预警机制。学院微信公众号、微博粉丝达千余人，全年累计发布微信推文 280 余篇，建党 100 周年之际推出“百年党史天天读”专栏，每日推送党史学习，带领大家回顾百年光辉历程，激发同学们的学习热情，深化理想信念教育。微信公众号全年总阅读量达 65 610 次，同时积极探索拓展网络宣传阵地，有效联系并深入影响广大学生，充分展示新时代学子的风貌。

（二）利用红色教育基地，丰富爱国主义教育载体

各级各类爱国主义教育基地，是激发爱国热情、凝聚人民力量、培育民族精神的重要场所。随着华北水利水电大学江淮校区和校史馆的成立，学校新增两处红色教育基地。华北水利水电大学江淮教育基地位于信阳市罗山县，信阳市水资源丰富，水利工程完备，水资源开发利用程度较高，同时也是红色热土和英雄辈出的地方。罗山县拥有优质的红色教育资源，是华北水利水电大学党性教育学院和教育部青年法治教育中心培训基地，也是华北水利水电大学的红色教育基地、生态文明基地和实践教学基地。

学校紧抓“十四五”高等教育综合改革机遇，探索实行双院联动育人模式，书院和学院相互协同，以红色育人为切入点，充分发掘书院和学院的育人潜能，积极探索书院制学生管理工作新模式，搭建书院制育人新构架。把江淮教育基地建设成学校党性教育基地、红色研修基地等，打造校地合作新亮点、新标杆、新品牌，形成具有华北水利水电大学特色的育人模式，提供可借鉴与复制的华北水利水电大学方案。充分挖掘当地红色资源、红色传统、红色基因等宝贵精神财富，将河南红色文化融入全员、全程、全方位育人格局，使红色基因真正融入学生血脉之中。帮助学生深刻领悟红色基因的时代内涵和时代赋予的历史使命，补足“精神之钙”，点亮“信仰之灯”，熔铸“信念之魂”，准确把握人生坐标，当好红色基因的传承者、实践者。

四、结语

爱国主义教育是系统工程，既要创造教育小环境，又要营造社会大氛围，这就需要把各级政府、社会、学校的主体作用和青年学生的积极性、主动性充分调动起来，不断完善全员、全程、全方位育人体制机制，开展深入、持久、生动的爱国主义宣传教育，引导青年学生把爱国作为立身之本、成才之基，继而把学习教育成果转化为爱国报国的实际行动。

参考文献

[1] 蓝晓霞. 让爱国主义精神在心中牢牢扎根[N]. 人民日报,2021-10-21(05).
[2] 习近平. 习近平主持会议中共中央政治局召开会议审议《新时代爱国主义教育实施纲要》和《中国共产党党校(行政学院)工作条例》[N]. 人民日报,2019-09-25(1).
[3] 新华社. 新时代爱国主义教育实施纲要[N]. 人民日报,2019-11-13(6).

关于青年爱国主义教育的几点思考

赵晨旭

（大连外国语大学，辽宁 大连　116044）

摘　要：青年爱国主义教育是新时代青年健康成长的重要因素，在深入学习贯彻习近平新时代中国特色社会主义思想中，高校不断增强对青年学生爱国主义教育的重视程度，不断探索高校实施爱国主义教育的方式和路径。新时代爱国主义教育要认真开好主题班会，用好深刻道理与鲜活事例；要充分用好红色资源，保证红色基因得以赓续；要果断抓好时间节点，渲染爱国主义氛围；要主动占领网络爱国主义教育阵地，增强阵地意识；要充分关注特殊群体，着重加以鼓励和引导；要长期重视日常交流，增加爱国主义教育持续性。

关键词：爱国主义教育；新时代青年；思想政治教育

从事大学生思想政治教育工作的7年里，爱国主义教育一直是贯穿我全部工作的一条主线。不过老实讲，真正想把爱国主义教育做到学生心坎上，还是需要思想政治教育工作者认真思考、稳健行事的。如今，我所面对的学生大多是“00后”，他们的价值取向更加多元，信息交往更加频繁，表达不一样自我的倾向更加强烈。在标榜另类、崇尚标新立异的青年一代存在着“抵制权威、解构崇高”的心理倾向。同时，他们又十分敏感、情感丰沛，对于网络上、现实中所看到的人间百态都能迅速共情，或欣喜、或忧伤、或悲哀、或愤怒，但这种丰沛的情感有时又会影响理性判断。作为一名思想政治教育工作者，一方面，我要从学生的立场出发，在进行爱国主义教育时充分考虑其年龄特点与心理特征，对教育方式进行灵活处理；另一方面，也要加强自身理论修养，把爱国、爱党、爱社会主义三者相统一的道理讲深、讲透、讲清楚，帮助学生把爱国这一情感表征背后的理论逻辑捋清楚，真正做到理论、情感、实践三者有机统一，帮助青年大学生用爱国之情激发强国之志,付诸爱国之行。

在个人实践与同事的相互交流与学习中,我总结出了以下几点爱国主义教育的主要方法:

第一,认真开好主题班会。主题班会是对大学生进行理论宣讲与价值引领的重要形式。一个只讲口号、不讲理论与案例的主题班会是无法达到预期效果的。因此,深刻的道理与鲜活的事例是主题班会进行爱国主义教育的灵魂。而爱国主义教育理论的宣讲,辅导员老师可以与思想政治理论课教师配合完成。在班会上,可以先邀请思想政治理论课教师对为什么要爱国,以及为什么爱国、爱党、爱社会主义是相统一的原因进行学理分析。使大家了解,国家富强是人民幸福的前提与基础,而国家的富强、民族的振兴离不开中国共产党的领导和坚持走中国特色社会主义道路。中国共产党是历史的选择,也是人民的选择。此外,辅导员老师可以结合实事,例如,通过对加勒万河谷冲突中不到20岁誓死捍卫国土牺牲的英雄陈祥榕的事迹的讲解,使得大学生们在学习同辈英雄事迹的同时,心中燃起对祖国的热爱之情。主题班会上,还可以邀请大学生进行专题讨论,例如,就"大国崛起"与"小民尊严","大梦想"与"小确幸"之间的关系各抒己见,最后辅导员进行总结陈述,明确国家的长治久安是个人梦想与自由实现的基础保障,个人的努力也将促进祖国的繁荣与富强。

第二,充分用好红色资源。革命博物馆、纪念馆、党史馆、烈士陵园等是党和国家的红色基因库,是爱国主义教育的重要阵地。为了保证红色基因代代相传,红色江山永不变色,大学生爱国主义教育要充分用好红色资源。高校思想政治教育工作者可以充分利用党日活动,大学生校外实践日、国庆日等重要时间节点,带领大学生参观革命博物馆、纪念馆等红色基因库,并在学生组织中成立青年宣讲团,选拔出立场坚定、表达能力强、亲和力强的优秀学生代表,在大学生参观革命博物馆、纪念馆的过程中进行红色故事讲解、红色人物先进事例解说活动,真正使参观活动发挥爱国主义教育的作用。特殊时期,组织大学生参加线上红色基地云展厅、线上重走长征路等活动,活动过程中充分利用线上教学软件,通过发弹幕、网上寻宝、线上小游戏等形式,增强大学生的体验感,以达到提高爱国主义教育时效性、针对性和亲和力的作用。

第三,果断抓好时间节点。重大节日、仪式典礼等都是进行大学生爱国主义教育的关键时间节点。在这些时间里,大学生更容易被群体所形成的浓烈爱国主义氛围所感染,并使之称为集体记忆的一部分,内化于心、外化于行。因此,从大学生进校开始,就要果断抓好时间节点进行爱国主义教育。在校园内开展"同升国旗、同唱国歌"活动,活动中要注意景观布置,在活动筹备、举办、总结全过程中都应该充分号召大学生亲身实践与参与，力争将美育、实践教育与爱国主义教育相结合，以深刻影响、感染大学生群体，激活爱国主义热情。在国庆日、五四青年节、校园文化节等重要时间节点，通过举办红色歌会、红色歌剧、红色书目诵读会等形式，加深大学生群体对民族精神的深刻体会。在大学生入党、入团仪式上，认真对待与组织公开宣誓、重温誓词等环节，强化大学生的国家意识与集体观念。在“七一”“八一”“十一”等时间节点，通过号召大学生共同观看主题纪录片，奏响共产党好、人民军队好的主旋律。在端午节、中秋节等传统节日，思想政治教育工作者与留校大学生共度佳节，一起包粽子、吃月饼，为留校同学送上节日祝语，引导大学生群体感悟中华文化、增进家国情怀。在全民国家安全教育日与全民国防教育日，通过邀请相关专家为大学生做专题讲座，使广大学生群体建立维护国家安全、人人有责的主人翁意识。

第四，主动占领网络爱国主义教育阵地。进行爱国主义教育，应有阵地意识，主动占领网络爱国主义教育的阵地。作为高校爱国主义教育主要对象的大学生，可以说是网络的第一批“数字原住民”。他们与互联网共同成长，网络上的主流声音直接影响到他们对于现实世界的判断。然而，随着互联网特别是社交媒体技术的迅猛发展，虽然现代科技使我们享受到了沟通顺畅、突破时空的乐趣，但同时，网络信息爆炸所产生的信息真实度与精确度的降低，也着实令很多青年陷入一种迷惑之中——“我所看到的世界，有多少是真实的？我所接收到的信息，到底是真是假？”这样的迷惑，如果被资本或某些“有心人”所利用，利用“后真相”时代“情感高于真相”的传播特点，制造噱头、编造故事、引导舆论，就有可能造成青年群体中对中国共产党的领导、中国特色社会主义制度的正确性的怀疑与猜忌。而这将直接影响到国家的稳定、政权的稳固和中华民族伟大复兴的如期实现。因此，这也是我们必须主动占领网络爱国主义教育阵地的重要原因。然而，网络世界，价值多元，人人都可以是发声筒，凝聚共识的难度日益加大。想要占领网络爱国主义教育阵地，需要“因地制宜”，需要“问题意识”。比如说，目前网络爱国主义教育面临的困境之一，就是信息的碎片化。学生在面对社会事件时，之所以会被引诱或者误导而产生负面甚至敌对情绪，有时是因为缺少对事件的全方位的了解。如前不久成都一中学生坠楼事件，消息刚刚发布到网上时，由于某些谣言、假消息的虚张声势，很多青年学生第一时间想到的是学校、教师对学生的压迫导致了学生轻生的选择，加之学生家长一时难以接受这样的消息，情绪也比较激烈，网络上几乎是一边倒的声音，认为是学校的过错导致年轻生命的陨落，进而产生对社会主义学校教育的质疑——直到最后监控录像的记录揭开了事件的真相——此事件中并不存在学校、教师的压迫与威胁或者是侮辱。由此可见,网络世界,要想看清事情的真相,必须了解事件的全貌,信息碎片化很可能导致结论的南辕北辙。因此,想让青年学生理性爱国,就需要克服网络信息碎片化的弊端,在关系到爱国主义的网络舆论场上,主动出击,努力帮助青年学生拼凑出真相的完整图景。目前网络爱国主义教育面临的困境之二,就是传统爱国主义教育话语在网络世界的不适应。传统爱国主义教育话语多为政治话语、文本话语,语言气势有余,但是亲切性不足,俗称"大道理",说起来挺好听,但是很难记住,与青年学生熟知且喜爱的网络话语形式,确实差别很大。因此,网络爱国主义教育,可以适当运用生动、形象的表达传授知识,激发学生的爱国情感。现在很多高校、学院公众号官媒都开始尝试用青年学生听得懂、愿意分享的话语模式进行议题设置,进行话题引导。如"说唱'新中国'"等话语形式,还是比较容易被大学生所接受的。但是,形式的变化也要处理好一元价值主导和多元价值理念之间的张力,不能因为形式的变化,而改变爱国主义话语的主流地位。

第五,充分关注特殊群体。特殊群体包括孤儿、贫困家庭学生等。相对而言,孤儿、贫困家庭学生群体心理上较其他学生更敏感,因此,这类学生群体对于教育的正反馈和负反馈都会较其他学生更明显,因此,做好这类学生群体的爱国主义教育意义重大。对于孤儿与贫困家庭学生,要充分表达出集体与国家对其的尊重与关爱。采取适当方式,对于学习与生活中遇到困难的孤儿、贫困生群体进行帮助与照顾,但是需要注意的是,不能以"施舍者"的心态进行"帮助",要以平等的心态与其进行交流与对话,鼓励他们积极参与班集体活动,并担负起一定职责,在集体活动中培养这部分学生的集体意识、大局意识。而班级意见领袖是应该关注的另一类特殊群体。他们或许不是班级里学习最好的同学,也不尽是学生干部,但是他们的言论就是能迅速引起大家的关注甚至赞同与默认。这类同学,通常是有想法也敢于发声的,他们有很好的语言表达能力,并且知道说什么、怎样说能迅速吸引同学们的目光。对于这部分学生群体,思想政治教育工作者应该关注并重视。这类同学要多加引导,使他们更频繁地加入班级事务之中。让他们通过亲身实践,感悟个人与集体之间的亲密关系,甚至可以邀请他们参加爱国主义教育活动的策划,听取他们的意见与想法,予以充分尊重,在爱国主义教育活动推进过程中遇到的瓶颈与难题,多与他们聊天,共同商讨对策,很可能会提高爱国主义教育活动在广大大学生群体中的接受度。

第六,长期重视日常交流。爱国主义教育不是一阵风,时刮时不刮。它应该如涓涓细流,沁入每个人的心田。这就意味着,爱国主义教育要重视与学生的日常交流,久久为功。我曾经碰到过一个很有思想的学生的提问,她的问题很现实。她曾经不无担忧地问过我:“老师,我有时会感觉有一些班干部其实是很利己主义的。做一些事、说一些话,其实都是为了自己的利益在打算。那您说,这些学生干部进入社会,成了党的干部,他们会不会还是这样?那如果都是这样,我们国家的未来可怎么办呢?”我能看出她作为一名青年学生,对国家、社会问题的关注,我也能理解她心中的忧虑。由于一些班干部确实存在她所说的问题,她有这样的担忧反倒说明她是在乎的。这种“在乎”开始演变成“忧虑”甚至对于国家制度的“怀疑”的时候,我认为是爱国主义教育必须“出手”的时候了。如果放任不理,很可能会走向极端。对于这个问题,我当时与她一起进行了分析:“这样的学生干部确实存在,这也是老师目前一直在观察并且努力解决的事情,包括班干部要定期向班级和辅导员老师进行述职工作,包括老师也会通过各种渠道了解情况,制定不够格的学生干部的退出机制。”“但是当然,可能还是会有一些人因为特别善于伪装最后还是进入了国家机关。但是请你相信,这样的人一定是少数的并且会越来越少。因为群众的眼睛是雪亮的。很少有自私自利贪赃枉法分子可以长期存在于我党的干部中,因为我们的党不代表少数利益集团的利益,它代表的是最广大人民群众的利益,所以它具有壮士断腕的勇气进行自我革命,它愿意接受群众的监督,去革除掉这些不良血液。我们这几年的反腐力度也是有目共睹的。精致的利己主义者本质上是没办法在中国共产党内站住脚的。”“再一个就是,其实我们可以不用把人性想得那么黑暗。人的本性真的是自私自利的吗?如果是这样,那怎么解释那些为了国家、为了战友牺牲的革命先烈?如果说那是战争年代,距离我们太遥远了。那现在时代变了,人还是这样吗?我认为是的,从冲在抗疫前线的医护工作者,到加勒万河谷冲突中牺牲的英雄陈祥榕,他们的身上不也都体现出了人性的光辉?这些人里,大多数都是党员干部。”我与这位同学后来又聊了很多,我能感觉出她的动容。后来,她入了党,也成了学生干部,她是同学们有口皆碑的好干部,她用实际行动回答了她最初的担忧与疑惑。她用自己的行动证明了国家真的后继有人。我们的党与国家,是值得信任与托付的。类似的谈话其实发生过很多次,尤其是在“95后”“00后”大学生身上,我能感觉出他们强烈的对于国家大事的关注与热情,只是这种关注与热情由于年龄、圈层等的影响,存在不够理性或者说过于感性的成分,但是有关注、有热情是好事。思想政治教育工作者应该做的,正是对这种关注与热情加以引导。引导得好,爱国主义教育就会内化于心、外化于行,成为水到渠成的事情。

总之,爱国主义始终是引领中国青年团结奋进、共绘未来的光辉旗帜。如今,中国特色社会主义进入新时代,新时代的新征程,更是需要广大青年学子作为主力军。怎么样引领青年投身中国特色社会主义现代化强国建设,引领青年为实现中华民族伟大复兴而努力奋斗,是所有思想政治教育工作者在进行爱国主义教育时需要思考的问题。青年爱国主义教育,任重道远,仍需我们绵绵用力,久久为功。

参考文献

[1] 阚莹莹.用好红色资源提升党史学习教育实效性的价值意蕴及实践路径[J].延边党校学报,2024,40(05):47-51.

[2] 卢飞霞,王璐莎.对高校青年学生爱国主义教育的几点思考[J].新西部,2022,(04):44-46.

[3] 郑洁,李晏沄.新时代青年爱国主义教育面临的挑战及对策[J].学校党建与思想教育,2021,(01):32-34.

[4] 林于良,杨渝玲.论新时代青年爱国主义教育的实践理路[J].学校党建与思想教育,2020,(22):37-39.

讲好中国故事视域下的新时代大学生爱国主义精神培育路径研究

杨　赟

（内蒙古科技大学马克思主义学院,内蒙古 包头　014017）

摘　要:“中国故事”是中华民族几千年来勤劳勇敢、奋力拼搏谱写而成的关于中国人民情感与奋斗的壮丽篇章,“中国故事”为高校培育新时代大学生爱国主义精神提供了鲜活的素材和重要的方法。通过阐述讲好中国精神对培育新时代大学生爱国主义精神的重要意义,细化中国故事类型,提出了高校培育新时代大学生爱国主义精神的多种路径,发挥教师育人的关键作用,坚持“立德树人”的根本原则;发挥“课堂”的阵地功能,厚植爱国情怀;完善组织领导,健全保障机制等,将爱国主义贯穿于学校教育教学全过程,培养出德、智、体、美、劳全面发展的社会主义事业的建设者和接班人。

关键词:讲好中国故事;新时代大学生;爱国主义教育;路径

2013 年 8 月 19 日,在全国宣传思想工作会议上,习近平总书记首次提出了“讲好中国故事”这一重要时代命题。此后,在重要会议和场合习近平总书记又多次强调“讲好中国故事”的重要意义和根本要求。这一命题的提出是站在“两个一百年”奋斗目标的历史交汇点、世界百年未有之大变局的角度提出的,是接力历史使命,彰显时代担当的时代命题,是实现中华民族伟大复兴中国梦的现实需要。大学生作为中国特色社会主义事业的建设者和接班人,肩负着建设社会主义现代化和实现中华民族伟大复兴中国梦的重担,不仅要在专业技能上练就过硬本领,更要筑牢爱国主义精神,以国家需要作为干事创业的志气、骨气和底气。因此,高校要以《新时代爱国主义教育实施纲要》为指南,以讲好中国故事为路径,开展全方位、深层次、高水平的爱国主义主题教育,着力培养新时代大学生的爱国之情,砥砺新时代大学生的强国之志,引领新时代大学生报国之行。

一、讲好中国故事对培育新时代大学生爱国主义精神的重要意义

“讲好中国故事”是拉近语言距离、提升课堂魅力、落实“立德树人”根本任务的需要，是实现学生对科学理论认知和转化的需要，也是学生增强“四个自信”，提升文化认同的需要。

（一）拉近语言距离，提升课堂魅力

习近平总书记指出：“要注重启发式教育，引导学生发现问题、分析问题、思考问题，在不断启发中让学生水到渠成得出结论。这里面，会讲故事、讲好故事十分重要。[1]”从习近平总书记的讲话中不难理解课堂教学中会讲故事的重要性。相较于传统的叙述型教学，讲故事的方式教师主要运用口语化和评论式表达。通过故事的过程和细节描述，化抽象逻辑为生动具体，更符合“95后”“00后”青年大学生的思维方式和语言表达特点。针对性教学，在轻松愉快的课堂氛围中也增强了爱国主义教育的吸引力和感染力，使得课堂教育“有意义”的同时“有意思”，更好地吸引学生的注意力，自然也就赢得了学生的认可。

（二）深化理论武装，筑牢思想根基

讲好中国故事有助于深化学生对中国历史、中国现实及党的科学理论成果的认知和认同。在爱国主义主题教育中，如果对学生仅仅采用单一的、灌输式、说教式理论教学，学生也仅仅是为了应付考试而死记硬背知识点，自然会产生抵触情绪。加之学生对传统爱国主义教育的刻板印象，不利于此项教育发挥实效。以故事作为点，以理论作为面，通过故事引出理论，又通过理论深化故事。通过讲述国家荣辱、人民蒙难、文明蒙尘的历史，引导学生理清近代中国历史的发展脉络，让学生深刻领悟“落后就要挨打”的道理。通过讲述伟大的中国共产党团结带领英雄的中国人民，浴血奋战、百折不挠的历史，让学生深刻领悟为什么选择了马克思主义、选择了中国共产党，对中国共产党人的理想信念、初心使命有了更深刻的理解。通过讲述中国共产党的建设改革等历史，让学生理解为什么选择社会主义道路，选择改革开放、选择社会主义市场经济等。通过分析新时代中国的“五位一体”总体布局、“四个全面”战略布局、供给侧结构性改革等规划，让学生深入思考中国国情，发扬斗争精神，增强斗争本领。讲清党和国家伟大实践的“中国故事”，就讲清了“中国共产党为什么‘能’”“马克思主义为什么‘行’”“中国特色社会主义为什么‘好’”等重大问题，学生自觉实现爱国与爱党、爱社会主义的统一，将个人理想融入党和国家的伟大事业之中。

（三）增强“四个自信”，坚定文化认同

习近平总书记指出：“实现中华民族伟大复兴，必须坚定中国特色社会主义

道路自信、理论自信、制度自信、文化自信。[2]”讲好中国故事，就是让广大青年大学生在故事中领悟“四个自信”的内涵、要求、意义及实现路径。

伴随着世界多极化、经济全球化和社会信息化，国内外各种文化和价值观念相互碰撞，人们的思维方式在国际交往中不同程度地受到影响。尤其是国内外少数反华势力蓄意通过各种途径反华、反共、反社会主义，利用网络编造、散布有关中国的不实报道。新冠疫情期间，一批“网络水军”在海外部分社交媒体平台捏造散播谣言，损害了中国形象，营造不利于中国的国际舆论。如何让青年大学生在复杂的环境下提高辨别是非的能力？高校爱国主义教育成了最重要的方式之一。通过高校爱国主义教育让学生形成客观的、公正的判断标准，在国际比较中树牢“四个意识”，坚定“四个自信”，坚决做到“两个维护”，将理性认识转变为意识，意识转化为行动，不仅做信息的接收者，更要主动参与爱国行动，宣传中国故事，改变舆论环境，让世界读懂真正的中国。

二、精选经典中国故事

中国故事是中华文明几千年来形成的文化成果。讲好中国故事，不仅要在优秀中华传统文化中汲取营养和智慧，还要读懂中华民族从站起来、富起来到强起来实现伟大飞跃的红色故事，更重要的是立足当下，读懂新时代的中国精神。通过领悟经典故事，激励新时代大学生传承中国精神，展现新实践、新业绩、新作为。

(一)讲好中国传统故事展现中华文化魅力

习近平总书记指出：“中华优秀传统文化积淀着中华民族最深沉的精神追求，包含着中华民族最根本的精神基因，代表着中华民族独特的精神标识，是中华民族生生不息、发展壮大的丰厚滋养。”因此，源远流长的历史文化是中国故事的“根”，讲好中国故事，就必须把文化根脉讲清楚、讲全面。

中华优秀传统文化包含价值观念及价值载体两部分。在价值观念方面，它既体现为革故鼎新、实事求是、道法自然等核心理念，又体现为精忠报国、见贤思齐、礼义廉耻等传统美德，还体现为和而不同、以文化人、中和泰和等人文精神[3]。在文化载体上，造纸术、印刷术、指南针、火药等四大发明，书法、武术、中医、京剧、汉服和丝绸、茶、瓷器、围棋、剪纸和刺绣等十大国粹，诗词歌赋等文学作品，每一样都是中国智慧和中国精神的体现。挖掘中华传统文化的现实意义，古为今用、推陈出新，将传统文化与现代社会文化发展融会贯通，推动中华文化在当今中国故事中实现创造性转化、创新性发展，不断增强新时代大学生对中华民族的归属感、认同感、尊严感、荣誉感。

(二)讲好中国道路故事再现奋斗初心

习近平总书记指出:“要把学习贯彻党的创新理论作为思想武装的重中之重,同学习马克思主义基本原理贯通起来,同学习党史、新中国史、改革开放史、社会主义发展史结合起来。[4]”历史是最好的教科书,也是最好的清醒剂。回顾中国共产党走过的百年奋斗历程,或蕴含着马克思主义者的伟人故事,或蕴含着普通百姓努力奋斗的感人故事,这些故事动人心弦、催人奋进,在学生心灵中种下了一颗真善美的种子。

革命战争年代,中国人民满怀革命理想,不怕流血、不怕牺牲,英勇奋斗。例如,西南联大的“花子”学生。一群流亡师生在山河破碎、国将不国之时,创立起一所“难民”大学。老师捡烂菜吃,学生住草房。这所仅存在 8 年的大学,却走出了 172 位院士,创造了伟大时代。“国家的需要,就是我的专业”是他们的自我告白,新时代大学生必将感同身受,用实际行动践行“强国有我、请党放心”的铮铮誓言。社会主义建设时期,到祖国最需要的地方去,积极投身于国家发展建设。“苟利国家,不求富贵”,放弃美国优厚待遇和极高地位义无反顾坚持回国的钱学森、尽职尽责的人民好公仆焦裕禄、抗美援朝保家卫国的人民子弟兵、雷锋精神等,激励学生投身于中华民族伟大复兴的伟大征程。改革开放以来,解放思想,锐意进取。以香港和澳门的回归展示中国人民坚决捍卫国家主权和领土完整的决心,从温饱不足到全面小康,从落后的生产力到经济总量跃居世界第二的伟大飞跃等,都让学生感知了幸福生活的来之不易。通过讲述中国人民波澜壮阔的抗争史、奋斗史、建设史,让广大青年大学生明白“我们是从哪里来”,明确“我们最终到哪里去”,坚定理想信念,赓续红色血脉,传承伟大建党精神,为祖国繁荣富强开拓创新。

(三)讲好中国时代故事呈现使命担当

党的十九大的胜利召开,标志着中国特色社会主义进入了新时代。新时代、新征程、新篇章,新“两步走”战略明确了全面建成社会主义现代化强国的时间表、任务书、路线图,为新时代大学生的发展指明了方向。2020 年,面对突如其来的新冠疫情、世界经济深度衰退等多重严重冲击,在以习近平同志核心的党中央领导下,全国各族人民顽强拼搏,疫情防控取得重大战略成果,在全球主要经济体中唯一实现经济正增长,脱贫攻坚战取得全面胜利,决胜全面建成小康社会取得决定性成就,交出了一份人民满意、世界瞩目、可以载入史册的答卷[5]。通过向大学生讲述抗“疫”期间青年人的责任担当,“曾经是你,而今是我”,援鄂医务人员中有 1.2 万名“90 后”“00 后”,占全员三分之一,事实告诉青年学生,年轻就有无限可能,年轻就要敢做敢当。通过讲述改变无数女孩命运的人民教师张桂梅、扶贫干部黄文秀、扫雷英雄杜富国、戍边英雄祁发宝等时代英雄的故事，告诉青年学生“人民才是真正的英雄”的道理。习近平总书记曾指出：“让青春在新时代改革开放的广阔天地中绽放，让人生在实现中国梦的奋进追逐中展现出勇敢奔跑的英姿。”[5]通过情感共鸣，要让广大青年大学生明白，历史的车轮滚滚向前，要实现“两个一百年”奋斗目标、实现中华民族伟大复兴的中国梦，需要广大青年大学生立大志、明大德、成大才、担大任，不断增强做中国人的志气、骨气、底气，让青春在为祖国、为民族、为人民、为人类的不懈奋斗中绽放光彩。

（四）讲好中国地域故事贴近学生生活

我国幅员广阔，1 260 万平方千米的辽阔疆土之下形成了各具特色、丰富多样的地域文化。地域文化是特定社会群体的根基，是人们赖以生存的基础，体现着不同区域人群的价值观念、行为规范、文化理念和风俗习惯。同时，地域文化也是每个人情怀的根基。因此，挖掘地域故事，对新时代大学生爱国主义精神培养具有重要意义。

讲好地域故事，先从挖掘学校所在地域的文化故事入手，从省级到市级，再到学校。比如内蒙古自治区，可选取“三千孤儿入内蒙古”的故事，展示其中蕴藏的先辈们的爱国、团结、奉献、牺牲精神，铸牢中华民族共同体意识。比如“齐心协力建包钢”的历史佳话，全国各族、各阶层人民为响应党中央“包钢为全国、全国为包钢”的口号，团结一致，共同支援包钢建设，开辟了内蒙古乃至全国工业化建设的新局面，发扬了国人守望相助、甘于奉献、敢于创新、自强不息的建设精神。通过地域故事的解读，将理论学习与实际生活紧密相联，让学生全面读懂读深地域文化，从而增强地域认同感。同时，广大学生来源于全国各地不同地域，发挥学生的主体作用，引导学生讲述家乡的文化故事，再由教师进行总结及精神提炼。既让更多故事融入课堂教学，带学生领略了祖国的壮美河山，也激发了学生思考、表达、总结等能力，丰富了课堂内容，满足了学生对知识的渴望与情感的需求，润物细无声中激励新时代大学生投身美丽中国建设。

三、讲好中国故事视域下加强新时代大学生爱国主义精神培育的实践路径

培养新时代大学生爱国主义精神，要将爱国主义教育贯穿于学校教育全过程，发挥教师的主导作用，凸显学生的主体地位，打造爱国主义主题教育“课堂”，完善保障机制，实现爱国主义教育进课堂、进教材、进头脑。

（一）深化内涵，发挥教师关键作用

教师在课程教学中居于主导地位，教学的成功与否，关键在于教师的组织，

在于教师积极性、主动性、创造性的发挥。教师只有做到信仰坚定、学识渊博、理论功底深厚,才能让学生尊其师、奉其教、敬其师、效其行。

讲好中国故事,培育新时代大学生爱国主义精神,教师应做到:第一,坚定的信仰。要让有信仰的人讲信仰,有爱国情怀的人讲爱国。讲好、讲清、讲透爱国主义,首先教师应有坚定的信仰,对马克思主义的信仰、对社会主义和共产主义的信念、对实现中华民族伟大复兴中国梦的信心。只有先在教师心中扎下根,对所讲内容高度认同,做学习和实践马克思主义的典范,才能讲得有底气,才能在学生心中开花结果,学生才能自觉做到真学、真懂、真信、真用。第二,深厚的理论功底。马卡连柯曾说过:"学生往往可以原谅老师严厉刻板,但不能原谅老师学识浅薄。"扎实的理论功底是教师的基本素养。教师只有具备扎实的理论功底,才能经得起学生各种"为什么"的追问,才能满足学生对知识的渴望、精神的满足。因此,教师应不断充电,弘扬"三牛"精神,厚植理论深度,站在理论发展前沿,不断提升理论素养,提升课堂理论深度与厚度。第三,渊博的学识。习近平总书记在学校思想政治理论课教师座谈会上谈到:"思政课教学涉及马克思主义哲学、政治经济学、科学社会主义,涉及经济、政治、文化、社会、生态文明和党的建设,涉及改革发展稳定、内政外交国防、治党治国治军,涉及党史、国史、改革开放史、社会主义发展史,涉及世界史、国际共运史,涉及世情、国情、党情、民情,等等。[6]"不仅思政课教师视野要广,合格的教师都应该具备渊博的知识。因此,讲好爱国主义主题故事,教师要在充分了解世情、国情、党情的基础上,在国际视野中找对比,在历史视野中挖典故,在各学科视野中寻联系,将各方面知识同课程内容有机结合,使课程内容更加真实、生动地展现在学生面前,以润物细无声的方式将理论转化为生动的道理,进而提升课堂教学的育人效果。

(二)厚植情怀,打造主题教育课堂

课堂教学是新时代大学生爱国主义教育的主阵地和主渠道,要形成课前、课中、课后完整的课堂三部曲。

课前,教师要做好充分准备。全面梳理教材章节,以中华民族优秀传统文化、革命建设改革时期历史故事、时代故事等为案例来源,精选典型案例,撰写教案、讲义,制作课件。参与每周集体备课,与同行交流研讨并整合教学资源,完善教学材料并开展教学实践。

课中,教师要用心组织教学。第一,设置"新闻播报知天下"环节。利用每节课的前 10 分钟,由学生进行新闻播报,"家事国事天下事,大事小事身边事"皆可作为播报,由教师进行点评,同时也可由学生参与探讨。这样不仅能激发学生的学习兴趣,同时还能培养学生关注时政、深层次思考时事热点的素养。第

二,设置“情景再现模拟教学”环节。精选爱国主义主题典型故事,让学生身临其境回到故事发生的时代,思考故事发生的必然性与可能性,站在主人公的立场,探究主人公的立足点和出发点,分析主人公选择做与不做分别带来的后果与影响。和学生交流探讨,如果你是主人公,又会做何种选择?选择做与不做的原因分别是什么?通过情景模拟,激发学生的问题意识和思考能力,由感受到感悟再到动情,从而产生思想共鸣,强化价值认同。第三,利用网络资源开展教学。教师可以充分利用线上的各类教学资源,通过图片、音频、视频、档案,在线“云”游等图像化、数字化的方式,直观生动地讲解各类爱国故事,实现线上和线下混合教学,把故事延伸到课堂外。第四,发挥学生的能动性。传统课堂教学以“教师讲、学生听”为主要方式,学生的被动教学难以充分理解教师所讲内容。讲好中国故事,培育爱国主义情怀,最重要的是让学生深度参与。发挥学生的能动性,让学生自主查找资料,主动了解中国故事。开展互动式、启发式、交流式教学,让学生在课上共享。第五,提升语言魅力。西蒙斯曾说:“听众大约只能听见15%的词汇。他们会从其他方面接收足够多的信息,比如你的表情、姿势、手势、着装、眼神、语气、步调等,甚至会从你自己不会注意到的细节上解读到一些信息,比如你所使用的笔、你的发型等。”因此,教师要在提升语言的感染力上下功夫,注重把握教学细节。

课后,教师本人要做好教学总结,收集学生反馈意见,旁听同行授课并交换意见,及时完善教学材料,并组织学生开展实践教学。如制作文创作品、拍摄爱国主题短视频、开展社会调研等,在实际操作中提升大学生的创新能力和实践操作能力。发挥学校相关部门、社团及教师的作用,组织、协调、调动校内校外的可利用资源。开展“强国有我、请党放心”领雁之星优秀大学生宣讲活动、先进典型讲先进活动、主题演讲、知识竞赛、红歌比赛、主题党日团日等活动,营造爱国主义主题校园文化氛围,点燃广大学生的爱国热情。利用高校所在地的文化资源,组织大学生参观名胜古迹、文化遗址等场所,开展传统文化教育,感受中华文化的博大精深;组织大学生到红色教育基地、革命博物馆等场所,开展革命传统和理想信念教育,传承红色基因;组织大学生到社区、企业及新农村等地方,开展社会主义先进文化教育,共享时代成果。举办重大纪念日、历史事件的纪念活动,组织大学生到烈士陵园祭奠扫墓等活动,引导大学生不忘初心、牢记使命,永远跟党走,激发爱国热情、凝聚奋斗力量。总之,通过构筑移动课堂,提升大学生的存在感,让大学生与中国故事内容近距离接触,让爱国主义教育真正活起来,让爱国情怀在现实中得以升华。

(三)完善组织领导,健全保障机制

高校建立完善的爱国主义教育阵地,要在保障机制上下功夫。第一,加强组织领导。学校党委要始终坚持社会主义办学方向,落实“立德树人”根本任务,充分发挥领导核心作用,压紧压实意识形态工作责任制,从思想认识、方案实施、成效成果等各个方面高度重视爱国主义教育工作,形成党委统一领导、党政齐抓共管、层层压实责任、层层抓落实的工作格局。由学校党委负主要责任,由爱国主义教育领导小组负责具体实施,制定学生培养方案,组织协调各部门,实现资源的高效利用,确保课堂教学、课外实践等有效协同开展。同时,在物资、场地、设备、资金等方面提供保障,设置爱国主义教育培养工作专项经费,保障此项教育活动稳步有序开展。第二,提升队伍建设。要建设一支“政治要强、情怀要深、思维要新、视野要广、自律要严、人格要正”,由思政课教师、宣传骨干、辅导员骨干等组成的高素质的爱国主义教育教师队伍。加强顶层设计,制定中长期发展规划,明确具体举措和实施路径,建立和完善工作队伍选拔、培养、考核、聘用机制,优化人才队伍结构,有计划、有步骤地构建爱国主义教育人才培养机制。第三,完善评价机制。考核评估包括对工作机制和对大学生接受爱国主义教育的效果进行评估,主要围绕对爱国主义教育工作的组织领导、日常管理、队伍建设、条件保障等方面进行评估,评价目标是否明确、组织领导是否健全、任务是否落实到位、队伍能力水平是否胜任、保障是否有力等[7]。评估大学生接受教育的效果,主要是围绕思想道德、理想信念、爱国情感、精神面貌等方面,通过个别谈话、集中座谈、问卷调查等方式,对比大学生接受教育前后的思想变化。完成一个阶段的评估后,学校党委或者工作领导小组应及时通报反馈考核评估情况,及时调整方案,以科学化、制度化、规范化的运作模式,真正提升大学生爱国主义教育的实效性。

参考文献

[1] 习近平. 思政课是落实立德树人根本任务的关键课程[J]. 求是,2020:17.

[2] 习近平谈治国理政(第二卷)[M]. 北京:外文出版社,2017.

[3] 王奕博,王树祥. 新时代讲好中国故事的文化意蕴[J]. 中学政治教学参考,2021.

[4] 习近平. 在“不忘初心、牢记使命”主题教育总结大会上的讲话[N]. 人民日报,2020 (2).

[5] 2021 年政府工作报告.
[6] 王冬梅. 让青春在新时代改革开放的广阔天地中绽放[N]. 光明日报, 2019-05-07.
[7] 中央党校采访实录编辑室. 习近平的七年知青岁月[M]. 北京:中共中央党校出版社,2017.

以 2022 年北京冬奥会大学生志愿者为载体的爱国主义教育实践探索

宫军军

（燕山大学，河北 秦皇岛 066004）

摘 要：中国一直以来都十分看重爱国主义教育，其不仅是民族精神的重要部分，还是国家繁荣昌盛的重要保障。在瞬息万变的国际形势下，针对大学生开展爱国主义教育显得更加有必要，在新时代中，应积极进行爱国主义教育创新，促进学生成长成才。基于此，本文以 2022 年北京冬奥会大学生志愿者为载体开展爱国主义教育实践探索，进一步丰富爱国主义教育的内容和形式。

关键词：北京冬奥会；大学生志愿者；爱国主义教育

党的十八大以来，习近平总书记对爱国主义教育高度重视，提出了全新的要求。在新形势下，开展结合时代特色的爱国主义教育实践探索非常必要。2015 年夏，北京成功申办 2022 年冬奥会，首都北京成为全球首个获得夏奥会和冬奥会承办资格的双奥城市。中华民族的五千年文明和奥林匹克这一世界文化，实现了又一次的伟大握手。中国已向世界做出承诺，2022 年将举办一届精彩的冬奥会。这对我们来说是一项挑战，但这也正是其魅力所在。共享冬奥盛会，见证祖国的强大，感受祖国的力量。冬奥申办和筹备的过程，正是见证中国走向世界舞台中央的过程，也是世界人民共同见证中国特色社会主义文化魅力的高光时刻。冬奥会既是运动员的盛会，也是志愿者的盛会。2022 年北京冬奥会志愿者招募的重要途径之一是在高等院校的宣讲和筛选。截至 2021 年 6 月份，北京冬奥会志愿者报名人数已突破 100 万，18～35 岁人群占比超过 95%。其中在河北省报名的近 19 万人中，大部分来源于高校。这些北京冬奥会大学生志愿者将爱国之情转化为报国之行，用“志愿红”助燃“中国红”。2022 年北京冬奥会大学生志愿者作为一个具有号召力和感染力的大学生群体，是爱国主义教育实践探索的重要载体,具有积极意义。

一、2022 年北京冬奥会大学生志愿者的爱国体现

(一)每一位 2022 年北京冬奥会大学生志愿者都是一张中国名片

为了打造一支政治强、情怀深、视野广、素质高的迎冬奥志愿服务队伍,冬奥组委会志愿者部超前筹备志愿者的招募、选拔和培训工作,确保志愿者队伍关键时刻冲在前,关键时刻靠得住。笔者所在的燕山大学高度重视迎冬奥志愿者选拔工作,积极按照需求比例储备迎冬奥志愿者,优中选优,形成了由“核心骨干志愿者+骨干志愿者+普通志愿者”组成的冬奥志愿者储备体系。通过简历海选、笔试面试、心理测试、专业技能测试、谈心谈话等形式,规范招募流程,严格把关,层层筛选,确保为赛时输送高质量、高水平的赛会志愿者。同时,通过开展党史学习教育、通识培训、技能培训、体能训练、主题讲座、小组团建等,努力提升大学生志愿者储备力量的志愿服务素质及服务水平。正如习近平总书记对志愿者提出的,“讲好中国故事,打造最美的中国名片”。

2022 年北京冬奥会志愿者作为赛会文明交流互鉴的载体,他们本身就是一张张中国名片。经过层层选拔和多次培训,张张名片上印证了文化之美、担当之义、奉献之情。志愿者的每一次服务都是最直接的爱国情感表达。国际友人正是通过这群微笑服务的志愿者感受到中国人的自信和自强,感受到国人对国家、对民族最炽热的情感。这份情感也是对祖国的自豪,是国家的力量源泉。

(二)大学生志愿者做好志愿服务工作离不开爱国情感的加持

冬奥会既是运动员的盛会,也是志愿者的盛会。志愿者团队可以说是冬奥会赛事服务的主力之一,势必会经历严格的考验。顺利完成每一项志愿服务,需要志愿精神的注入,更需要爱国情感的加持。大学生志愿者作为为社会做贡献的前行者、引领者,具有“奉献、有爱、互助、进步”的志愿精神。在志愿者的字典里,最常见的是奉献、是付出、是担当。对于志愿者本身而言,这并不是全部,在服务过程中,他们实现了自我价值,将个人的“小我”融入祖国的“大我”、人民的“大我”之中。这正是将爱国之情转化为报国之行的生动体现,砥砺强国之志,实践报国之行。

志愿服务行为的产生和发展是源于对国家和社会的责任使命,爱国主义是全体志愿者的坚定信念、精神力量和自觉行动。在志愿者背后更强大的精神支撑是爱国主义精神,为志愿者高质量完成志愿服务提供源源不断的精神动力。冬奥会大学生志愿者将志愿精神与爱国情感紧密结合,用志愿服务弘扬与时俱进的爱国精神,展示开拓创新的青春风采。用爱国行动抒发人世间最深层、最持

久的爱国情感。

二、2022 年北京冬奥会大学生志愿者对爱国主义教育的促进作用

近年来，越来越多的大型国际赛事在中国举办，这是国家强盛的最有力证明。北京冬奥会作为一项国际盛事，具有强大的感召力。2008 年的北京奥运会成功举办，让世界看到了中国的实力。今天，我们同样有底气办好冬季奥运会，为世界人民带来一场冰雪盛宴。中国取得一件件赛事的举办权，增强了国家的自信心和民族的凝聚力。我们深知没有祖国的强大，就没有申奥的成功。2022 年北京冬奥会本身就是一个强有力的爱国主义教育素材。在历史与现实、国内与国际的对比中，引导同学们深刻认识中国共产党为什么“能”、马克思主义为什么“行”、中国特色社会主义为什么“好”。

中共中央国务院下发了《新时代爱国主义教育实施纲要》，要求在新时代的大背景下，要创新爱国主义教育的载体，以大学生喜闻乐见的形式将爱国主义教育入脑入心。相较于通过第一课堂进行传统的爱国主义教育，同学们更希望在第二课堂的实践中亲身感悟爱国主义精神。共青团中央的一次调查结果很好地印证了这一点，在多种爱国主义教育载体中，青年志愿者行动被选为大家最喜欢的爱国主义教育载体之一。这将学生的学习形式由被动接受转为自主探索，由空洞的说教转为生动的实践，同学们的积极性和学习效果也有了很大提升。2022 年北京冬奥会志愿者正是在志愿服务活动中感悟爱国主义教育。大学生志愿者的志愿服务活动对爱国主义教育的促进作用主要表现在以下几个方面：

（一）有利于全面提高 2022 年北京冬奥会大学生志愿者的综合素质

新时代爱国主义教育面向全体人民，聚焦于青年，最终目的是培养担当民族复兴大任的时代新人。能够担此重任，需要德、智、体、美、劳全面发展，需要有过硬的综合素质。秉承志愿服务精神进行志愿服务活动，志愿者在综合素质上会有很大的提升。

第一，冬奥会志愿者活动，对志愿者的身体素质是一项很大的考验。在进行冬奥会志愿者的选拔中，体测成绩也是一项重要的参考标准，长期的低温环境和超长的服务时间极大地锻炼了志愿者的体力和意志力。

第二，冬奥会志愿者活动有利于提高大学生的思想道德素质。志愿者把志愿活动作为服务他人、提升自己的一种有效途径。在服务中甘奉献、勇担当。真正将志愿之情转化为志愿之行，为别人带去光和热。同时，在志愿服务中，又滋养了自己的志愿之心，提高了自己的道德修养。

第三,冬奥会志愿者活动有利于提高大学生的专业知识水平。作为一名志愿者,会从事不同领域的志愿服务,同时也对应不同的服务标准。要想顺利完成志愿服务,就要结合具体实际进行专业知识的学习。在本次冬奥会志愿者培训中,重点进行了冬奥会比赛项目相关知识的学习。通过志愿服务的积累,专业知识也在一步步积累。

第四,真正干好志愿服务工作,仅有一颗奉献的心显然是不够的。既要有志愿精神,还要有相关能力,要有良好的沟通能力、团队协作能力等。在志愿服务中磨炼的这些能力会应用到生活学习的方方面面,对自我提升有极大的促进作用。

(二)有利于帮助2022年北京冬奥会大学生志愿者树立正确的理想信念

学校高度重视爱国主义教育,理想信念教育是爱国主义教育的重要铺垫。没有正确的理想信念,很难进行有效的爱国主义教育。树立正确的理想信念帮助学生形成正确的世界观、人生观、价值观,这正是个人进步的根基,是个人品行的最基本表现。在帮助学生树立正确的理想信念的基础上再进行爱国主义教育可以达到水到渠成的效果。当今国内外形势千变万化,个人主义、拜金主义等不良思潮对大学生产生了不良影响,价值观念也日趋多元化。大学生在心智没有完全成熟的时候就接收繁杂的信息,缺乏对事物的判断力,对他们的价值观形成造成一定影响。适时进行理想信念教育对大学生来说是非常必要的。在志愿服务活动中,大学生志愿者可增进对社会的了解,通过自己的本领和爱心服务他人、奉献社会,一步步树立正确的理想信念。有了正确的理想信念的指引,大学生则会主动去追寻优秀的榜样,进而将爱国情感化理论为实践。

三、充分发挥2022年北京冬奥会大学生志愿者的作用,做好爱国主义教育

在进行爱国主义教育时要把教育思路打开,从多角度、多层次进行发力。通过树立学生正确的思想道德观念、培养学生的志愿者精神为爱国主义教育铺路搭桥,这些都需要扎实推进有效工作。

(一)培养学生的志愿者精神

志愿者精神为高校的爱国主义教育注入了新鲜血液,提供了鲜活的素材。以高校志愿者志愿服务行为为载体的志愿者精神为学生们带来了更具冲击的教育体验,让我们的爱国主义教育更生动、更具体。“奉献、有爱、互助、进步”构成了志愿精神的核心,志愿者精神引导我们爱人民,我们的爱国主义精神也是落实到爱党、爱国、爱人民。但是,志愿者精神不是天生就有的,需要后期的精心

培育。

以 2022 年北京冬奥会志愿者招募为契机,利用校级网络平台进行志愿服务典型的推广,扩大优秀志愿者的辐射范围,让更多的同学了解优秀志愿者的事迹,学习志愿者精神,扩充学校的志愿者队伍,这也是我们强有力的爱国主义教育实践队伍。队伍越强大,越有号召力和感染力。学校定期评选志愿服务典型,对优秀事迹和组织进行表彰,让志愿者感受到志愿服务的价值,维持服务热情,进而辐射带动更多人参与志愿服务,培养志愿者精神,强化爱国主义教育。

(二)完善学校的志愿服务机制

2022 北京冬奥会是一项大型国际赛事,大学生志愿者有幸参与其中,对学生的志愿服务能力会有很大的提升。对于高校来说,这也是一个很好的学习机会。在这种大型国际赛事中参与志愿服务,可以学习志愿服务管理的相关经验。作为一名 2022 年冬奥会大学生志愿者,在前期的准备过程中,需要进行冬季奥运会比赛项目相关知识、志愿服务通识、志愿者法律常识、志愿者媒体素养概述、志愿者应急救护知识与技能、残疾人服务知识与技能、跨文化交流、志愿服务礼仪与人际沟通、国际形势与外交政策、常用英语口语等相关内容的培训。

然而目前大部分高校的志愿服务组织的前期培训工作不到位,有的甚至没有任何培训工作,不利于志愿者工作的开展。同时,不利于志愿者本身能力的提升。在志愿服务过程中遇到相关问题,还会影响志愿者的服务热情。通过比较,学校的志愿服务机制需要进行优化。在进行志愿服务之前,必要的相关培训一定要保质保量推进,这是保证志愿服务效果的一个重要前提。在每一次志愿服务中获得提升,也是调动志愿者积极性的一大保障。

志愿者整体素质提升,会带动学校志愿队伍的整体发展,形成积极的正向反馈,更好地开展以"大学生志愿者"为载体的爱国主义教育。在志愿服务过程中要形成有效的监督和后期的激励保障机制。学校要加大对志愿服务的投入,对志愿活动提供大力支持。通过相对完善的志愿服务机制,保证志愿服务效果,同时通过正向激励提高志愿者队伍的整体素质,让"大学生志愿者"这一群体成为更好的教育抓手,提高大学生志愿者的"含金量"。

(三)结合时事开展爱国主义教育

爱国主义教育是具有时代特色的教育,在不同的背景和形势下采用的教育方式也有差别。在爱国主义教育中结合当下时政热点,会大大提高教育的效果,让教育更好地入脑入心。本文选择以 2022 年冬奥会志愿者为载体谈爱国主义教育,也是从把握当下大学生非常关注的时事角度开展爱国主义教育。结合时事开展教育工作,给爱国主义教育"披上了时髦的外衣",比较容易吸引大部分学生的注意，同时针对这些事件，同学们前期会有自己的思考，在亲身经历的事件中获得爱国主义教育会有更深刻的感悟。

新冠疫情的暴发，给我们生命安全带来了极大的威胁，同时也让我们感受到了抗“疫”志愿者的力量。这里面不乏“00 后”，年轻的他们没有退缩，没有畏惧，毅然选择担当。一批批逆行者不顾生死，为国家、为人民冲锋在前。这样的志愿精神、爱国精神成为我们艰难时期前行的光，让全国人民感受到战胜疫情的希望。河南特大洪水的暴发，涌出了一批批无畏的抗洪抢险志愿者。村民被困在村子里，志愿者们开着皮划艇来回运人；大堤出现缺口，志愿者们来回搬运沙子堵缺口；灾区群众断粮，志愿者们从四面八方送来应急食品。每一位志愿者都是平凡的人，但是他们用行动展现了他们的不平凡。这是我们爱国主义教育最有力的回响。

(四)最好的爱国主义教育，融合在学生的生活中

学校进行爱国主义教育的根本目标是培养学生的爱国主义情感，并将感性情感上升为理性思维，进而转化为爱国行动。同时最好的教应是真正融入同学们生活的点滴中，同学们通过细节流露出。

1. 爱国就是树立优质偶像、追该追的“星”

今年，“追星”成了网络热词，“偶像”被赋予了更加积极、健康向上的含义，抗疫英雄、奥运健儿成了青年心中最值得追的“星”。优质的偶像，以身作则、春风化人。

2. 爱国就是锻炼身体，拥有强健体魄

运动中的爱国，体现在运动以及与运动有关的方方面面。强健个人体魄、积极参与体育活动、做文明观众都是爱国精神的体现。从赛场上到观众席，从日常生活到特殊场景，都要把祖国放在心中。

3. 爱国就是以规则意识美化你的举止

自新冠疫情暴发以来，不遵守防疫管理规定被处罚的新闻不时见诸报端，新冠病毒的传播时刻提醒人们必须以超强的自律能力，遵守防疫规定来完成传染的“隔断”。对他人负责的同时，也是为自己负责。爱国，应当维护国家的长久稳定，对于每个个体而言，遵纪守法是我们的义务，也是我们享有权利的前提。

4. 爱国就是尽力帮助他人，善意不分大小

人们常说“少年强则国强”，在今年河南暴雨中，我们感受到了这份“强”。他们用年轻稚嫩的肩膀扛起了这份沉重的责任，在危难中，奉献一份自己的光和热。我们看到了大自然的残酷，也见证了众志成城的力量。爱国要志存高远，更要关注身边的事、做力所能及的事，善意不分大小，一点一滴都将汇聚成爱国的

河流。

5. 爱国就是从爱自己做起

“家是最小国，国是千万家”，爱国可以是爱家人、爱朋友，也可以是爱自己，自爱同样是爱国。珍惜时光多读书是爱自己，遇到挫折不怕输，敢闯敢拼也是爱自己，认识自己、欣赏自己、接纳自己的不完美都是对自己的一种“爱”，推而广之，用对待自己的心情去爱家人、朋友，这些不同层次、相辅相成的爱，凝聚成人间大爱。

四、结语

冬奥赛场是展现中国青年精神风貌的重要平台。参与北京冬奥会，对于每一位大学生志愿者来说，都是一次生动的爱国主义实践活动，为自我品德的锻炼提供了十分重要的平台，实现了爱国主义教育理论与实践的有效结合；对于高校来说，真正实现了爱国主义教育的内外联动，将挖掘校内资源和运用社会资源充分结合，为大学校园和校园文化增光添彩；对于国家来说，高质量的志愿服务向世界传递奥运精神，推广民族文化和地方文化，点滴行动中展现国人的爱国热情，向世界展现中国青年昂扬向上、奋发有为的精神风貌。

一名优秀的志愿者身上同时拥有志愿者精神和爱国精神，志愿者群体是高校进行爱国主义教育的有力抓手。新时代，爱国主义教育的形式仍需要不断创新，仍需要通过不断的实践探索爱国主义教育方式。

习近平总书记关于红色基因传承重要论述及其思想政治教育启示

刘　成,施小明

(上海理工大学,上海　200093)

摘　要:党的十八大以来,习近平总书记高度重视传承红色基因问题。习近平总书记立足于培养又红又专的社会主义接班人和实现中华民族伟大复兴中国梦的战略高度,精准阐释了红色基因源自哪里,红色基因是什么,红色基因由谁传承和为什么要传承红色基因等问题。习近平总书记特别强调红色基因蕴含共同理想信念、高尚革命品质、国家利益至上的爱国情怀、以人民为中心的核心立场和对党忠诚的意志品质。习近平总书记还明确指出传承红色基因,广大党员干部是关键对象,青年学生是主要对象,革命军人是重点对象。习近平总书记关于红色基因传承重要论述对于新时代大学生传承红色基因,加强爱国主义教育、革命传统教育和党性修养教育具有重要指导意义。

关键词:习近平;青年;红色基因;思想政治教育

新时代以来,党和国家高度重视在青年大学生群体中开展"红色基因代代传"工程,以习近平同志为核心的党中央立足于培养又红又专的社会主义接班人和实现中华民族伟大复兴中国梦的战略高度,紧紧围绕"为谁培养人、培养什么样的人、怎样培养人"的重大教育问题和"红色政权是怎么来的,新中国是怎样建立的,人民群众幸福美好的生活是如何取得"的重大理论和认识问题,通过完善顶层设计,强化制度建设等,加强青年大学生的红色基因传承。中共中央、国务院印发《关于加强和改进新形势下高校思想政治工作的意见》(中发〔2016〕32号文)中明确指出:"要继承革命传统,传承红色基因。"习近平总书记也强调:"加强革命传统教育、爱国主义教育、青年思想道德教育,把红色基因传承好,确保红色江山永不变色。"[1]习近平总书记全面、系统、科学地论述了"什么是红色基因”“为何要传承红色基因”“‘红色基因代代传工程’如何开展”等重大理论和现实问题，为我们开展青年大学生爱国主义教育、革命传统教育和党性修养教育谋划了蓝图，指明了方向。

一、基因、文化基因和红色基因

“基因”一词属于遗传学范畴，又被称为遗传因子，生物体携带和传递遗传信息的基本单位，决定着生物遗传特征。基因具有双重属性，即物质性和信息性，其中物质性是其存在方式，信息性为其根本属性。文化与基因相结合则起源于英国进化生物学家道金斯，他从文化发展与传承角度提出了文化基因概念。他在著作《自私的基因》中论述文化发展与基因演化关系时提出，在我们的星球上，人类文化出现了一种新型的文化复制基因，这种基因被其命名为拟子“meme”，一个能传达“文化传播单位”概念的名词，或是能够描述“模仿”行为的一个单位。一个“思想拟子”或许可以定为：可以从某个人的头脑传到另一个人的头脑的事物。[2]国内有研究者从文化发展角度认为文化基因是在文化的发展过程中稳定存在着的、起着决定性作用的基本因子，支撑着民族文化的构造和性质，具有可复制性、可传承性、不可逆转性等特征。[3]

至于红色基因内涵的研究，国内学界近年来取得了比较丰富的成果。有研究者人员提出：“红色基因是中国共产党领导人民群众在为实现中华民族伟大复兴的不懈奋斗中所形成的一种先进的观念意识形态，是对中华民族先进本质、伟大精神、崇高思想、优良传统等的高度凝练和升华。”[4]也有研究者从马克思主义理论和中国传统文化相结合角度提出：“红色基因是中国共产党人和广大革命群众共同理想信念、共同精神品质和思维方式的集中体现，是中国共产党人对革命精神和时代精神的传承，是马克思主义理论与中华优秀传统文化有机结合不断孕育升华凝结而成的产物。”[5]基于此，本文认为红色基因是指中国共产党在团结带领广大人民群众求得民族独立和人民解放，在实现国家繁荣富强和人民共同富裕进程中，创造性地将马克思主义科学的文化单元同中华民族优秀传统文化基本单元相结合，并在建设有中国特色社会主义伟大实践中不断丰富完善共同理想信念、革命精神品质、国家利益至上和以人民为中心的思维方式。革命性、科学性、实践性和人民性是其主要特征。

二、习近平总书记关于红色基因传承重要论述的主要内容

课题组通过搜集整理人民日报、中国共产党新闻网等媒体自党的十八大以来习近平总书记关于红色基因传承的一系列重要论述发现，党的十八大以来，习

近平总书记牢牢抓住红色基因本质，通过前往革命老区、爱国主义教育基地、部队调研考察，给青年学生回信，出席纪念老一辈革命家诞辰座谈会与英雄模范人物座谈等方式，就红色基因是什么，红色基因由谁来传承，红色基因如何传承等问题展开了系统论述。

（一）习近平系统阐述了红色基因来自哪里的问题

红色基因作为马克思主义基本原理同中华优秀传统文化基本单元相结合的产物，作为中国共产党人特有的精神品质和思维方式，只有弄清楚其来自何处，才能深刻理解中国共产党为什么能，中国特色社会主义为什么好，马克思主义为什么行的重大理论问题。习近平总书记关于红色基因丰富内涵的系列论述，为我们深入阐述了红色基因来自哪里的问题。第一，中华民族优秀的传统文化为红色基因的诞生提供丰富土壤。习近平总书记指出："在五千多年文明发展中孕育的中华优秀传统文化，在党和人民伟大斗争中孕育的革命文化和社会主义先进文化，积淀着中华民族最深层的精神追求，代表着中华民族独特的精神标识。"[6]第二，中国共产党在领导中国广大人民开展革命、建设和改革过程中形成的初心和使命为红色基因的完善奠定了实践基础。党的十九大报告指出："红船精神昭示着中国共产党人的初心和使命，指明了中国共产党人与生俱来的红色基因谱系。"[7]习近平总书记也指出："革命博物馆、纪念馆、党史馆、烈士陵园等是党和国家红色基因库。"[8]

（二）习近平科学论述了红色基因是什么的问题

红色基因是铸牢中华民族共同精神家园的宝贵资源，传承红色基因是中国共产党人永葆初心和使命的内生驱动力和法宝。习近平总书记就红色基因丰富内涵的重要论述，为我们科学表达了红色基因的基本内容。

一是，共同理想信念是传承红色基因的重要灵魂。习近平总书记在"不忘初心、牢记使命"主题教育工作会议上强调："要教育引导全党始终坚持理想信念。革命理想高于天，回望百年党史，千千万万共产党人为了理想信念不惜抛头颅、洒鲜血。"[9]此外，习近平总书记指出："要把我国发展得更好，离不开理想信念的力量。我们共产党人锤炼党性，首要的就是坚定共产主义远大理想和中国特色社会主义共同理想。"[10]"思想教育要突出重点，加强党性和道德教育，引导党员、干部坚定理想信念，坚守共产党人精神追求。"[11]

二是，高尚的革命品质是传承红色基因的第一要义。习近平总书记指出要传承好革命先辈的红色基因，"回想过去那段峥嵘岁月，我们要向革命先烈表示崇高的敬意，我们永远怀念他们、牢记他们，传承好他们的红色基因"[12]。另外，习近平总书记强调要牢记中国革命历史，"对我们共产党人来说，中国革命历史是最好的营养剂……使我们的党永远不变质、我们的红色江山永远不变色”[13]。

三是,国家利益至上的爱国情怀是传承红色基因的基本核心。爱国情怀包含爱国和爱党、爱社会主义高度统一;坚决维护祖国统一与尊严;坚持上下同心,团结一致;一贯矢志报国,不惧牺牲的基本内涵。[14]习近平总书记多次强调要时刻牢记红色政权来之不易,要传承老一辈革命家爱国奋进情怀。他强调:“要深刻认识红色政权来之不易,新中国来之不易,中国特色社会主义来之不易。西路军精神,同长征精神一脉相承,是中国共产党人红色基因和中华民族宝贵精神财富的重要组成部分。”[15]此外,习近平总书记在给陕西红军小学学生的回信中强调:“希望你们热爱党、热爱祖国、热爱人民,用实际行动把红色基因一代代传下去。”[16]

四是,以人民为中心的人民立场是传承红色基因的行为准则。人民立场是中国共产党认识和解决问题时的根本价值站位与导向,蕴含着服务人民、依靠人民、与人民密切联系、为人民谋幸福的深刻内涵。[17]习近平总书记将红色基因传承作为党的群众路线教育的实践活动和“不忘初心、牢记使命”主题教育的重要组成部分,深刻体现了以人民为中心的人民立场作为习近平新时代中国特色社会主义思想的重要特征。毛泽东曾旗帜鲜明地指出:“共产党是为民族、为人民谋利益的政党,它本身决无私利可图。”[18]习近平总书记多次强调人民就是江山,江山就是人民。就广大党员干部传承红色基因,坚持人民立场,他指出:“衡量一名共产党员、一名领导干部是否具有共产主义远大理想,是有客观标准的,那就要看他能否坚持全心全意为人民服务的根本宗旨。”[19]“要教育引导广大党员、干部发扬革命传统,传承红色基因,密切联系群众,经常深入基层、深入实际,把工作抓到群众心坎上,力戒形式主义、官僚主义。”[20]

五是,对党忠诚的政治意识是传承红色基因的基本原则。习近平总书记高度重视广大党员干部、革命军人和青年学生对党忠诚的政治意识的培养工作,并将传承红色基因视为培养对党忠诚的政治意识的基本原则。习近平总书记就广大党员干部培养对党忠诚的政治意识工作时指出:“传承红色基因,增强‘四个意识’、坚定‘四个自信’、做到‘两个维护’,自觉在思想上、政治上、行动上同党中央保持高度一致,始终忠诚于党、忠诚于人民、忠诚于马克思主义。”[21]就加强新时代革命军人对党忠诚的政治意识培养工作,习近平总书记强调:“传承红色基因,打牢听党话、跟党走的思想政治根基。”[22]此外,习近平总书记在给青年学生回信中,多次提到要着重培养青年对党忠诚的政治意识。他表示:“希望你们结合自身成长实际学好党史,以英雄模范人物为榜样,从小坚定听党话、跟党走的决心。”[23]

三、习近平总书记全面界定了红色基因传承的对象

习近平总书记在多次前往革命老区、人民军队、红色纪念场馆考察调研过程中和给青年回信中明确强调,要在党员干部、青年学生和革命军人等群体之间传承红色基因。习近平总书记的系列重要论述为我们全面界定了红色基因传承的对象。

(一)党员干部是红色基因传承的关键对象

党员干部不仅是开展红色基因代代传工程的对象,而且还是关键对象,做好党员干部红色基因传承工作是开展好红色基因代代传工程的重要前提和基础。毛泽东就高度重视党员干部队伍建设,他指出:“政治路线确定之后,干部就是决定的因素。”[24]习近平总书记也十分关注党员干部队伍建设,特别是通过加强思想建设、作风建设来提升党员干部适应新时代的能力。一是引导广大党员干部传承红色基因,涵养道德品质。习近平总书记指出:“要引导广大党员、干部传承红色基因,涵养高尚的道德品质。”[25]“红色血脉是中国共产党政治本色的集中体现,是新时代中国共产党人的精神力量源泉。”[26]二是加强党员干部传承红色基因,增强理想信念。习近平总书记还强调:“要从红色基因中汲取强大的信仰力量,自觉做共产主义远大理想和中国特色社会主义共同理想的坚定信仰者和忠实实践者,真正成为百折不挠、终生不悔的马克思主义战士。”[27]三是夯实党员干部传承红色基因,永葆初心使命。习近平总书记指出:“教育引导全党大力发扬红色传统、传承红色基因,赓续共产党人精神血脉,始终保持革命者的大无畏奋斗精神,鼓起迈进新征程、奋进新时代的精气神。”[28]“要用这些红色资源教育党员、干部传承红色基因,走好新时代长征路。”[29]

(二)青年是红色基因传承的主要对象

青年是开展红色基因代代传工程的主要对象,这主要是由青年在实现中华民族伟大复兴中国梦实践中所承担的历史使命和时代责任所决定的,是学校在培养又红又专的社会主义合格建设者和可靠接班人实践中所总结的。因此开展青年红色基因代代传工程是确保我们党不变质、红色江山不变色、光荣传统不能丢的题中应有之义。列宁曾指出:“真正建立共产主义社会的任务正是要由青年来负担。”[30]习近平总书记也对青年给予厚望。首先,青年是实现中华民族伟大复兴的先锋力量,因此明确了青年是红色基因传承的主要对象。习近平总书记指出:“一百年来,在中国共产党的旗帜下,一代代中国青年把青春奋斗融入党和人民事业,成为实现中华民族伟大复兴的先锋力量。”[31]“青年一代是党和军队的未来和希望,革命事业靠你们接续奋斗,优良传统靠你们继承发扬。”[32]

最后,青年个性心理特征和思想观念特征也促使其成为红色基因传承的主要对象。青年正处于由少年向成年的过渡时期,其作为人的自然属性和社会属性正处于逐步成熟的过程中,因此,青年作为红色基因传承的主要对象,有利于发展其个性心理、思想价值观念。习近平总书记提出:"要讲好党的故事、革命的故事、根据地的故事、英雄和烈士的故事,加强青年思想道德教育,把红色基因传承好,确保红色江山永不变色。"[33]

(三)革命军人是红色基因传承的重点对象

革命军人是开展红色基因代代传工程的重点对象是由革命军队的性质、本质和使命所决定的,新时代的革命军人是中国特色社会主义的捍卫者,是中国共产党团结带领各族群众实现中华民族伟大复兴中国梦过程中红色基因最重要的传承者。因此,新时代的革命军人自然而然成为红色基因代代传工程的重点对象。第一,传承红色基因是培养新时代革命军人的现实需要。习近平总书记多次指出:"我们要传承好人民军队的红色基因,努力培养有灵魂、有本事、有血性、有品德的新时代革命军人。"[34]"要把红色资源运用好,把红色基因传承好,培养一茬茬、一代代合格的红军传人。"[35]第二,传承红色基因是永葆革命军队本色的应有之义。习近平总书记在党的十九大报告中强调"开展'传承红色基因、担当强军重任'主题教育,永葆人民军队性质、宗旨、本色"。[36]在视察某集团军军史馆时又重申"发掘好、运用好部队中的红色资源,丰富'红色基因代代传'工程内涵,加强党史军史和光荣传统教育,确保官兵永远听党话、跟党走。"[37]第三,传承红色基因是实现军队现代化和建设世界一流军队的必然要求。习近平总书记指出:"我们要铭记光辉历史、传承红色基因,努力为实现中华民族伟大复兴的中国梦、为把人民军队建设成为世界一流军队而不懈奋斗。"[38]"教育引导官兵牢记初心使命、传承红色基因、担当强军重任。"[39]

四、习近平总书记科学揭示了红色基因传承的重要性

(一)传承红色基因催生基层党组织先进性建设

其一,坚持系统思维、分类推进的方式方法,传承红色基因,扎实推进基层党组织先进性建设。党的十八大以来,习近平总书记通过实地考察调研、给基层党员回信、与基层党员群众座谈等方式,对城市基层党组织、企业党组织、军队党组织、农村党组织以及学校党组织等传承红色基因发挥基层党组织先进性做出重要指示。习近平总书记在党的十九大报告中明确指出,要加强军队党的建设,开展"传承红色基因、担当强军重任"主题教育;2017 年 12 月在徐州就国有企业传承红色基因加强党组织先进性建设取得重要成就进行调研;2018 年 3 月在给浙

江宁波余姚横坎头村全体党员回信中提出，农村基层党组织要传承好红色基因，发挥基层党组织战斗堡垒作用；2020 年 9 月在湖南文明瑶族乡第一片小学和“半条被子”故事发生地考察调研时了解到基层党组织传承红色基因发挥党组织先进性后强调，各级党组织要通过传承红色基因，将加强党的政治建设放在首位。2020 年 11 月在上海出席浦东开发开放 30 周年庆祝大会上就城市基层党组织传承红色基因，不断提升党的建设质量和水平发表重要讲话。

其二，基于党组织先进性源于基层党组织凝聚力和战斗堡垒作用的发挥，基层党组织的先进性源于党员先锋模范作用的发挥这一逻辑，强调党员传承红色基因，发挥先锋模范作用。习近平总书记在给横坎头村全体党员回信中就基层党组织和党员通过传承好红色基因，发挥好党组织战斗堡垒作用和党员先锋模范作用提出殷切希望，他表示“希望你们不忘初心、牢记使命，传承好红色基因，发挥好党组织战斗堡垒作用和党员先锋模范作用”[40]。此后，西柏坡镇北庄村党组织和党员通过传承红色基因，在带领广大村民完成脱贫攻坚，实现了小康目标中发挥了党员的先锋模范作用。习近平总书记在给其回信中表示“你们带领乡亲们传承红色基因，团结一心，苦干实干，摘掉了贫困帽子，我感到很高兴”[41]。

(二)赓续红色基因把牢学校“立德树人”方向

习近平总书记基于红色基因传承有助于培养青年世界观、人生观、价值观角度，有利于加强青年理想信念教育和引导青年成长为又红又专的社会主义合格建设者和可靠接班人角度，多次论述了青年传承红色基因的重大问题。

首先，习近平总书记基于培养青年科学的世界观、人生观、价值观角度，提出广大青年，尤其是青年学生要传承红色基因。习近平总书记指出：“使红色基因渗进血液、浸入心扉，引导广大青年树立正确的世界观、人生观、价值观。”[42]

其次，习近平总书记从加强青年对坚定共产主义远大理想和中国特色社会主义共同理想这一理想信念教育实际出发，强调青年学生要传承红色基因，坚定对马克思主义信仰、对共产主义信念、对中国共产党信心和中国特色社会主义共同理想的认同。习近平总书记强调：“抓好青年学习教育，让红色基因、革命薪火代代传承。”[43]“广大青年要坚定理想信念，练就过硬本领，勇于创新创造，矢志艰苦奋斗，锤炼高尚品格。”[44]

最后，习近平总书记站在促进青年学生德、智、体、美、劳全面发展的战略高度指出青年学生应传承红色基因。习近平总书记表示：“同学们把红色基因传承好，努力成长为德、智、体、美、劳全面发展的社会主义建设者和接班人。”[45]“少先队要高举队旗跟党走，传承红色基因，培育时代新人，团结、教育、引领广大少先队员做共产主义事业接班人。”[46]

（三）弘扬红色基因涵养中国共产党精神谱系

红色基因作为中国共产党在百年伟大实践中凝结的精神谱系最本质的内容和最核心要义，是中国共产党区别于其他政党的根本因素。中国共产党精神谱系作为精神成果，是中国共产党理想信念、根本宗旨、思想道德、工作作风、精神境界的集中体现，凝聚着中国共产党人艰苦奋斗、牺牲奉献、开拓进取的伟大品格。[47]习近平总书记特别重视传承红色基因，弘扬中国共产党精神。

一是，以传承红色基因为线索，梳理了中国共产党精神谱系重要内容。十八大以来，习近平总书记在多种场合，以多种身份对红色资源与中国共产党精神谱系做出系列重要论述，充分展示了新时代传承红色基因，弘扬中国共产党精神的重要性。2013 年 2 月 2 日，习近平总书记在考察东风革命烈士陵园、酒泉发射中心历史展览馆、载人航天发射场垂直总装测试厂房后勉励大家要发扬“两弹一星”精神、载人航天精神和“东风精神”；2013 年 11 月 24 日至 28 日，习近平总书记在参观完华东革命烈士陵园、沂蒙精神展，会见“沂蒙母亲”王换于孙女于爱梅等模范人物后说到“沂蒙精神与延安精神、井冈山精神、西柏坡精神一样，是党和国家的宝贵精神财富，要不断结合新的时代条件发扬光大”；2014 年 3 月 17 日至 18 日，习近平总书记在考察兰考焦裕禄同志纪念馆时表示“焦裕禄精神同井冈山精神、延安精神、雷锋精神等革命传统和伟大精神一样，是我们党的宝贵精神财富”；2015 年 6 月 16 日，习近平总书记在遵义参观红军山烈士陵园、遵义会议会址和遵义会议陈列馆时强调“我们要运用好遵义会议历史经验，让遵义会议精神永放光芒”；2016 年 10 月 21 日，习近平总书记在纪念红军长征胜利 80 周年大会的讲话指出“伟大长征精神，作为中国共产党人红色基因和精神族谱的重要组成部分，已经深深融入中华民族的血脉和灵魂，成为社会主义核心价值观的丰富滋养”；2020 年 1 月 18 日，习近平总书记给“硬骨头六连”全体官兵回信中表示“传承红色基因，苦练打赢本领，把‘硬骨头精神’发扬光大”。

二是，阐述了红色基因是中国共产党精神谱系一脉相承的重要见证，是中国共产党人的精神血脉。习近平总书记指出伟大的建党精神是中国共产党的精神之源。他指出：“中国共产党的先驱们创建了中国共产党，形成了坚持真理、坚守理想，践行初心、担当使命，不怕牺牲、英勇斗争，对党忠诚、不负人民的伟大建党精神，这是中国共产党的精神之源。”[48]此外，2019 年 8 月 19 日至 22 日，习近平总书记在甘肃调研时强调，西路军精神，同长征精神一脉相承，是中国共产党人红色基因和中华民族宝贵精神财富的重要组成部分。

五、习近平总书记关于红色基因传承重要论述对大学生思想政治教育的启示

习近平总书记关于红色基因代代传的重要论述为高校开展大学生日常思想政治教育实践提供了理论指导，为高校深入探索培养什么样的人、如何培养人以及为谁培养人这个根本问题指明了方向。基于此，课题组于 2020 年 7 月至 9 月以爱国主义教育基地德育功能实效性为题对上海 20 多个爱国主义教育基地进行调研。课题组通过调研发现爱国主义教育基地在大学生了解历史、弘扬革命传统、厚植红色基因方面，在开展大学生爱国主义教育、革命传统教育和党性修养教育方面具有得天独厚的优势。

（一）传承爱国情怀，加强大学生的爱国主义教育

大学生参观爱国主义教育基地的次数对于爱国主义教育基地德育实效性发挥产生显著影响，且相关系数值 p 为 0.000（$p<0.05$），意味着参观频次不同与参观爱国主义教育基地提升爱国情感之间呈正相关关系。具体而言，每年参观 2~3 次组中，认为爱国情感获得提升比例最高为 76.7%，最少的为多年参观一次组，仅为 22.2%。此外，调研发现教师开展课程思政教学对学生树立为民族振兴、国家进步做贡献的远大理想产生显著影响，教师开展课程思政教学与树立为民族振兴、国家进步做贡献的远大理想之间呈现正相关关系。具体而言，教师在授课过程中融入思政教育与树立为民族振兴、国家进步做贡献的远大理想之间的相关系数值 p 为 0.006（$p<0.01$），意味着教师开展课程思政教学与树立为民族振兴、国家进步做贡献的远大理想之间有着正相关关系。因此，加强大学生的爱国主义教育必须：

一是依托课堂教学主渠道，彰显教师教书育人优势。习近平强调："办好思想政治理论课关键在教师，关键在发挥教师的积极性、主动性、创造性。"[49]课程思政教学改革背景下，思想政治理论课教师和专业教师作为课堂教学的主体，要充分依托爱国主义教育基地资源优势，探索将爱国主义教育基地思政资源融入课堂教学中，牢牢掌握课堂教学主渠道主动权，加强大学生爱国主义教育。

二是推进课程思政改革，发挥课程铸魂育人功能。课程思政是将高校思想政治教育融入课程教学和改革的各环节、各方面，实现"立德树人"润物无声。[50]思想政治理论课作为一种显性思政课程，要发挥其在学生世界观、人生观和价值观培养方面的核心作用。专业课程作为一种依托构建专业知识技能体系的隐性思政课程，要充分凸显其在专业知识技能、专业素养教育方面的优势，将爱国主义教育基地思政元素融入专业课程教学、专业实习中，积极构建专业课程

与思想政治理论课程协同育人格局。

(二)弘扬革命精神,夯实大学生的革命传统教育

教师的行为对大学生弘扬革命精神产生显著影响,且教师行为与大学生树立远大革命理想、强化大学生对革命文化认知方面产生正相关关系。通过相关性分析发现,同教师积极交流和沟通与教师激发学生对革命文化了解程度、树立为民族振兴、国家进步做贡献的远大理想之间的相关系数 p 值分别为 0.007($p<0.01$)、0.000($p<0.01$),意味着同教师积极交流和沟通与教师激发学生对革命文化了解程度、树立为民族振兴、国家进步做贡献的远大理想之间呈现正相关关系。

班集体作为一种高度组织化的同质群体,其成员之间的情绪和行为都具有感染性,成员内部从众效应显著。经过分析发现,大学生群体最喜欢采取集体参观的方式前往爱国主义教育基地接受革命传统教育,而且团体传播成了解革命历史、传承革命精神的主要传播方式。42.3%的受访者明确表示通过统一组织或者集体参观的方式前往爱国主义教育基地开展革命传统教育,高出自行前往参观 10%和同学朋友介绍 18%。

第一,夯实大学生革命传统教育,提升教师德育能力和水平。一方面高校专业教师、思政课教师、辅导员、班主任应当加强对革命文化的学习,提升开展革命传统教育的素养,加大革命传统教育与课堂教学相契合的力度。另一方面,高校专业教师、思政课教师、辅导员、班主任之间要就开展大学生革命传统教育组建育人共同体,通过不断加强同学生之间的沟通和交流,了解学生、关照学生、服务学生,并帮助他们树立远大的学习目标,以此,合力开发革命传统教育育人资源,共享教育成果,着力形成育人合力。

第二,激发大学生弘扬革命精神,培育大学生朋辈领袖。当前,青年大学生在爱国主义教育基地方面表现出集体参观、团体传播趋势,受同辈群体行为影响较大。基于此,大学生党员、学生骨干、各类先进模范学生等在先锋模范示范作用发挥、班级凝聚力建设、行为示范等方面具有天然优势,加强对他们的培养,使其成为教师开展大学生革命传统教育的得力助手,真正实现各育人主体协同,形成教育队伍运转协同局面。

(三)坚定理想信念,抓牢大学生党员的党性修养教育

政治面貌与爱国主义教育基地党性修养教育效果满意程度呈现相关关系。政治面貌与爱国主义教育基地党性修养教育效果满意程度之间的相关关系值 p 为 0.021($p<0.05$)。进一步分析大学生党员对爱国主义教育基地党性修养教育效果满意程度自评结果可知,大学生党员对爱国主义教育基地党性修养教育效

果满意的比例高,效果好,且内部差异最小。不同政治面貌对爱国主义教育基地党性修养教育效果满意程度的自评结果的均值、标准差和方差具体如表1所示。此外,大学生的政治面貌差异对爱国主义基地传承红色基因重要性认识存在差别,具体表现在大学生党员对"参观爱国主义教育基地是传承红色基因的重要举措"这一观点持非常赞同的比例不仅高出平均水平26%,而且分别高出共青团员和群众持该观点27%和25%。因此,必须依托红色场馆加强大学生党员的党性修养教育。

表1 不同政治面貌对爱国主义教育基地党性修养教育效果满意程度的自评结果

	均值	标准差	方差
中共党员	3.778	0.916	1.098
共青团员	3.680	1.137	1.126
群众	4.152	0.988	1.139

第一,发挥党组织党建联建育人功能,搭建红色场馆党性修养教育资源开发利用运行机制。党建联建单位根据自身资源优势,打破单位基层党组织党内区隔,改变运作逻辑,建立了纵向细化和横向契合相结合的育人模式。[51] 高校基层党组织依托在人才培养、志愿服务、党性教育方面的优势,与红色场馆以项目制的形式,开展党建联建,协同开发红色场馆党性修养教育资源。

第二,加强学生党支部、班级、团支部和学生社团建设,打造传承红色基因的组织文化。《高校思想政治工作质量提升工程实施纲要》(〔2017〕62号)指出:"把组织建设与教育引领结合起来,强化高校各类组织的育人职责。"鼓励支持学生党支部、班级、团支部和学生社团,以研讨式、沙龙式形式,采取主题研讨、实地参观、交流学习、心得分享、观影等方式,开展主题党日、主题团日、主题班会等活动,将构建红色基因传承融入日常教育中。

参考文献

[1] 习近平. 坚定信心埋头苦干奋勇争先 谱写新时代中原更加出彩的绚丽篇章[N]. 人民日报,2019-09-19(01).

[2] 理查德·道金斯. 自私的基因[M]. 卢允中,张岱云,王兵,译. 长春:吉林人民出版社,1998.

[3] 周静,陈再生. 习近平关于红色基因传承的重要论述及时代价值[J]. 党史研究与教学,2020(4):4-9.

[4] 刘建平,王昕伟,周蓓. 习近平总书记关于红色基因的重要论述研究[J]. 湘潭大学学报(哲学社会科学版),2020(4):172-178.
[5] 谢彪,曾建. 习近平关于红色基因重要论述的思想政治教育价值[J]. 福建师大福清分校学报,2019(6):15-20.
[6] 习近平. 在庆祝中国共产党成立 95 周年大会上的讲话[N]. 人民日报,2016-07-02(02).
[7] 习近平. 决胜全面建成小康社会 夺取新时代中国特色社会主义伟大胜利——在中国共产党第十九次全国代表大会上的报告[M]. 北京:人民出版社,2017.
[8] 习近平. 坚定信心埋头苦干奋勇争先 谱写新时代中原更加出彩的绚丽篇章[N]. 人民日报,2019-09-19(01).
[9] 习近平. 用好红色资源赓续红色血脉 努力创造无愧于历史和人民的新业绩[N]. 人民日报,2021-06-27(01).
[10] 习近平. 纪念邓小平同志诞辰 110 周年座谈会上的讲话[N]. 人民日报,2014-08-21(02).
[11] 习近平. 在党的群众路线教育实践活动总结大会上的讲话[N]. 人民日报,2014-10-09(02).
[12] 习近平春节前夕赴江西看望慰问广大干部群众[N]. 人民日报,2016-02-04(01).
[13] 习近平. 调动干部和群众积极性 保证教育实践活动善做善成[N]. 人民日报,2013-07-13(01).
[14] 秦玉娟. 论中国共产党精神谱系中的爱国情怀[J]. 思想教育研究,2021(06):87-90.
[15] 习近平. 坚定信心开拓创新真抓实干 团结一心开创富民兴陇新局面[N]. 人民日报,2019-08-23(01).
[16] 习近平. 给陕西照金北梁红军小学学生的回信[N]. 人民日报,2018-06-01(01).
[17] 赵岩. 论中国共产党精神谱系中的人民立场[J]. 思想教育研究,2021(06):91-94.
[18] 毛泽东. 毛泽东选集(第三卷)[M]. 北京:人民出版社,1991.
[19] 习近平. 毫不动摇坚持和发展中国特色社会主义在实践中不断有所发现有所创造有所前进[N]. 人民日报,2013-01-06(01).
[20] 习近平. 在推动高质量发展上闯出新路子 谱写新时代中国特色社会

主义湖南新篇章[N].人民日报,2020-09-19(01).
[21] 习近平.守初心担使命找差距抓落实 确保主题教育取得扎扎实实的成效[N].人民日报,2019-06-01(01).
[22] 中央军委主席习近平签署命令授予武警部队新疆维吾尔自治区总队某部特战一中队荣誉称号[N].人民日报,2021-07-06(01).
[23] 习近平回信勉励江苏省淮安市新安小学的少先队员结合自身成长实际学好党史 从小坚定听党话跟党走的决心[N].人民日报,2021-06-01(01).
[24] 毛泽东.毛泽东选集(第二卷)[M].北京:人民出版社,1991.
[25] 习近平.坚持以人民为中心深化改革开放 深入推进青藏高原生态保护和高质量发展[N].人民日报,2021-06-10(01).
[26] 习近平.用好红色资源赓续红色血脉 努力创造无愧于历史和人民的新业绩[N].人民日报,2021-06-26(01).
[27] 习近平.学党史悟思想办实事开新局 以优异成绩迎接建党一百周年[N].人民日报,2021-02-21(01).
[28] 习近平.用好红色资源,传承好红色基因,把红色江山世世代代传下去[J].求是,2021(10).
[29] 列宁.列宁选集(第四卷)[M].北京:人民出版社,1995.
[30] 习近平.在庆祝中国共产党成立100周年大会上的讲话[N].人民日报,2021-07-02(01).
[31] 习近平.发挥政治工作对强军兴军的生命线作用 为实现党在新形势下的强军目标而奋斗[N].人民日报,2014-11-03(02).
[32] 习近平.论中国共产党历史[M].北京:中央文献出版社,2021.
[33] 习近平.深入学习贯彻党的十九大精神 紧扣新时代要求推动改革发展[N].人民日报,2017-12-14(01).
[34] 习近平.全面提高办学育人水平 为强军事业提供有力人才支持[N].人民日报,2019-05-22(01).
[35] 习近平.决胜全面建成小康社会夺取新时代中国特色社会主义伟大胜利——在中国共产党第十九次全国代表大会上的报告[M].北京:人民出版社,2017.
[36] 习近平.深入推进政治建军改革强军依法治军 坚定信心狠抓落实开创强军兴军新局面[N].人民日报,2016-01-08(01).
[37] 习近平.铭记光辉历史 传承红色基因 为把人民军队建设成为世界一

流军队而不懈奋斗[N].人民日报,2017-07-22(01).
[38] 习近平.加强党史军史和光荣传统教育 确保官兵永远听党话、跟党走[J].求是,2021(15).
[39] 习近平.同乡亲们一道再接再厉苦干实干 努力建设富裕文明宜居的美丽乡村[N].人民日报,2018-03-02(01).
[40] 习近平.把乡亲们更好团结凝聚起来 让日子过得越来越红火[N].人民日报,2021-02-09(01).
[41] 习近平.全面落实"十三五"规划纲要 加强改革创新开创发展新局面[N].人民日报,2016-04-28(01).
[42] 习近平.学党史悟思想办实事开新局 以优异成绩迎接建党一百周年[N].人民日报,2021-02-21(01).
[43] 习近平.在实现中国梦的生动实践中放飞青春梦想[N].人民日报,2013-05-05(01).
[44] 习近平.在推动高质量发展上闯出新路子 谱写新时代中国特色社会主义湖南新篇章[N].人民日报,2020-09-19(01).
[45] 习近平.传承红色基因培育时代新人 团结教育引领广大少先队员做共产主义事业接班人[N].人民日报,2020-07-24(01).
[46] 佘双好,王弢.中国共产党精神谱系在青年中的传承与弘扬[J].青年探索,2021(04):62-69.
[47] 习近平.在庆祝中国共产党成立100周年大会上的讲话[N].人民日报,2021-07-02(01).
[48] 习近平.用新时代中国特色社会主义思想铸魂育人贯彻党的教育方针落实立德树人根本任务[N].人民日报,2019-03-19(01).
[49] 高德毅,宗爱东.课程思政:有效发挥课堂育人主渠道作用的必然选择[J].思想理论教育导刊,2017(01):31-34.
[50] 施小明,任惠兰,钟奕.建立高校党建联建耦合式区域化"矩阵"的探索[J].上海党史与党建,2014(11):53-54.

“四史”教育融入新时代青年爱国主义教育研究

王娟娟　初　冰

（青岛科技大学，山东 青岛　266061）

摘　要：历史是新时代青年最好的爱国主义教育教科书，加强历史教育是新时代青年最好的爱国主义教育的必修课。“四史”教育融入新时代青年爱国主义教育，是新时代青年把握当代中国爱国主义本质的重中之重，需要从知、情、意、行维度坚持四个结合，进而厘清“为什么爱国”之理、涵养“什么是爱国”之情、砥砺“怎么样爱国”之志、躬身“如何去报国”之行。

关键词：四史；新时代青年；爱国主义教育；实践理路

习近平总书记在党史学习教育动员大会上的讲话中强调：“要在全社会广泛开展党史、新中国史、改革开放史、社会主义发展史宣传教育，要抓好青年学习教育，厚植爱党、爱国、爱社会主义的情感。”[1] 新时代学习“四史”、加强“四史”教育，作为青年爱国主义教育的题中应有之义，作为一门“必修课”引导青年扣好人生第一粒扣子，需要坚持“四史”教育与明理、“四史”教育与崇德、“四史”教育与增信、“四史”教育与力行相结合。

一、历史是新时代青年爱国主义教育的最好教科书

（一）应然性层面：新时代青年爱国主义教育要求重视历史学习

“历史是一个民族、一个国家形成、发展及其盛衰兴亡的真实记录，是凝聚了前人的知识、经验和智慧的‘百科全书’。”[2] 学好历史这门“必修课”，新时代青年才能更好地把握新时代中国发展的历史方位，才能深刻理解新时代中国发展的历史使命，才能真正明晰青年所肩负的历史责任。一是历史是塑造和强化新时代青年的民族文化认同与身份认同，增强新时代青年民族自豪感与荣誉感

的重要纽带。历史是一个民族的安身之本、立命之基,也是一个民族精神的集体记忆、共同情结。历史学习可以帮助新时代青年认识自己的精神基因,延续民族的精神血脉,增强民族身份认同和国家认同。二是历史是新时代青年开阔眼界胸襟、拓宽精神境界、汲取思想养分的重要途径。历史总结了前人成功与失败的经验与教训,记录了前人积累的各种科学文化知识,留存了治国理政和为官做人的丰富实践与政治资源。通过历史学习,可以提高新时代青年的文化素养和工作能力,进而促进国家和民族的发展。三是历史是新时代青年以实现伟大复兴为己任的中国梦的朴素情感。中国梦是中国 5 000 年来文明传承的滋养、170 年来深重灾难的砥砺、100 年来极不平凡的成就、70 年来艰苦卓绝的探索、40 年来伟大实践的结晶,也是新时代爱国主义教育的鲜明主题。通过历史学习,可以教育引导新时代青年坚定理想信念,厚植家国情怀,为实现第二个百年奋斗目标凝神聚力。

(二)必然性层面:新时代青年爱国主义教育要求科学对待历史

历史唯物主义是新时代青年科学对待历史的根本方法。历史观一旦出现错误,新时代青年不仅达不到爱国主义教育的目的和效果,反而适得其反、陷入误区。近些年来,一些错误倾向要引起青年警惕:一些打着“全球主义”或“理性主义”旗帜的历史虚无主义者,大肆否定历史上著名爱国人物对国家和民族发展做出的贡献,反过来以“揭开历史真相”等煽动性口号,宣扬一些早已被历史所否定的卖国贼与背叛者,间接弱化中国传统爱国价值观;一些居心叵测煽动情感的运作机制,渗透与融合了“后真相时代”的技术和信息,借着揭露历史秘密,使真相还原的幌子对客观历史事实和民族英雄刻意扭曲和抹黑,对反面或反动人物极力追捧和赞美。凡此种种,归根结底是主流历史观点和人物受到历史虚无主义思潮的破坏、虚无与解构。正如习近平总书记所指出:“国内外敌对势力往往就是拿中国革命史、新中国史来做文章,竭尽攻击、丑化、污蔑之能事,根本目的就是要搞乱人心,煽动推翻中国共产党的领导和我国社会主义制度。”[3] 因此,新时代青年树立科学的历史思维是抵制历史虚无主义影响的必然要求,对历史事件与历史人物的认识,需要以唯物史观和唯物辩证法的科学世界观和方法论,才能在大历史观视域中更好地理解和把握爱国主义的时代主题,正确的历史观、国家观、民族观和文化观才能形成。

(三)实然性层面:新时代青年爱国主义教育要求善于运用历史

明镜所以照形,古事所以知今。我们党历来注重用优良的作风温润青年初心,用奋斗的历程鼓舞青年斗志,用历史的眼光启迪青年成长。毛泽东提出:“不注重研究现状,不注重研究历史,不注重马克思列宁主义的应用。这些都是极坏的作风。”[4]邓小平提出:“也要学点历史。青年人不知道我们的历史,特别是中国革命、中国共产党的历史。”[5]习近平提出:“重视历史、研究历史、借鉴历史,可以给人类带来很多了解昨天、把握今天、开创明天的智慧。”[6]可见,党的历代领导人为青年树立了善于运用历史的典范。一是新时代青年通过对历史的思考要更加热爱伟大祖国。当代中国进入新时代,坚持爱国和爱党、爱社会主义的高度统一是爱国主义的本质。青年不仅要常怀爱国爱民之情,让爱国主义的旗帜在心中高高飘扬,还要胸怀忧国忧民之心,让爱国主义的精神在心中牢牢扎根。二是新时代青年通过对历史的思考要更加勇于矢志奋斗。正是因为广大人民特别是一代代青年前赴后继的接续奋斗,才有今天的中国特色社会主义新时代,才会有明天的中华民族伟大复兴的实现。青年要用青春理想和青春活力创造令世界为之震惊的中国奇迹。三是新时代青年通过对历史的思考要更加锤炼品德修为。德是人之本,人无德不立。从中华优秀传统文化中,青年要增强道德自信;从英雄人物和“时代楷模”身上,青年要感受道德风范;从吾日三省吾身中,青年要提升道德修为,从而让蓬勃朝气、清风正气遍布全社会。

二、学好“四史”是新时代青年把握当代中国爱国主义本质的重中之重

(一)学好党史:坚定新时代青年对中国共产党的信任

从党诞生时的50多名党员到建党百年的9 500多万名党员,从中共一大在上海秘密召开到如今在全世界最大的社会主义国家执政74年,从建党之初报纸上没有任何的报道到百年之时以高度自信走上世界舞台的中国,在百年波澜壮阔的历史进程中,在中国共产党的带领下,14多亿人民将一个个梦想变成了现实,中华民族从站起来、富起来到强起来的历史性飞跃足以证明,以其历史逻辑书写了中国共产党为什么“能”。学习党史、加强党史教育,有利于新时代青年把握中国共产党为什么“能”的历史逻辑,进一步坚定对中国共产党的信任,教育引导青年在学史中明理增信、在学史中崇德力行,以时不我待的精神状态和一往无前的奋斗姿态,投身于建设社会主义现代化强国的伟大实践。

(二)学好新中国史:坚定新时代青年对社会主义的信念

从“一五”计划到“十四五”规划,在党的领导下中华人民共和国从濒临崩溃的边缘成为世界第二大经济体,从确立社会主义制度到逐步完善中国特色社会主义制度体系,从确立“双百”方针到有序推进社会主义精神文明建设再到培育与践行社会主义核心价值观,中华人民共和国成立74年来,我们党领导中华民族和中国人民创造了“两大奇迹”,以其现实逻辑书写了社会主义为什么“好”。

学习新中国史、加强新中国史教育，有利于新时代青年把握社会主义为什么"好"的现实逻辑，进一步坚定了其对社会主义特别是中国特色社会主义的信念，教育引导青年深入理解爱国和爱党在本质上具有一致性，与时俱进推动理论和实践创新，不断开辟马克思主义在当代中国发展的新境界，让科学社会主义真理之光在当代中国更加光彩夺目。

（三）学好改革开放史：坚定新时代青年对改革开放的信心

从土地家庭联产承包责任制的实行到乡村振兴战略的实施，从深圳等经济特区的兴办到中国国际进口博览会的举办，从搞好国营大中小企业到混合所有制经济的发展，从发展公有制经济到以公有制为主体、多种所有制经济共同发展和"两个毫不动摇"的坚持，从传统的计划经济体制到资源配置中起决定性作用的市场及政府作用的发挥，从以经济体制改革为主到一系列重大改革扎实推动，我们党引领人民绘就了一幅气势恢宏的发展画卷，以其实践逻辑书写了改革开放为什么"灵"。学习改革开放史、加强改革开放史教育，有利于新时代青年把握改革开放为什么"灵"的实践逻辑，进一步在理论和实践中坚定了其对中国特色社会主义道路的自信与自觉，教育引导青年坚定对改革开放的信心，在"春天的故事"里永葆"闯"的精神、"创"的劲头和"干"的作风。

（四）学好社会主义发展史：坚定新时代青年对马克思主义的信仰

从空想社会主义的产生和发展到科学社会主义的创立，从列宁领导的十月革命到建立苏联社会主义制度再到苏联模式的兴衰，从新民主主义革命到社会主义的革命和建设再到开创和发展中国特色社会主义，回顾世界社会主义500年来的发展历程，在波澜壮阔中有高歌猛进、在跌宕起伏中有坎坷曲折，但马克思主义始终是最有价值、最具影响力的精神财富，始终是人类历史规律和自身解放道路的"明灯"，以其理论逻辑书写了马克思主义为什么"行"。学习社会主义发展史、加强社会主义发展史教育，有利于新时代青年把握马克思主义为什么"行"的理论逻辑，进一步坚定对马克思主义的信仰，教育引导青年接好社会主义发展的"接力棒"，走好新时代青年的长征路，助力新时代的赶考之路，努力成长为可堪大任的新时代青年。

三、"四史"教育融入新时代青年爱国主义教育的实践理路

（一）坚持"四史"教育与明理相结合

明理是"四史"教育的基础，可厘清新时代青年"为什么爱国"。明理蕴含着极其丰富的内涵，一是中国共产党之所以"能"，在于党兴则国兴，党强则国强。

青年要搞清楚伟大建党精神的生成逻辑，坚定不移听党话、跟党走；二是社会主义之所以“好”，在于社会主义没有辜负中国，青年要搞清楚共产党执政、社会主义建设、人类社会发展这三大规律的内在逻辑；三是改革开放之所以“灵”：党和人民赶上时代的重要法宝，青年要搞清楚党对一切工作的领导、坚持走中国特色社会主义道路、正确处理改革发展稳定关系的实践逻辑；四是马克思主义之所以“行”：我们从哪里来、要到哪里去，青年要搞清楚其科学性、人民性、实践性、开放性的理论逻辑。除此之外，青年要协同好“思政课程”和“课程思政”两个育人渠道，统筹好“网上”和“网下”两个育人平台，将“四史”教育融入新时代青年爱国主义教育全过程，教育引导青年在知“四史”、守初心、担使命中接受“为什么要爱国”的道理。

(二)坚持“四史”教育与崇德相结合

崇德是“四史”教育的重点，涵养新时代青年“什么是爱国”。崇德是一种精神动力，即是指忠诚于党的大德、造福于民的公德、从严于己的私德。一是何谓大德？就是青年要感悟并崇尚“四史”教育中一代代共产党人忠诚于党的大德，将信仰之基筑牢、精神之钙补足、思想之舵把稳。二是何谓公德？就是青年要感悟并崇尚“四史”教育中一代代优秀共产党人为维护人民利益，在革命、建设和改革不同的历史时期，展现出来的不惧牺牲、不怕吃苦的崇高境界。三是何谓私德？就是青年要感悟并崇尚在“四史”教育中老一辈革命家把个人追求和人生价值置于党和人民事业奋斗之中，他们的伟大品格体现在严于修身律己、接受监督约束、家教家风严格。除此之外，在情感内涵上，青年要做到正向积极、理性健全；在化育方式上，青年要做到融情于境、激发共情。通过五四青年节、“七一”党的生日、“十一”国庆节等时间节点，增强其对祖国的归属感、民族的自豪感、文化的认同感和人民的获得感，继而明白“什么是爱国”。

(三)坚持“四史”教育与增信相结合

增信是“四史”教育的关键，砥砺新时代青年“怎么样爱国”。任何时候信任、信念、信心、信仰都至关重要。一是对中国共产党的信任要不断增强，教育引导青年深刻认识到，作为中国特色社会主义事业领导核心的中国共产党，既开创、引领、推动了这一伟大事业，又保证了这一事业永不变色、永不变质；二是对社会主义的信念要不断增强，教育引导青年深刻认识到，社会主义尤其是中国特色社会主义昭示历史发展的必然结果，昭示中国发展的必由之路，昭示实践检验的科学真理；三是对改革开放的信心要不断增强，教育引导青年深刻认识到，在中国特色社会主义道路上，我们党定能够团结带领人民实现近代以来最伟大的梦想，创造无愧于时代、无愧于人民、无愧于历史的光辉业绩。四是对马克思主义的信仰要不断增强，教育引导青年深刻认识到，汲取社会主义发展史中信仰的力量，保持顽强意志可以战胜各种重大困难和严峻挑战。除此以外，青年要发挥人的主观能动性，不能把爱国仅停留在口号上，要时时、处处、事事想到国家和人民，做到“利于国者爱之，害于国者恶之”，实现爱国之情向爱国之志的转化，实现“什么是爱国”到“怎么样爱国”的升华。

（四）坚持“四史”教育与力行相结合

力行是“四史”教育的旨归，躬身新时代青年“如何去报国”。“四史”教育不仅在于知，更在于行。一是“知行合一”。“知之愈明，则行之愈笃；行之愈笃，则知之益明。”新时代青年要善于把有字之书与无字之书联系起来，要善于把学习成效与工作成效结合起来；二是“行胜于言。”“质胜于华，行胜于言。”中国正处于实现中华民族伟大复兴战略全局和百年未有之大变局的交汇期，机遇与挑战并存，面对矛盾要敢于迎难而上，面对危机要敢于挺身而出，争做“请党放心，强国有我”的新时代青年；三是“行而不辍”。“不积跬步，无以至千里。”作为新时代青年，要有“久久为功”的韧劲，“滴水穿石”的毅力，坚持为祖国为人民永久奋斗、赤诚奉献，不断增强青年人的志气、骨气、底气。除此之外，青年要利用重大契机组织广泛的专项实践活动，拓宽就业创业渠道，建立健全“学校—家庭—社会—政府”协同育人机制，教育引导青年把爱国主义认知、情感、意志转化为日用而不觉的行为准则、转化为强国报国的自觉行动。

参考文献

[1] 习近平. 在党史学习教育动员大会上的讲话[M]. 北京：人民出版社，2021.
[2] 习近平. 领导干部要读点历史——在中央党校 2011 年秋季学期开学典礼上的讲话[N]. 学习时报，2011-09-05.
[3] 习近平. 论中国共产党历史[M]. 北京：中央文献出版社，2021.
[4] 毛泽东选集（第 3 卷）[M]. 北京：人民出版社，1991.
[5] 邓小平文选（第 2 卷）[M]. 北京：人民出版社，1994.
[6] 习近平. 致第二十二届国际历史科学大会的贺信[N]. 光明日报，2015-08-24.

大学生爱国主义教育途径研究

张燕斌

（武夷学院，福建 武夷山　354300）

摘　要：爱国主义教育是高校人才培养的主要方面，中国特色的社会主义国家尤其要重视青年大学生的爱国主义教育。充分发挥思想政治理论课的主渠道作用，通过第二课堂陶冶和深化情感，形成学校教育、家庭教育、社会教育和自我教育的合力，是大学生爱国主义教育的有效途径。

关键词：爱国主义教育；理论；实践

爱国主义，是一个永恒的话题。大学生爱国主义教育，是高校思想政治教育的主要内容之一。每个国家，都有爱国主义教育的相关内容，只是名称和形式有所不同。有些是显性的，有些是隐性的。显性的表现为标语、口号，公开。显性的表现在活动中，是潜移默化形成的。每个国家，都是按照自己的价值标准和要求培养自己的青年一代，热爱自己的祖国，为祖国而战，培养自己阶级的建设者和接班人。任何国家都不例外，社会主义中国更要重视爱国主义的教育，特别是青年大学生，他们是祖国的未来和民族的希望。

一、充分发挥思想政治理论课爱国主义教育主渠道的作用

大学生爱国主义教育的主渠道是思想政治理论课教育教学。理论灌输，帮助学生了解过去、了解历史，知道中华民族的过去、现在和未来，明确肩负的使命和责任，充满奋斗的激情，养成坚定的意志。“以思想政治理论课为核心的人文哲学社会科学方面的课程、报告、讲座，是引导大学生改造主观世界、认识客观世界的有力武器；是防止大学生受到各种错误思想侵蚀的重要渠道；是帮助大学生树立正确的世界观、人生观、价值观的有效途径。”[1] 理论只有彻底，才能说服

人。缺乏思想理论支撑的灵魂,如无源之水,无本之木,容易动摇。

(一)加强中国近现代史纲要课程的教育教学

爱国主义教育离不开历史知识的学习,只有学习和了解了中华民族的历史,才知道伟大复兴的深刻意义。中国近现代史纲要课程承担着大学生爱国主义教育的主要责任。在古代,我们是世界上比较强大的国家,生产力水平相对周边国家都比较高,经济总量、国防实力总体都不弱,政治、文化相对也比较进步。随着历史的推移,逐渐在走下坡路。进入近代以来,1840年第一次鸦片战争,拉开了中国百年屈辱历史的序幕,中国人民开始了反帝反封建的抗争历程。资产阶级辛亥革命,未能完成反对帝国主义的历史重任。中国共产党的成立,使中国革命的面貌焕然一新。经过二十八年艰苦卓绝的斗争,推翻了三座大山的压迫,建立了人民当家做主的中华人民共和国。三大改造的顺利完成,社会主义制度的建立,标志着我国进入了社会主义建设时期。其间,取得了很大的成绩,打赢了抗美援朝战争,建立了强大的国防,巩固了中国共产党执政的基础。经过四十多年的努力,2020年,我国的经济总量突破100万亿元大关,作为世界第二大经济体,与美国的差距越来越小。总量虽然提高了,但是,人均还很落后,人口数量多,但质量一般,成为制约经济高速发展的瓶颈。胜利成果来之不易,我们要倍加珍惜。

(二)重视“军事理论”“形势与政策”等课程的教育教学

大学生爱国主义教育要重视“军事理论”“形势与政策”等课程的教育教学,引导青年大学生客观看待国际关系,能够从国家利益角度分析国际局势,把握社会历史发展趋势。教育我们的青年大学生要热爱自己的祖国,要热爱自己的人民,要有家国情怀。祖国是我们的母亲,国土是我们赖以生存和发展的空间。正因为有祖国的存在,有强大国防力量的保障,我们才是安全的,才能够安居乐业,努力发展经济,创造丰富的物质、精神产品,我们才是幸福的、和谐的。

客观上,社会现实生活中,国与国之间存在国家利益和意识形态的冲突,这个战场从古至今一直存在,有时表现得还很激烈。比如:2020年以来,受全球新冠疫情的影响,全世界的人民都在同病毒斗争,使得经济遭受的打击很大,国际局势动荡不安。随着中国的日益强盛,距离实现中华民族伟大复兴胜利的征程越来越近,而在新冠疫情期间,西方国家恶意抹黑中国在世界舞台上的形象,企图破坏我们的安定团结和经济发展,拖延我们实现中华民族伟大复兴的步伐。

爱国主义教育要加强民族、人民、国家共同体意识教育。国家是由家庭组成的,家庭是由个人组成的,一荣俱荣,一损俱损,牵一发而动全身,是命运共同体。理解国与国之间的关系,可以通过家庭与家庭之间的关系,个人与个人之间的关系进行类比。

二、通过第二课堂陶冶和深化青年大学生的爱国主义情感

只有打好理论基础，才能坚定信念信仰。只有理论，没有行动，也不行。理论只有在实践中才能得到强化、升华。爱国主义情感不是说出来的，而是做出来的。大学生爱国主义教育既要通过课堂理论教学，也要注意发挥第二课堂的作用。

（一）抓住关键时间节点，通过历史事件进行爱国主义教育

每年的五四青年节，纪念 1919 年 5 月 4 日的青年爱国运动，继承先辈的光荣传统，传承爱国主义精神。“七一”建党节。“八一”建军节，8 · 13 淞沪会战，9 月 3 日抗日战争胜利纪念日，“十一”国庆节，一二 · 九运动，青年大学生游行示威，抗议日本人占领我国东北三省，这些历史事件，都可以用来教育我们的青年大学生，通过国耻来激发青年人的奋斗精神。向先辈们学习，勿忘国耻，强我国防。具体做法如下：第一，举办一系列的活动。如：观看红色革命电影、分享红色革命故事、学习时代楷模的先进事迹等，激发青年大学生的爱国热情。第二，通过仪式感，增强使命感。每年清明节时，不仅要引导青年大学生回家祭祖，表达孝心，也要组织留在学校的青年大学生开展缅怀革命先烈的活动，去为救亡图存、中华人民共和国的成立、中华民族伟大复兴的实现献出宝贵生命，为牺牲的英烈扫墓，表达我们的敬意，在实践中帮助青年大学生升华爱国主义情感。

（二）辅导员是实现大学生第二课堂爱国主义教育的主力军

大学生第二课堂爱国主义教育除了抓住关键时间节点，通过历史事件，进行适时教育外，辅导员是对大学生进行第二课堂爱国主义教育的主力军。辅导员要通过班会、党支部活动等形式，利用各种机会，在不同场合，对学生进行爱国主义教育。通过图片、影像、绘画、黑板报、报刊、微信公众号等载体对爱国主义元素进行宣传，营造向先烈学习的氛围。结合党史故事进行教育，引导学生主动学习，互相交流。在探索中了解更多历史故事，激发学生学习的兴趣，丰富学生的精神文化生活。

辅导员工作要想做好，自身要求要严、要高，必须做到言行一致，时刻用“学高为师，身正为范”的标准要求自己，养成勤奋学习的习惯，做好学生的表率，以永不懈怠、永不偷懒的精神，投入工作中，对学生充满爱。学生只有通过辅导员感受到学校和社会的温暖，感觉到学习和生活的希望，身心和谐了，教育效果才会更好。学生只有对教师的信任度高了，才会相信他所讲的内容是真实的、正确的。否则，对老师持怀疑态度的学生，很难信服其讲的道理。所以，归根结底，辅

导员工作拼的还是人格魅力。

(三)切实开展社会实践活动,促进大学生爱国主义情感提升

高校要切实开展好社会实践活动,引导青年大学生,利用寒暑假,真正去名人故居、革命纪念馆、烈士墓地、会议旧址等参观游览,接受革命文化的教育,进行爱国主义环境的熏陶。“引导青年大学生,用脚步丈量祖国的大好河山,珍惜来之不易的发展成果。”社会实践活动,要有意识地净化大学生的思想、灵魂,不能搞形式主义。

三、形成学校教育、家庭教育、社会教育和自我教育合力

课堂教学为主渠道,守好这个阵地。第二课堂为辅。同时,要形成学校教育、家庭教育、社会教育和自我教育的合力,全社会都要共同关心大学生爱国主义精神的培育。

(一)学校教育要形成思政课程和课程思政合力

物理学上有合力的概念,人文社会科学领域同样有。只有大家向着正确的方向一起努力,才能帮助学生形成正确的世界观、人生观和价值观。否则,不同的教育会让学生判断不明,感觉无所适从。所以,把握大方向的同时,要注意对青年大学生的保护,警惕不同意识形态对学生的冲击,造成思想混乱,三观出现偏差。高校目前正在倡导和进行的思政课程和课程思政,就是形成教育合力的尝试、努力和创新,避免非思政课未承担起育人的责任,弱化思政课的影响,对其教育效果形成消解。

(二)家庭教育对青年大学生健康成长至关重要

除了学校教育以外,家庭教育、社会教育和自我教育,对大学生爱国主义情感的强化也至关重要。家庭是孩子出生和成长的地方,父母是孩子的第一任老师。父母的言传身教,会对孩子造成很大的影响。一个不关心、不过问孩子学习情况的家庭,一般很难教出特别热爱学习的孩子。父母的思想观念、价值观点、道德素质,会对孩子形成潜移默化的影响。出生在爱国爱家、爱社会主义、爱中国共产党家庭环境下的孩子,在正能量浸染下的孩子,通常来讲,也会积极向党组织靠拢,并且更有责任感和使命感。

(三)社会营造大学生爱国主义教育的良好环境

社会教育在大学生爱国主义教育中也发挥着重要作用。社会应当积极鼓励和支持青年大学生的爱国行动,为其提供必要的物质保障,传播主流价值观,不与党的政策唱反调。传媒在重要时间节点适时推出一些创新创意活动,引导青

年大学生正确表达爱国情感,既要有家国情怀,也要理性爱国。青年大学生,最好的爱国行动之一就是努力学好科学文化知识,像钱学森、钱三强、黄大年等人一样,走科技报国之路,成为一名有骨气、志气和底气的中国人。爱国,并不是挂在嘴上,而是要落在实际行动中。具体表现形式多种多样,要结合自身情况。主观上仅仅为自己、自私自利拼命努力学习的人,很难说是爱国主义者。所以,爱国行为强调的是在社会主义核心价值观指导下的实际行动。

(四)自我教育将爱国主义“内化于心,外化于行”

内因是根据,外因是条件,外因通过内因起作用。所有的教育,归结到一点,还是要进行自我教育。学校教育、家庭教育、社会教育是指导、是帮助,大学生学到科学理论知识后,还要再消化、吸收,即所谓的内化于心,外化于行。内化要坚定,坚定要由理论彻底去保障。只有在正确思想的指导下,才会有积极的行动,才会在困难面前不动摇。革命战争年代,牺牲的烈士能够不畏惧敌人的屠刀,被捕后宁愿走上刑场,也不愿出卖党的秘密和自己的同志,是革命意志十分坚定的表现。也有些人,在敌人的严刑拷打下没能坚持住,叛党投敌,对党的事业造成了严重的破坏。我们要继承先辈的遗志,发扬党的优良传统,将学到的知识文化运用到实践中去,在实践中得到检验,情感得到升华。教育习得的是世界观和方法论,掌握了思想武器以后,要研究新情况、解决新问题。被动的学习是有限的,只有主动的学习才是无限的。

参考文献

[1] 曲建武.抗震救灾斗争:教育引导大学生理性爱国的好教材[J].高校理论战线,2008(08):34-35.

让爱国主义旗帜在青年心中高高飘扬

林　媛

（大连医科大学，辽宁 大连　116000）

摘　要：发扬以爱国主义为核心的民族精神，是加深民族团结的重要保障，高校青年学生作为弘扬爱国主义精神的重要群体，要深刻把握青年学生的思想特点和阶段表现，使爱国主义教育入脑入心。高校青年爱国主义教育要深入学习《新时代爱国主义教育实施纲要》，为爱国主义教育掌舵。要善于发现并解决青年学生面临的实际问题；要创新学史明理，做到育人育心；要发展学生党员，发挥先进模范带头作用；要善于将爱国主义教育转化为实践，躬行求知；要结合青年群体特点，丰富学生生活，增强大学生文化自信。此外，要善于总结经验，将爱国主义教育理论和实践推向新的高度。

关键词：爱国主义；民族精神；高校；青年学生

爱国主义是中华民族精神的核心，爱国主义精神深深根植于中华儿女心中，是中华民族的精神基因，维系着华夏大地上各民族的团结统一，激励着一代又一代中华儿女为祖国发展繁荣而不懈奋斗。青年兴则国兴，青年强则国强。大学生作为中国特色社会主义下的共产主义接班人更要牢记爱国主义的理想信念。习近平总书记勉励广大青年学生："爱国不能停留在口号上，而是要把自己的理想同祖国的前途、把自己的人生同民族的命运紧密联系在一起，扎根民族，奉献国家。"大学生正处于人生最美好的青春年华，理想的种子也随之生根发芽。高校辅导员应紧紧抓住"拔节育穗期"，将爱国主义教育融入校园生活，让青年心中有梦，梦中充满对祖国深沉的热爱。党的十八大以来，以习近平同志为核心的党中央高度重视爱国主义教育，《新时代爱国主义教育实施纲要》（以下简称《纲要》）也旨在引导全体人民弘扬伟大的爱国主义精神，其中也明确提出："要把青年作为爱国主义教育的重中之重。”高校作为青年聚集的重要领域，担负“立德树人”的使命。高校辅导员作为青年学生学习成长的见证者、参与者，是高校思想政治教育的重要组成部分，如何开展好爱国主义教育，值得深思和探讨。

一、聚焦纲要，夯实基础

要在高校中开展爱国主义教育，首先要从《纲要》出发。开展爱国主义教育不能“生拉硬拽”，要在理论指导下加入自己的构思，认真学习《纲要》中指出的各类实践办法，梳理出落实纲要要求的具体措施。《纲要》提出了对青年进行爱国主义教育的四条具体举措——充分发挥课堂教学的主要渠道作用、办好学校思想政治理论课、组织推出爱国主义精品出版物、广泛组织开展实践活动。这四条具体举措具有很强的指导意义，也为今后的爱国主义教育工作提供了新思路。基于四条举措并结合多年教育经验和当代青年学生心理特征，开辟个性化爱国主义教育模式成了辅导员的首要任务。同时，我们也要利用好与学生联系密切的独特优势，通过言传身教感染学生、启发学生，激励青年学生用中国梦激扬青春梦。明确《纲要》的要求和内涵，就像循着光赶路，把握好大方向，才能真正走好开展爱国主义教育的路。

二、解决问题，迎难而上

从多年来开展爱国主义教育的经验中可以总结出，新时代背景下大学生爱国主义教育还面临着许多挑战。在思考如何积极开展爱国主义教育之前，辅导员应先明确教育开展将会遇到哪些困难，积累经验，改进不足，由此才可以摆脱教育方式“原地踏步”的困境，推动爱国主义教育进课堂、进头脑。在开展爱国主义教育的经历中，遇到的问题主要有两方面：一方面，是学生民族认同感不强烈。临床医学专业的学生绝大多数是理科生，“重实用轻理论，重理工轻文史”的思想在他们的脑海中根深蒂固，也正因如此，他们对于思想政治、传统文化的学习不够重视，导致了民族意识淡薄，对民族认同感不强。另一方面，学生对党的最新理论学习和理解不深入、不透彻。这一点与前面所提到的困难有一定的因果关系，正是重视程度不够，导致缺乏学习热情和对党的理论的深入研究，同时课程体系老化，教学形式单一，教材内容陈旧，这就导致了部分高校大学生对党的最新理论成果缺乏及时的了解，不能进行有效的学习。要想转变学生观念、优化教育体系绝不是一蹴而就的，但发现问题就要解决问题，道阻且长，行则将至，行而不辍，未来可期。在下面的爱国主义教育实践中将会介绍解决问题的方法以及在已经实施的教育活动中取得的成果。

三、贯彻落实,知行合一

(一)学史明理,育人育心

育苗先育根,育人先育心。习近平总书记指出:“要抓好青年学习教育,着力讲好党的故事、革命的故事、英雄的故事,厚植爱党、爱国、爱社会主义的情感,让红色基因、革命薪火代代传承。”熠熠生辉的百年党史,光彩夺目的新中国史,波澜壮阔的改革开放史,荡气回肠的社会主义发展史,蕴含着丰富的思想光芒、历史哲理,对青年来说是宝贵的精神财富。我校在组织学生参观日俄监狱等爱国主义教育基地时,由学生党员担任解说员,让学生走进承载历史的博物馆,触摸历史、走近英雄、穿梭时光、共情先烈,此时一砖一瓦皆有情,一草一木皆是故事。特别是作为讲解员的学生党员,从倾听者变为讲述者,从参与者成为传播者,从被动学习变为主动学习。参与活动的每一名同学都不仅增长了历史知识,更增进了情感认同,更加坚定听党话、跟党走的决心。介于当下疫情防控形势,线下参观的机会很少,但仍可通过其他形式鼓励学生学习“四史”。线上组织观看“庆祝共产主义青年团成立100周年大会”,举办党史学习征文大赛、抗“疫”故事绘画比赛等,均在学生群体当中得到了不错的反响,也有越来越多的学生参与“四史”学习。学“四史”,不能停留在一次活动、一场比赛中,而是要融入学生成长的每一步、每一个环节。把握好大学生群体的特点和习惯开展“四史”学习教育,引导他们扣好人生的第一粒扣子是我们辅导员永恒的课题。

(二)发展党员,鼓励先进

在对集体进行思想教育的过程中,要发挥班团组织优势,以培养学生党员和学生骨干为着力点,思考在开展爱国主义教育中如何激发学生自我教育、自我管理、自我服务。在面对数量庞大的青年群体时,辅导员与学生点对点的爱国主义教育很难实现,因此要发展党员、鼓励先进,让“领头羊”发挥带头作用,实现以一带多,从而扩大影响。在新生入学之初,学校组织进行的入党启蒙教育讲座点燃了许多学生的入党热情。辅导员更应把握好思政教育的第二课堂,在日常的学生工作中鼓励学生端正思想,积极向党组织靠拢,为成为一名光荣的共产党员不懈奋斗。我们也着重加强对学生党员的教育工作,以此让党员将学习成果带入学生群体当中,形成爱国主义教育的统一战线。在过去的一年中,为积极响应国家号召,我们组织学生党员向同学们讲述党史故事。通过最终活动参与人数和学生反馈中可以看出,学生党员的讲述形式更容易被同龄人接受,简短精练的党史故事也更容易让学生消化,讲故事的形式将党史教育的重心从“教”转移到了“悟”,更倾向于引发学生思考,而不是将现成的知识强行灌输。如此便跨越了“代沟”，实现了学生间的互相启发，在增强学生党员责任感、树立服务意识的同时，也增强了学生的爱国主义情怀。

（三）加强实践，躬行求知

“纸上得来终觉浅，绝知此事要躬行。”爱国主义教育不能只停留在理论层面，要鼓励学生多走走、多看看，从实践中体悟爱国情怀。近年来，高校社会实践内容越发充实，种类越发丰富，旨在鼓励学生充分利用课余时间，从实践中丰富自身阅历，学得书本以外的知识。特别是近年来学校开展的“三下乡”“礼敬年”活动取得了较好的成果，平均每个假期本年级都收集社会实践材料两百余份，材料形式包括照片、视频、调研报告、论文等。学生利用假期时间，以团队或个人的形式，或是对家乡风土人情进行调研，或是对当地革命老区进行走访，或是走进社区、敬老院参与志愿活动……社会实践为学生提供了学习的动力，加分与评奖的最终目的是鼓励学生将爱国主义情怀转化为实际行动，这也是引导学生在实践活动当中深化爱国主义情怀，二者相辅相成，形成良性循环。以学院学生组成的“发掘红色资源，赓续红色血脉”社会实践团队为例，该团队曾实地调查了包括大连市博物馆、旅顺博物馆、万忠墓等红色景点，成果以视频、照片、调研报告的形式展现，最终该团队被评为“三下乡”省级重点团队。团队成员表示，通过实地参观确实带来了与从书本之中所学不同的体验，更加珍视如今的美好生活，也加深了自己的爱国主义情怀。实践是检验真理的唯一标准。爱国不能只是一句口号，而应通过真正开展教育活动帮助学生将爱国铭记于心并付诸实际行动，将爱国之心转化为报国之志。

（四）结合特点，丰富生活

青年学生活泼、热情、开朗，富有青春的蓬勃激情。我们应紧紧围绕青年学生的群体特征和成长需要开展爱国主义教育，不断提高教育实效。广泛推行文明校园创建，组织开展丰富多彩的校园文化活动，在校园营造浓厚的爱国主义氛围，让学生时刻感受到爱国主义精神的熏陶。随着互联网的蓬勃发展，其在青年群体当中的影响力日益扩大，充分利用好互联网的巨大优势，大力运用富有爱国主义气息的网络文学、动漫、短视频等作品开展爱国主义教育，激发青年学生的爱国情感。在疫情形势向好、学生线下上课的日子里，我们曾开展“晨聆博见”活动，组织学生在课前半小时分享时事政治、新闻趣事等。学生们会结合时事热点更新分享内容，分享形式也是琳琅满目。短视频是最受欢迎的形式之一，也让我从中获益良多。以《那年那兔那些事儿》为例，这部国产动画，用诙谐的画风和引人入胜的形象诠释了中国近代的一系列重要事件，结合分享者的简要解说，学生便很快了解了历史事件的来龙去脉，甚至会主动搜集事件的相关资料，如此我们爱国主义教育的目的便顺利达成。把握青年学生充满激情、积极向上的个性,注重发挥先进典型的示范引领作用。譬如组织全年级学生开展向因公殉职在抗“疫”一线的沙琳同志学习的活动,希望用英雄人物的故事和身边人的事迹引导青年学生把敬仰和感动转化为立志报国的实际行动。

(五)传承文化,增强自信

当今世界正处在大发展大变革大调整时期,世界多极化、经济全球化、社会信息化、文化多样化深入发展,各种思想文化交流、交融、交锋更加频繁,进一步凸显了文化软实力在综合国力竞争中的战略地位。增强文化自觉,坚定文化自信,成为爱国主义教育的重要板块,也是辅导员在开展爱国主义教育过程中需要重点关注的部分。习近平总书记强调:“文化自信,是更基础、更广泛、更深厚的自信,是更基本、更深沉、更持久的力量。”对广大青年而言,通过了解中国传统文化,可以更好地从博大精深的传统文化中寻找到中国自信的源泉,培养爱党、爱国、爱人民的情怀,增强民族文化自信,树立为共产主义远大理想和中国特色社会主义共同理想而奋斗的信念和信心。在培养学生文化自信的过程中,我发现互联网发挥着不可替代的作用。越来越多的学生通过短视频平台主动了解中华传统文化,主动参与学校相关的社团活动中。辅导员在其中应发挥“催化剂”的作用,为感兴趣的学生提供学习平台,为有特长的学生提供展示机会。在2022年“礼敬年”社会实践活动中,有许多同学被冬奥会开幕式打动,对冬奥会中的中国元素进行调研。火炬“飞扬”取自“道法自然,天人合一”的哲学理念,“黄河之水”倾泻而下极具浪漫色彩,五环“破冰而出”彰显心系天下的博大胸怀……中华优秀传统文化本身就充满魅力,学生只是“不到园林,怎知春色如许”,我们只要将学生带到“园林”,“满园春色”自然会吸引学生不断探寻。

四、汲取经验,方式优化

高校爱国主义教育没有一个固定的模板,也没有一个绝对满分的路线,但是回望走过的路,我们总能发现绕过的弯路是如何崎岖,眼光放向四周更有许多前人的经验值得我们学习。教育大计,教师为本。辅导员是高校爱国主义教育事业的中坚力量,我们要成为信仰坚定、学识渊博的传道授业解惑者,在学生心灵埋下真善美的种子,引导学生扣好人生第一粒扣子。在加强自身理论知识学习的同时,了解青年学生的诉求也是优化爱国主义教育的有效方式。通过定期与学生谈心谈话,把握学生思想动向,及时接收已开展的爱国主义教育活动的反馈,广泛收集学生意见,综合多因素优化爱国主义教育方式。深入学生群体,了解他们的兴趣和习惯,用他们热爱的方式传递爱国主义情怀,用引导代替教导,将爱国主义教育融入日常生活中,真正做到润物无声。爱国主义教育我们仍然在路上,也正是有更多同僚致力于探索爱国主义教育的新道路,这条路才能越走越宽。

中国是一个文明国家,文明国家的爱国主义有自己的特点,“家”可以是千千万万个“小家”,也可以是国家这个“大家”。从“舍己为家”到“保家卫国”,再到“修身齐家治国平天下”都展现了我们中国特有的“家国同构”的理念。身为医学院校的辅导员,我更加迫切地希望将爱国主义教育在我的学生群体中广泛开展,也更加认可爱国主义教育在大学生成长过程中发挥着至关重要的作用。我的学生绝大部分都将在未来投身到祖国各地的医疗卫生行业中去,我们要做的就是通过爱国主义教育让他们将自己服务于“小家”的理想,转化为投身“大家”建设的动力,让他们意识到“家国同构”的深刻内涵,让他们践行“敬佑生命、救死扶伤、甘于奉献、大爱无疆”的新时代职业精神。新时代青年生逢盛世,肩负重任,希望通过开展高校爱国主义教育,能让更多青年在未来的工作岗位上以微光照耀祖国前行的路,坚定“功成不必在我,功成必定有我”的信念,让爱国主义旗帜在青年心中高高飘扬。

大学生爱国主义教育的方法和途径研究

吴 洋

（沈阳工程学院，辽宁 沈阳 110136）

摘 要：把握新时代爱国主义的丰富内涵及重要意义，分析现实难题，通过激发学生学习爱国知识兴趣，注重课内课外有效结合；打造线上品牌活动，占领网络爱国主义教育阵地；利用社会实践，实现家校爱国主义教育共育；抓住重要时间节点，加强爱国主义教育；开展丰富的校园文化活动，聚力青年奋进力量五大路径开展高校爱国教育。实现中华民族伟大复兴的中国梦是伟大的事业，伟大的事业需要伟大的精神，更需要新时代青年。

关键词：新时代；大学生；爱国主义教育

“爱国，是人世间最深层、最持久的情感，是一个人的立德之源、立功之本”——2018 年习近平总书记在北京大学座谈会上关于爱国的重要论述。

爱国主义是中华民族精神的核心，是当代中国爱国主义的鲜明主题，当一个人出生时，“国”可以存在于这个人的名字中，当一个人长大后，“国”已经深深扎根于这个人的心目中，高校大学生作为中国特色社会主义的建设者和接班人，引导大学生继承和发扬爱国主义传统，培养其深厚的爱国主义情感，为中华民族伟大复兴不懈奋斗，具有十分重要的意义。

一、新时代爱国主义的内涵

(一)爱国主义是一种深厚的情感

“有五星红旗的地方,就有信念的灯塔。如果信念有颜色,那一定是中国红!”这是孟晚舟女士回到中国时发表演讲时的讲话。中华民族在千百年的发展历程中,历来都具有深厚的爱国主义精神。近百年来,在中国共产党的领导下,中国人民的爱国主义同革命、建设、改革的伟大实践紧紧联系在一起,一代代中国人民怀着深厚的爱国情感,为祖国的繁荣发展、民族的独立解放不懈奋斗,接力相传。

爱国主义是人们对自己家园以及民族和文化的归属感、认同感、尊严感与荣誉感的统一,体现了人们对自己祖国的深厚感情,揭示了个人对祖国的依存关系。它是调节个人与祖国之间关系的道德要求、政治原则和法律规范,也是民族精神的核心。

(二)爱国主义是实现中华民族伟大复兴中国梦的精神力量

习近平总书记强调,伟大的事业需要伟大的精神,实现中华民族伟大复兴的中国梦,是当代中国爱国主义的鲜明主题。要大力弘扬伟大爱国主义精神,大力弘扬以改革创新为核心的时代精神,为实现中华民族伟大复兴的中国梦提供共同精神支柱和强大精神动力。

党的十八大以来,习近平总书记多次阐释了“中国梦”的概念,即“国家富强、民族振兴、人民幸福”。回顾中华人民共和国成立 70 年的发展历程,从“站起来”到“富起来”,再到“强起来”,每一次进步和发展都无限接近中华民族伟大复兴的中国梦。实现中华民族伟大复兴的中国梦,需要中国人民克服一切困难团结奋进,共同推动中国的经济、综合国力、国际地位和国际影响迈上新台阶,使中华民族屹立于世界民族之林。中国梦的实现需要伟大精神作为支撑,而爱国主义能够把中华民族团结在一起,是推动中国人民实现中国梦的强大支柱。

(三)爱国主义是凝心聚力的兴国强国之魂

中华民族伟大复兴,不仅需要丰富的物质力量,更需要强大的精神力量。在 5 000 多年的历史流变中,中华民族之所以能够克服重重困难,战胜了无数的艰难险阻,始终保持旺盛的生命力,生生不息,薪火相传,同中华民族有深厚持久的爱国主义传统是密不可分的。

中国特色社会主义进入新时代,新时代开启新征程,大力弘扬爱国主义精神是时代要求,更是现实需要。中华民族伟大复兴,绝不是轻轻松松、敲锣打鼓就能实现的，在这场长期性、复杂性、艰巨性共存的伟大斗争中，必须要继承和弘扬伟大的爱国主义精神，保持爱国主义的情怀，使之成为投身祖国建设、助力民族复兴的强大动力，把爱国情怀转化为兴国、强国的实际行动，将个人理想和追求与祖国富强、民族复兴的事业紧密联系在一起，形成增强人们团结一心的精神纽带和自强不息的精神动力，为实现“两个一百年”奋斗目标、实现中华民族伟大复兴的中国梦而不懈努力。

二、大学生爱国主义教育的重要意义

（一）爱国主义教育是凝聚青年力量的重要环节

青年是祖国的未来、民族的希望，也是我们党的未来和希望。中国共产党的创始人之一李大钊同志说过，青年要“为世界进文明，为人类造幸福，以青春之我，创建青春之家庭，青春之国家，青春之民族，青春之人类，青春之地球，青春之宇宙，资以乐其无涯之生”。对于广大青年大学生而言，厚植爱国主义情怀，把爱国情、强国志、报国行融入学习教育之中，可谓恰逢其势、正当其时。

一代人有一代人的使命，一代人有一代人的担当，几百年前的青年人，用自己的方式诠释着什么是爱国，历史的接力棒交到了新时代的青年大学生手里，青年大学生是否能顺利地接过历史的接力棒，真正担负起历史赋予的重任，这关乎祖国的未来，民族的希望，关乎中华民族伟大复兴的中国梦是否能顺利实现。在青年大学生中加强爱国主义教育，能够激发学生的爱国情感，增强爱国主义认知，从而将爱国情和报国志转化为强国行，有助于凝聚青年大学生，使其积极投身中国特色社会主义伟大建设之中。

（二）爱国主义教育是新时代强国目标的必然要求

放眼历史的坐标，当代青年大学生必将全程参与“两个一百年”奋斗目标实现的全过程，实现强国目标，新时代大学生必须要树立远大理想，爱国主义教育会帮助青年学生明晰目标。在实现中华民族伟大复兴的路上，既有鲜花盛开，也会荆棘密布，青年学生理想坚定，信念执着，就会战胜一切艰难险阻，表现出顽强的拼搏精神，热爱祖国是理想之本、奋斗之基，缺少了这个根本，任何前行都可能迷失自我。

孙中山先生说，做人最大的事情，“就是要知道怎么样爱国”。做人要有气节、要有人格，气节也好，人格也好，爱国是第一位的。爱国主义教育能够让青年学生更加明晰自己“从哪来”“到哪去”，秉承着中华文化基因，怀着强烈的民族自豪感，深刻地明白自己要将“小我”融入新时代的“大我”之中。

(三)爱国主义教育是大学生全面发展的坚实基础

爱国情怀是当代大学生必须具备的基本素质,是成长成才的情感和思想基础。《高等学校学生行为准则》第二条明确表示,青年大学生要热爱祖国,服务人民。弘扬民族精神,维护国家利益和民族团结。不参与违反四项基本原则、影响国家统一和社会稳定的活动。培养同人民群众的深厚感情,正确处理国家、集体和个人三者的利益关系,增强社会责任感,甘愿为祖国、为人民奉献。

回顾历史,五四爱国运动正是以青年学生为主体兴起的爱国运动,青年学生发挥了先锋和主力军的作用,大学生为挽救民族危亡做出了重要贡献,在中国的革命史上有着重大意义。从历史长河可以清晰地看到,爱国主义是一切民族精神得以弘扬的前提。爱国主义教育能够增强当代青年学生的使命担当,帮助其树立正确的世界观、人生观、价值观,坚定对马克思主义的信仰,坚定对社会主义和共产主义的信念,增强中国特色社会主义道路自信、理论自信、制度自信、文化自信,一个深爱祖国的青年学生,才是有温度、有情感的人,才可称之为全面发展的人。

三、新时代大学生爱国主义教育存在的困难

(一)青年大学生对爱国知识学习的主动性不强

当代大学生由于生活的时代背景不同,导致他们的思想观念新,创新意识强,在多元文化和环境的冲击下,部分大学生自我意识增强,功利主义思想盛行,从而忽略了对精神层面的追求,其中就包含了爱国主义这一重要层面。社会上一些现象对大学生造成了一定不良影响,尤其是即将步入社会的大学生,在择业就业方面,更注重物质要求,比如待遇、福利等,对物质要求过于追求的大学生更多考虑的是“小我”,而未真正和“大我”结合起来。

大学生从小到大都是应试教育,导致爱国主义教育主体地位削弱,绝大部分学生认为是否具有爱国主义思想和行为与最终就业选择没有直接关系,从而不积极主动学习爱国知识,导致爱国意识淡薄。

(二)网络平台对青年产生消极影响

青年阶段是人生的“拔节孕穗期”,最需要精心引导和栽培,风清气正的网络环境对于大学生的引导尤为重要。但是随着各大网络平台的快速发展,网上信息泛滥可能造成青年学生信仰缺失,多元的价值观对青年正确的人生观、价值观造成冲击,可能引起青年学生道德意识弱化、社会责任感下降。

大学生似乎更乐于接受具有易变性、娱乐性、商业性、互动分享性等特征的

网络快餐文化,这些快餐文化填充着大学生的业余生活,一本网络小说、一个微电影,以及快速发展的抖音、快手等平台,都吸引着大学生群体。青年大学生似乎不愿意花时间细细品读一本书,甚至是了解中国的发展史,“快”似乎成了现代青年的代名词,如何让爱国主义教育占领这片阵地,真正对大学生产生吸引力,成为一个值得深思的问题。

(三)家校爱国教育合力不到位

家校合作是新形势下我国高校充分整合教育资源,提升学校育人质量不可或缺的一部分。家庭是孩子最早接受教育的场所,父母是孩子最早接受教育的教师,2019 年时任教育部部长陈宝生在全国教育工作大会上讲到,家庭教育不到位,不仅会抵消学校教育的效果,还会给孩子的发展造成一定的消极影响。陈宝生部长表示“家庭是人生的第一所学校,家长是孩子的第一任老师,家庭教育是立德树人的第一个环节”“无论何时,都要注重家庭、注重家教、注重家风,把家长引导和培育成立德树人的一股有生力量”。

在家庭教育中,家长更注重“分数”,学生处于“重智”与“轻德”的矛盾中,对于爱国主义的教育少之又少,学校下发的爱国教育活动,流于表面“拍照打卡”,未注重爱国主义情感的培养,忽略了坚持将爱国主义教育融于家庭教育,进入大学阶段后,因从小爱国教育的缺失,不能够和学校爱国主义教育有效融合,就会对学生的人生观、世界观、价值观产生影响。

四、大学生爱国主义教育的方法和途径

(一)激发学生学习爱国知识兴趣,注重课内课外有效结合

想要做到爱国主义知行合一,就必须要加强相关知识的学习,从根本上深刻理解到底什么是爱国主义,怎样才能践行爱国主义。高校思政课是大学生最直观接触到爱国知识的阵地,要在教学内容的价值性上下功夫,要以习近平新时代中国特色社会主义思想为指导,紧扣实现中华民族伟大复兴这一时代主题,使当代大学生深刻理解中国共产党为什么“能”,马克思主义为什么“行”,中国特色社会主义为什么“好”,教育引导当代大学生自觉做到爱国与爱党、爱人民、爱社会主义的内在统一。

通过党团活动、社团活动等,让学生在参加活动的过程中增强爱国理念的认同,邀请知名教授开展形势政策讲座,让学生了解国家大势,通过课上课下的有效结合,让爱国主义教育对学生入脑、入心。

(二)打造线上品牌活动,占领网络爱国主义教育阵地

网络平台能够使爱国主义教育形式多样化,可以在两微一端平台开展互动

式、启发式、交流式的系列活动。例如：以党史故事分享会、先进人物系列推送、大学生网上讲党课等形式，抢占网络高地，弘扬爱国主义正能量。

打造网络红色网站，推送中共党史、新中国史、改革开放史和社会主义发展史红色教育内容，发挥学生干部作用，制作和校园生活结合的爱国主义短视频，选树一批学生典型在平台进行推送，充分利用“开学第一课”“青年红色筑梦之旅”“网络青年大学习”等主题活动，拓展更有吸引力的大学生主题活动，在品牌活动中唱响爱国主义主旋律。

（三）利用社会实践，实现家校爱国主义教育共育

社会实践是大学生了解社会、了解国情的一个有效途径，尤其是在寒暑假期间，学生主要生活场所是家庭，学校可以联合家长，在确保学生安全的情况下，开展社会实践活动。

发掘家庭所在地红色教育场所，利用寒暑假探访红色教育场所，家长和学生可以共同参观带有红色文化烙印的革命根据地、纪念馆、战争遗址、领袖人物故居等，在家庭教育中融入红色文化教育，和社会实践相结合，实现家校爱国主义教育共育。

（四）抓住重要时间节点，加强爱国主义教育

在关键时间节点开展爱国主义教育，会增强教育的实效性。在“我们的节日”开展系列主题活动，利用清明节组织缅怀革命先辈活动；在“五四”建团一百周年之际，开展“喜迎二十大，永远跟党走，奋进新时代”系列活动；在“七一”党的生日、“八一”建军节等时间节点，开展主题宣讲、快闪等活动；在建党一百周年、建团一百周年等重大庆祝节日，开展各具特色的庆祝活动，激发青年学生的爱国主义和集体主义精神。

（五）开展丰富的校园文化活动，凝聚青年奋进力量

校园文化是精神文化、思想文化和管理文化的集中体现，高校通过丰富多彩的校园文化开展党史教育，可以通过大学生喜闻乐见的方式把爱国主义教育做活、做透。

高校可以打造传统文化主题活动，组建优秀学生红色宣讲团，在校内进行宣讲；营造浓厚的爱国氛围，打造红色历史长廊，在团日活动、党日活动时组织学生讲解观看；在疫情防控期间，招募大学生志愿者投身到校园疫情防控之中，用亲身体验来感受守护祖国人民生命的白衣天使的不易，从而深刻领悟到中国共产党始终坚持“人民至上、生命至上”的理念，激发学生对祖国的热爱；开展“大学生思政影院”活动，定期为学生播放红色电影等特色校园文化活动，通过丰富多

彩的形式,让爱国种子在学生心中生根、发芽、结果。

爱国主义教育是一项长期的、系统的工程,通过有效的方法和途径开展爱国主义教育,才能将爱国情、报国志、强国行根植于每一名青年学生的心中,才能培养出为实现中华民族伟大复兴的中国梦而不懈努力奋斗的时代新人。

新时代大学生爱国主义教育与社会实践深入融合路径探究

冯誉超,王洪振

(大连海事大学,辽宁 大连 116026)

摘 要:党的十八大以来,以习近平总书记为核心的党中央高度重视爱国主义教育,固本培元、凝心聚魂,做出了一系列重要部署。高校作为思想政治教育的主阵地,围绕"立德树人"的根本任务,着眼培养担当民族复兴大任的时代新人,始终高扬爱国主义旗帜,使爱国主义成为当代青年的坚定信念、精神力量和自觉行动。本文在研究新时代大学生爱国主义教育的基本内涵与重要意义的基础上,辩证分析"爱国"与"爱党"的内在关系,以高校学生社会实践这一载体为切入点,分析目前我国高校社会实践中爱国主义教育存在的问题,积极探索在社会实践中加强新时代大学生爱国主义教育的新路径,将爱国主义教育与学生社会实践深入融合,教育引导学生将自身发展与国家民族复兴相融合,知行合一,肩负使命,青春心向党,建功新时代。

关键词:新时代;爱国主义;社会实践;深入融合

一、新时代爱国主义的基本内涵的阐释

爱国主义是中华民族精神的核心,随时代发展生生不息、延续不断。开展爱国主义教育必须深刻认识爱国主义的时代内涵与价值,从而探索有实效、有温度、有创意的爱国主义教育途径,还要结合当代大学生的属性和特点,将高校爱国主义教育推向新高度。围绕新时代爱国主义教育的基本内涵,可以从本质、主题、内核、着力点和落脚点、使命和担当五个维度进行具体的阐释。

(一)新时代爱国主义的本质:爱国、爱党、爱社会主义的高度统一

习近平总书记曾明确指出:"当代中国,爱国主义的本质就是坚持爱国和爱

党、爱社会主义高度统一。"[1]近代以来,中华民族的苦难史、发展史更加充分印证了我们党的命运和祖国的命运始终休戚相关。中国共产党在建党百年的伟大历史征程中始终高度重视并大力弘扬爱国主义精神。历史实践证明,爱国主义和爱党、爱社会主义具有本质统一性,任何时候都不能将爱国主义和爱党、爱社会主义进行分割、对立。因此,在新时代弘扬爱国主义必须要以坚持党的领导和坚持中国特色社会主义为基础,把实现中华民族伟大复兴的中国梦作为新时代爱国主义的精神动力。

（二）新时代爱国主义的鲜明主题:为实现中华民族伟大复兴的中国梦而奋斗

实现中华民族伟大的中国梦,是以习近平总书记为核心的党中央对全体人民的庄严承诺,是党和国家面向未来的政治宣言[2],充分体现了党和国家走进新时代始终在保持着高度的历史责任感,为培育和弘扬新时代爱国主义注入了新的时代内涵。新时代的爱国主义必须突出时代特征,牢牢把握"为实现中华民族伟大复兴的中国梦而奋斗"这一鲜明主题,统揽伟大斗争、伟大工程、伟大事业、伟大梦想,实现带领广大中国人民奋勇前行、艰苦奋斗与走向实现中华民族伟大复兴中国梦的未来的有机融合。

（三）新时代爱国主义的精神内核:爱国主义是中华民族精神的核心和纽带

实现中国梦必须弘扬中国精神。这就是以爱国主义为核心的民族精神,以改革创新为核心的时代精神。这种精神是凝心聚力的兴国之魂、强国之魂。爱国主义自古以来便是中华民族精神的核心,是广大中国人民始终自强不息、砥砺奋进的精神纽带。爱国主义作为中华民族优秀的文化基因和不息的精神源泉,在漫长的历史进程中始终起着维系民族团结、激励民族奋进的作用。"爱国"是社会主义核心价值观的重要组成部分,体现了每一个中国人民的信仰、情怀与政治责任的担当。爱国主义这一中华民族爱国精神的核心,更是实现中华民族伟大复兴的中国梦征程中不可或缺的一部分。

（四）新时代爱国主义的着力点和落脚点:维护祖国统一和民族团结

习近平总书记指出,弘扬爱国主义精神,必须把维护祖国统一和民族团结作为重要的着力点和落脚点。[3]中华人民共和国成立以来,以美国为首的西方国家不断试图分裂中国。近年来,中国经济蓬勃发展,社会主义现代化建设取得了举世瞩目的成就,但西方势力打着"自由""平等"的旗号,对中国各族人民、各领域的价值渗透日渐加深。这就要求我们要始终把新时代爱国主义的着力点、落脚点放在维护祖国统一和民族团结上,这是在新时代实现国家长治久安、繁荣昌盛的精神动力和坚定基础,是我们国家生存和发展的基本前提。

(五)新时代爱国主义的使命和担当:坚持立足民族又面向世界

新时代,弘扬爱国主义,“要坚持立足民族与面向世界的辩证统一”[4]。“立足民族”就是要始终坚持传承和弘扬中华民族优秀传统文化,这是新时代爱国主义的坚实基础。“面向世界”就是继续坚持改革开放,将中国命运和世界命运联系在一起,实现弘扬爱国主义与扩大对外开放的深度融合。这就要求我们首先要做到立足于中华民族,站稳自身脚跟,打牢基础,然后才能以更好的姿态面向世界,顺应发展大势,抓住发展机遇,共同构建人类命运共同体,推动人类文明发展进步。

二、在社会实践中加强大学生爱国主义教育的重要意义

(一)在社会实践中加强大学生爱国主义教育的必要性

1. 加强爱国主义教育能为大学生成长成才提供精神支撑和思想保障

大学生正处于人生的孕穗拔节期,形成正确的人生理想和价值观念至关重要。加强大学生爱国主义教育可以增强大学生内心的爱国情感和民族自豪感,培养大学生自强不息、艰苦奋斗的精神,提高大学生的文化自信,使学生成长为具有主人翁精神的新时代青年,在中国特色社会主义的道路上披荆斩棘、奋勇争先。爱国主义教育在社会主义核心价值观中占据重要地位,也是大学生在成长过程中最核心的思想教育内容。高校应着力将爱国主义教育与理想信念教育辩证统一、相互融合,贯穿大学生成长实践过程始终,服务学生成长成才。

2. 加强大学生爱国主义教育有助于维护民族团结、应对重大风险

当今世界正处于百年未有之大变局,机遇与挑战并存,中华民族比历史上任何时期都更接近实现民族复兴的目标。青年学生作为顺应潮流、应对挑战的主力军,更需要准确了解中华民族悠久的历史,深切感受多民族和睦共处的文化包容。这对学生深化爱国主义思想,提升学生爱国主义认同,坚定爱国主义信念,敢于直面风险挑战,与危害国家、民族利益和人民幸福的行为进行坚决的斗争,维护中华民族大团结的美好局面,为中国特色社会主义建设贡献青春力量至关重要。

3. 加强爱国主义教育是实现中华民族伟大复兴中国梦的必然要求

新时代,中华民族面对全球化的猛烈冲击,面对西方发达国家经济、科技等领域的巨大挑战,面对世界范围内各种文化思潮的相互激荡,要在国际竞争中取得主动和优势,要屹立于世界民族之林,需要一代代青年学生的共同参与、共同创造和共同奋斗。将小我融入大我,将思想和行动统一于实现中华民族伟大复兴中国梦当中去,教育引导学生厘清个人梦想与中国梦的内在关系,将个人成长

成才融入中国梦的生动实践，在实现人生价值中服务中国梦，在中国梦的伟大征程中丰富人生内涵，心怀“国之大者”，建功新时代。

（二）新时代爱国主义教育面临的冲击和挑战

1. 互联网时代迅猛发展

网络所具有的即时交互的特点为青年获取海量信息和拓展思维提供了便捷，满足了当代大学生释放情绪和表达意见的诉求。互联网时代在带来积极作用的同时，其负面影响也正在逐步动摇和瓦解爱国主义教育内容中所蕴含的政治信仰和国家认同，对高校传统爱国主义教育模式带来巨大冲击。海量化信息良莠不齐容易让学生不自觉跟风，听信不当言论。学生的国家意识、边界意识、安全意识和传统意识容易在纷繁复杂的网络环境中变得模糊，政治立场偏移、爱国主义情感表达非理性化等危机也在悄然应运而生。

2. 历史虚无主义等“新观点”兴起

大学生涉世未深，倾向独树一帜的新思想、新主张，很容易被历史虚无主义等“新观点”所迷惑。这些所谓的“新观点”以“学术研究”为外衣，颠倒历史，混淆黑白，消解爱国主义，意在离间大学生对党的认同，肆意抹黑中国共产党人及革命领袖，企图动摇党的领导地位，否认马克思主义的指导思想，使学生淡漠革命历史、淡忘理想信念。其衍生文化对家国同构的民族精神、患难与共的民族情怀肆意抹杀，影响大学生的爱国热情和爱国理性，鼓吹西方的“蓝色文明”，弱化大学生的民族认同，为西方实现所谓的“和平演变”提供可乘之机。

3. 西方价值观念不断渗透

全球化背景下，以美国为首的西方发达国家在经济、科技等领域仍处于领先地位，不断试图通过各种途径对外传播自己的意识形态和价值观念，人为地制造国家与党、政府、人民的对立，歪曲爱国主义。这些在很大程度上是西方某些势力的政治手段和舆论策略。西方文化的大面积渗透，各种社会思潮的蓬勃兴起，使我国民族文化饱受西方文化侵蚀，给大学生爱国主义教育带来了前所未有的消极影响。全球化突破了国家的地理界线，淡化了人们对民族、国家的认同感，“全球化时代不需要爱国主义”“爱国主义等于极端民族主义”等思想正在淡化大学生的爱国主义情感，动摇大学生的爱国主义认同。

三、目前我国高校社会实践中爱国主义教育存在的问题分析

（一）爱国主义内涵挖掘不够深入

随着大学生生活水平不断提高，高校的爱国主义教育实践活动面对巨大冲击。在现有的爱国主义教育活动中，生长在和平年代的新时代大学生难以对革

命先烈的拳拳爱国之心和伟大的牺牲精神产生深入理解和情感共鸣。这就更需要深化爱国主义教育内涵,将爱国主义教育与中华民族发展历史相结合、与时代相结合、与生产实践相结合,注重并增强释疑解惑的针对性,进而增强实效性,在各项教育活动中大力弘扬爱国主义主旋律,这样才能真正推动爱国主义教育在新时代焕发新活力,守住我们的“根”和“魂”。

(二)高校实践育人体系不够完善

高校作为青年学生爱国主义教育的主阵地,就目前而言,我国高校的爱国主义实践育人体系构建并不完善。除开展思政理论课教育外,高校通常作为社会实践活动的发起者、主办方,但组织开展的各项活动缺乏宏观规划,在兼顾发展性的同时容易忽略其在人才培养全过程中的系统性、全面性、延续性。因此高校在深挖人才培养规律的基础上,亟待积极构建起爱国主义实践育人体系,通过把握关键历史节点、重大事件节点,实现爱国主义教育实践活动常态化开展,从而提高广大同学对爱国主义重要性的认识。

(三)社会实践活动形式不够丰富

高校在校生目前基本上以“00 后”为主体,有着个性化强、接受新事物能力强等鲜明特点,传统内容简单、形式单一的爱国主义教育活动难以调动广大学生的参与热情,在一定程度上加大了高校爱国主义教育活动的推进难度。因此,高校开展爱国主义教育实践活动必须要在厚植爱国主义情怀上下功夫,与时俱进,紧紧把握时代脉搏,通过青年学生喜闻乐见的活动形式开展内容充实、形式多样的教育实践活动,从而营造新时代爱国主义教育的浓厚氛围,使社会实践活动的开展真正做到接地气、有生气、聚人气。

四、在社会实践中加强爱国主义教育的路径探究

目前,社会实践活动已经在全国各高校广泛开展,从全国层面每年有“三下乡”“返家乡”“知行计划”等各专项项目,在各地也有相应的支持配套项目。有报道数据显示,全国每年约有 500 万名大学生参与暑期社会实践活动,广大学生在社会实践的丰富载体中受教育、长才干、做贡献,走出校园,走入基层,了解基本的国情、民情、社情,在过程中让实践经验与书本知识相结合,提高自己的综合素质与能力,这本身就为高校开展爱国主义教育提供了广阔的土壤和平台。另一方面,爱国主义教育作为一项复杂的系统工程,不能简单地局限于一方校园之内,通过社会实践开展爱国主义教育,将爱国主义教育系统性地融入社会实践全流程,能够丰富高校爱国主义教育的路径,真正取得使青年学子“入脑入心”的教育效果。根据以上两方面的分析和研究,基于高校社会实践育人的实际情况,

笔者从模式、载体、品牌、机制、体系和平台六个方面探索爱国主义教育与社会实践深入融合的新路径：

(一)健全爱国主义教育实践育人模式

高校可以立足学校学科专业特色，健全自身的爱国主义教育实践育人模式，立足自身、务求实效，例如，以国家战略需要、地方发展和行业需求等为导向，充分发掘利用爱国主义教育基地的教育资源和优势，结合上级社会实践活动的相关精神和要求，合理规划、统筹开展，探索并建立“动员培养—思想引领—实践教育—提升自我—服务国家—坚定信仰”的阶梯式爱国主义教育实践育人培养模式，对于行业高校而言，可以基于国家和地方发展需求，契合国家建设和行业发展主题，通过社会实践融入爱国主义教育模式的构建与学校的思想政治理论课形成协同效应，这样能够更好地形成大学生思想政治教育的合力。总而言之，高校应结合自身的属性和特点，构建健康的爱国主义教育实践育人模式。

(二)丰富爱国主义教育实践载体

在“三下乡”“返家乡”等各项社会实践专题项目活动中，要通过预设实践主题和构建实践方向，大力宣扬“红色爱国主义”，让社会实践团队在爱党、爱国的大方向指引下选择细化的实践主题，不断丰富爱国主义教育的实践载体。例如，中国大学生社会实践知行促进计划以“中国梦 · 责任 · 创新 · 实践”为主题，以助学支教、科技支农和卫生下乡为重点，在校园中倡导积极健康的生活和学习方式，推进团属校园媒体体系建设，支持大学生能力培养，促进大学生创业就业；又如，部分高校建立起来的“上山、下乡、进城、入海、出国”的社会实践活动“立体模式”；还有新冠疫情暴发以来，各高校广泛开展的线上线下相结合的云实践活动，组织号召广大青年致敬抗“疫”英雄，助力脱贫攻坚。这些丰富的主题和载体，都能够极大地促进青年学子在各项实践中坚定理想信念，立志报效祖国。

(三)建设爱国主义教育实践育人品牌

将爱国主义教育融入社会实践，需要将实践育人与理论育人深度融合，形成长效机制，建成育人品牌。品牌是对育人长效机制的宣传和升华，也是将爱国主义教育与实践育人充分结合的有效途径。以大连海事大学寒暑期社会实践为例，学校旗帜鲜明地号召学生们“到基层去、到西部去、到祖国最需要的地方去”。通过开展社会实践活动，让学生对新时代新思想、中国的基本国情和社会发展问题都有了更深刻地认识与了解，成功打造了一批爱国主义社会实践育人品牌：到 2023 年海大研究生支教团 23 年如一日，奔赴青海、西藏等 5 省(区)9 县 17 校开展接力扶贫支教工作，240 名支教团成员累计教学 11 万余课时，教授学生近2万人次，志愿服务超5.7万小时，捐助物资574万元；海大学子高中母校行连续坚持14年进行返家乡社会实践，累计出发3 000余支实践团队，两万余人次参与，足迹覆盖全国30个省份及地区，惠及千余所高中；2021年，大连海事大学还创新性地与招商集团合作开展“海辽基金”专项社会实践活动，打造校企合作育人品牌，发扬和传播以“爱国、奋斗、开拓”为内涵的“海辽精神”，首次将行业爱国精神融入“三下乡”社会实践活动体系，每年资助金额11万~15万元，打造了校企合作爱国主义社会实践育人新平台。

（四）规范爱国主义教育实践育人机制

高校应将爱国主义教育融合社会实践中，与学生“第二课堂”、综合素质测评、评奖评优等有机结合，将爱国主义教育的效果作为学生社会实践成果考核的根本性指标之一。同时，在爱国主义教育与社会实践相互融合的组织过程中，应建立完善的闭环式组织体系，对社会实践活动实施规范化管理，对主题和内容进行认真评估，广泛邀请校内外专家进行立项、中期和结项评审，在社会实践活动的“宣传策划—组织动员—启动实施—评审答辩—总结表彰—效果反馈”全流程中融入爱国主义教育元素。针对爱国主义教育成效好的社会实践品牌，也可以探索设立激励奖励机制，例如：设立社会实践专项奖、社会实践专项资助基金，并结合“五四表彰”“青春人物”等表彰载体，发挥示范引领作用，为爱国主义教育融入社会实践育人提供充分保障，激励师生广泛参与以爱国主义为主题的社会实践。充分依托社会实践活动开展新时代大学生爱国主义教育，确保参与度高、覆盖面广、积极性强，成果丰硕。

参考文献

[1] 周成洋. 英雄永不褪色，雷锋精神永不过时[N]. 南昌日报，2023-03-05(003).

[2] 王永祥. 不断开创中华民族复兴历史伟业[J]. 党史纵览，2022，405(12)：10-11.

[3] 连亚平. 统编版小学语文教科书中爱国主义教育内容分析[J]. 中小学班主任，2022，84(24)：29-31.

[4] 冯秀军，唐艳群. 新时代爱国主义教育的若干辩证关系论析[J]. 思想理论教育导刊，2022，284(08)：96-101.

运用课堂主渠道加强大学生爱国主义教育

李慧萍

（辽宁轻工职业学院，辽宁 大连　116100）

摘　要：加强新时代大学生爱国主义教育，是高校思想政治教育的一项重要政治任务。运用课堂主渠道加强大学生爱国主义教育，是每一位高校辅导员都应深刻思考的课题。充分利用好思政课堂主渠道，加强大学生爱国主义教育的先决条件、必备条件，弘扬爱国主义精神，激发爱国主义情感，引导大学生积极投身于中华民族伟大复兴的宏伟事业。通过有针对性、分年级，与大学生"谈心谈话"，重塑红色文化，拓展高校第二课堂开展爱国主义教育活动，努力践行爱国主义，精忠报国。新时代大学生是国家的未来，民族的希望，爱国主义教育的最终目的要落实到大学生的学习、工作和生活中，升华并转化为坚定不移的报国行动。

关键词：新时代；大学生；爱国主义教育

加强新时代大学生爱国主义教育，是高校思想政治教育的一项重要政治任务。运用课堂主渠道加强大学生爱国主义教育，是每一位高校辅导员都应深刻思考的课题。充分利用好思政课堂主渠道，加强大学生爱国主义教育，弘扬爱国主义精神，激发爱国主义情感，引导大学生积极投身中华民族伟大复兴的宏伟事业，努力践行爱国主义，精忠报国，关系到国家的前途命运，是每一位高校辅导员的天职和使命。

一、运用课堂主渠道加强大学生爱国主义教育的先决条件——建设"有使命感"的辅导员队伍

若育人，先育己。建设"有使命感"的辅导员队伍是运用课堂主渠道加强大

学生爱国主义教育的先决条件。高校辅导员承担着教书育人、“立德树人”的重要使命，是高校思想政治教育工作的中坚力量，更是大学生爱国主义教育的引领者和主力军。高校应努力为辅导员提供多种渠道的教育培训机会，鼓励辅导员积极参与与爱国主义教育主题相关的调研走访活动，促进高校间取长补短，交流合作，以此提高其爱国情怀、思想觉悟、自身能力和综合素养。努力为祖国培养担当国家民族复兴大任的时代新人，是每一位高校辅导员的天职和使命。高校辅导员需热爱教育事业，热爱学生，听党话、跟党走，是“为党育人、为国育才”崇高理想信念的信仰者；是社会主义新时代马克思主义思想的传播者；甘愿为国家培养“新时代中国特色社会主义建设者和接班人”投入热情；甘愿为“三尺讲台”奉献生命热血；甘愿成为大学生成长、成才的垫脚石。

建立“有使命感”的辅导员队伍，建构科学有效的人才选拔机制，任人唯贤，让有坚定崇高信仰的、有深厚爱国情怀的辅导员成为学生爱国主义行为的陪伴者和引领者。课堂主渠道是高校爱国主义教育的主阵地，辅导员需将“知行合一”的教育理念同爱国主义教育紧密结合，带着崇高的爱国主义情感和政治觉悟，努力学习、终身成长、勤于反思，和大学生融为一体，关爱学生、帮助学生，持续不断地激发大学生的爱国主义情怀，陪伴大学生共同成长、践行爱国主义行动，逐渐完善对大学生多维度、全覆盖的爱国主义教育全过程。

二、运用课堂主渠道加强大学生爱国主义教育的必备条件——建立“三全育人”思政工作新格局

“三全育人”，即全员育人、全程育人、全方位育人，是中共中央、国务院《关于加强和改进新形势下高校思想政治工作的意见》提出的具体要求。“三全育人”的思想理念，是全面提高人才培养能力的关键，更是高校思想政治工作体系的指南针。

高校承担着为党育人、立德树人、为国铸魂的重要使命。“三全育人”要和大学生爱国主义教育相辅相成，本着“三全育人”的出发点是培养人，高校育人需从“教”转变到“育”的角色，以学生为本，积极完善全方位“三全育人”的大学生爱国主义教育体系。

“全员育人”意味着高校全体教职员工都将参与到爱国主义主义教育“育人者”的角色，专业课教师、思想政治理论课教师、辅导员、管理干部等多个岗位教师携手并进、相互配合，在高校教育、教学、管理等工作中全面融入爱国主义教育浓厚氛围，用“三全育人、五育并举”的政治理念构建高校“大思政”工作体系，创建新时代爱国主义主题校园文化，在“大思政”和爱国主义校风背景下，促使大

学生在潜移默化中实现爱国主义情感飞跃,立志为国家富强、民族复兴而努力奋斗。

“全程育人”,即高校全程将爱国主义教育工作放在重要位置,坚持把爱国主义教育工作贯穿大学生从入学到毕业的全过程,努力开创高等教育事业发展的新局面。弘扬爱国主义精神“全程育人”,意味着高校不仅要在大一“入口”抓关键期,更要在大四“出口”建立长效机制。高校辅导员作为爱国主义教育的排头兵,开展爱国主义教育活动时,牢牢抓住大学生整个大学就读期的思想政治方向、专业知识领域和社会实践等方面,培养大学生的家国情怀,凝心铸魂,将爱国主义教育工作贯穿全程。

“全方位育人”,即高校在教育教学中协调统筹各类课程,围绕爱国主义教育的根本目的,优化课程体系,适当组织开展全校教师进行“大思政”理念下的“课程思政”集体备课,将“思政课程”和“课程思政”无缝衔接,将“全方位育人”的“人”拓展为“以学生为本”“以课程为本”“以教育为本”的全方位理念,教学育人、管理育人,文化育人。将爱国主义教育覆盖到整个学校的教育体系和校园文化,实现爱国主义教育文化无处不在,无孔不入。

三、运用课堂主渠道加强大学生爱国主义教育的具体方案

(一)有针对性、分年级开展爱国主义教育活动

高校辅导员是学生在大学期间接触最频繁、最密切的陪伴者,进行爱国主义教育工作时,具有特殊优势。利用课堂主渠道有针对性地对不同年级的大学生开展爱国主义教育活动,使爱国主义教育的主旋律始终伴随大学生的大学生活。

针对大一新生懵懂、缺乏目标等特点,抓住新生入学教育、军训等主题活动,引导其建立大学期间的人生规划,建立正向的人生观、世界观、价值观,渗透爱国主义教育。结合在大一开设的“职业生涯规划”这门课程,引导学生初步建立职业目标和发展方向,思考未来职业,播种爱国和未来职业相结合的种子。

大二阶段,很多高校大学生面临选专业,辅导员抓住这个关键期,在爱国主义主题活动中,为大学生群体树立榜样,引导其在做专业课的选择时跟自身的兴趣爱好相结合,培养学生为国家的建设奉献青春的爱国主义精神。积极响应国家的征兵工作,通过号召大学生应征入伍等举措,邀请曾参与过部队生活的退伍军人学生,为大二学生讲述自己的军旅生活,引发学生共鸣,树立爱国主义的行动榜样,激发爱国热情和家国情怀,带动更多学生亲身参与爱国报国行动。

升入大三,着重培养大学生的社会责任感,结合《大学生就业指导》,根据大学生专业特点及兴趣爱好,鼓励大学生积极参与社会实践和实习锻炼活动,踊跃

参与爱国主义主题的文化活动和调研活动。如大学生创新创业大赛、挑战杯青春大赛、走进革命老区支教，体验上山、下乡、务农等。借助活动，激励大学生的集体荣誉感和使命感，增强社会责任感，磨炼大学生吃苦耐劳的意志品质，更直观地了解国家、社会、城乡发展差距等，延续爱国主义教育的过程。

临近毕业的大四，正是辅导员实施爱国主义教育完整性的最重要时期。大学生即将步入社会，思想也较大一成熟，鼓励学生积极响应国家的就业、创业政策，形成正确的就业观、择业观，积极参与西部计划等，培养"全心全意为人民服务"的奉献精神，在国家最需要的地方，用自己的工作燃烧爱国热情，在平凡的工作岗位也要为国家发展助力，不负国家、勿忘人民、奉献青春、努力奋斗。

(二)与大学生"谈心谈话"，开展爱国主义教育活动

高校辅导员是大学生爱国主义教育的主力军。采用"谈心谈话"这种"特殊形式"，开展爱国主义教育活动，是最简单高效的方式。"谈心谈话"的"特殊"体现在它具有双向性，可不是辅导员个人的"一言堂"。"谈心谈话"不仅是高校辅导员岗位必备的职业技能，更是了解大学生思想状态最简单、最直接、最有效的教育方式之一。"谈心谈话"活动不限于只在辅导员办公室，辅导员在开展日常工作的过程中，可以通过家访、走访学生寝室、走进学生教室等形式开展"谈心谈话"，通过与学生"唠家常"，可以迅速拉近师生距离、贴近学生内心，敏锐地捕捉学生思想动态，跟学生推心置腹地谈话交流和思想碰撞，点燃大学生的爱国热情，达到爱国主义教育的目的。

辅导员在对学生进行"谈心谈话"这项教育活动时，要做到"知己知彼"。"知己"是要做好定位。定位自己不仅是大学生学习和生活的老师，更是引领大学生思想进步的知心朋友。"知彼"是辅导员在对学生进行"谈心谈话"时，要提前计划，做好充分准备。第一，在与大学生约谈前，查阅学生相关资料，向其他同学或其同寝室等相熟同学询问，如家庭状况、学习成绩、兴趣爱好、性格特点等做全面了解，做到心中有数。第二，在谈心谈话过程中，对学生察言观色，自己要和颜悦色，最重要的是要注意语气、语速和语言的表达，言谈举止中要充分体现对学生的理解与尊重，切忌语言教条僵化，以免引起学生内心的抵触反感。在与学生真诚聊天时，始终牢记爱国主义教育工作的初心，注意倾听学生心声，洞悉学生最真实的想法，适时把握好时机激发大学生爱党、爱国、爱社会主义的热情，启发学生思考人生，引导学生向往和平、自由、团结、友爱的社会，立强国之志，并为之努力奋斗，以此完成爱国主义教育的过程。"谈心谈话"结束后，随时关注学生的心理和行为变化，及时整理和记录在辅导员工作日志中，以免遗忘。

高校辅导员如何把每一句话都说到学生心里不仅是一项高超的技能，更是

需要智慧的引导。辅导员在平时开展"谈心谈话"的日常工作中就要多下功夫、不断修炼,积攒工作经验。

(三)重塑红色文化,开展爱国主义教育活动

高校辅导员不仅是爱国主义教育进课堂、进活动的参与者,更是深化爱国主义思想的确认者和引领者。辅导员可以利用红色文化资源,凝心铸魂。如在重要红色节日、纪念日,切换教育场景,用沉浸式、体验式、开放式学习模式,开展爱国主义教育活动,带领学生前往红色文化基地现场参观学习,如革命英雄纪念馆、烈士陵园、历史博物馆、党史馆等,通过情景化展示,红色文化与爱国主义教育的相互融合,让大学生身临其境地了解历史、正视历史、铭记历史,理性思考、理性爱国。有条件的高校,还可以组织大学生重走长征路、探访井冈山等地,了解红色政权的建立、中华人民共和国的成立等重要历史阶段,更深入认识中国共产党,了解马克思主义、中国特色社会主义等。引导大学生在听红色革命故事的过程中,切实感受我国红军曾遭受的艰难险阻、为国家做出的巨大牺牲,树立榜样的力量,激发爱国热情,重塑红色文化,培养家国情怀。

将爱国主义教育的红色文化与"三全育人"理念相融合,引领青年大学生广泛了解红色文化历史故事,找准契机开展红色书籍读后感、红色电影观影影评、红色文化主题演讲、红色革命歌曲传唱等红色校园文化比赛活动,弘扬红色文化,传承红色基因,传递爱国主义精神,确保红色江山永不变色,最大限度地发挥红色文化资源的爱国主义教育价值。

(四)拓展高校第二课堂,开展爱国主义教育活动

高校辅导员始终站在学生工作的最前沿,是大学生的主要管理者,班级集体凝聚力的主要创造者,其从事爱国主义教育的主战场就是第二课堂。结合爱国主义教育的时代性,广泛收集爱国主义的教育资源,将抗"疫"英雄、航天英雄、大国工匠、感动人物、革命英雄等时代榜样的突出事迹,融入爱国主义教育过程中,与学生共鸣,与学生共情,以情感人,以情动人,以情化人。

高校第二课堂拓展形式是生动活泼的、多种多样的:

第一,召开班会、团会,为大学生播放爱国主义主题的视频、电影等。如中央电视台曾推出的纪录片《厉害了,我的国》,更直观地感受我国社会主义现代化的高速发展,政治、经济、文化、基础建设等方面取得的举世瞩目、震撼人心的伟大成就。通过视觉、听觉的冲击,引发共鸣,启发学生以讨论、发言的形式进行交互式学习,让同学们根据个人意愿自由组合成若干小组,每组人数不超过 6 人,引导学生结合自己的专业特点参与观点讨论、思考,自我探索,鼓励学生踊跃发言,勇敢表达自己的想法,从中激发大学生的爱国热情,增强文化自信、民族自尊

心和自豪感,通过生动、深刻的爱国主义教育模式激发大学生最淳朴、最真实的爱国情感,引导学生立强国之志,践报国之行。

第二,组织大学生前往爱国主义教育基地、科技教育基地、素质拓展基地,实地参观或考察调研,鼓励大学生积极参与综合性实习活动,如"上山下乡"或者务农活动,通过社会实践,充分发挥专业特长,提升劳动技能和动手能力,培养大学生扎根基层的思想观念、勇于担当的职业精神和大国工匠精神,升华爱国主义教育的实践价值。

第三,高校辅导员是学校和学生之间的桥梁,是学生从学校通往社会的管道。加强与社会资源和社会团体的沟通与联系,通过校园文化墙、宣传栏等地设置爱国主义宣传区,创建浓厚的爱国主义校园文化氛围。积极促成优秀校友和各领域专家进高校开展各类型专题研讨与讲学报告会,利用榜样的力量,熏陶爱国情怀,促使学生在丰富自身知识储备的同时,拓宽视野、格局与境界。

第四,广泛利用网络新媒体创新爱国主义教育课堂主渠道。在"互联网+"的新时代背景下,抓住网络新媒体不受时间、空间限制的特点,运用学校微信公众号、微博、抖音、快手、短视频等作为大学生爱国主义教育的新平台,全方位、多角度渗透爱国主义教育主题文化,创建爱国主义特色的红色校园文化,让新媒体成为加强大学生爱国主义教育的有效补充。

辅导员要紧紧抓牢"第二课堂"这块爱国主义教育的主阵地。根据自身所处高校情况,努力创新爱国主义教育的新模式、新方法,将爱国主义教育活动全面拓展延伸。

新时代大学生是国家的未来,民族的希望,担负着新时代赋予的历史大任,是实现中华民族伟大复兴的先锋力量。爱国主义教育的最终目的是要将其理念落实到每名大学生的学习、工作和生活中,升华和转化成大学生坚定不移的报国行动。高校辅导员需努力把爱国主义情感升华为大学生爱国、强国、报国的理想信念,激励大学生彰显"爱我中华,有我一份"的主人翁意识,用脚踏实地、扎扎实实的爱国、报国行动报效祖国。大学生爱国主义教育就是"一棵树摇动另一棵树,一朵云推动另一朵云,一个灵魂唤醒另一个灵魂"的过程。唯有激励大学生将个人的事业发展融入国家的前途和民族振兴的事业中,建立人类命运共同体的理念,与祖国的发展同呼吸、共命运,大学生个人奋斗的青春才是有价值的,最终才能成就一番事业。

新时代大学生爱国主义红色资源教育探索

初　冰,李　浩

(大连海事大学,辽宁 大连　116026)

摘　要:大学生是民族和国家的瑰宝,他们是各行各业的预备人才,是社会主义现代化建设的接班人,极大地影响着国家前途和民族命运。红色资源囊括了百年间我们党和国家波澜壮阔的抗争奋斗史,展现了璀璨的爱国光芒。在当今大学生对中国革命历史了解较浅的情形下,我们有必要针对爱国红色资源向大学生进行扎实、生动、创新地教育,让大学生将青春奋斗力量淋漓尽致地投入社会主义建设中去。

关键词:新时代;大学生;红色资源

《新时代爱国主义教育实施纲要》中提出,要使爱国主义成为全体中国人民的坚定信念、精神力量和自觉行动,使爱国主义精神成为广大青年成长中必须接受的教育内容,要落实"立德树人"根本任务,爱国主义教育不仅关乎其自身的成长,还关乎着"中国梦"的实现。而红色资源作为爱国主义教育的珍贵资源,我们有必要将红色资源协调联系到爱国主义教育中,以此栽培大学生爱国主义信仰,在蓬勃向上的新时代交接、传承红色精神、红色信念、红色血液。

一、红色资源的教育价值

红色资源源于历史。作为中国革命的见证者,它们诉说着中国共产党的成长历程、奋斗历程以及带领中国人民推进国家社会发展进步的丰功伟绩。红色资源凝聚了中国共产党的理想信念,彰显了中国共产党的治国方针,凸显了中国共产党的初心使命,折射了中国共产党的坚定意志和奋斗精神。我国的红色资源十分丰富,辽宁省作为"共和国之子"拥有着丰富的红色资源。红色文化对于整个国家来说都极其重要,因为这些精神成果是党保持使命初心和坚定社会主义理想信念的重要航标。在和平安定的今天,更需要进行红色文化教育,让大学生感受到和平生活的来之不易。

革命文物是红色文化资源中的一项重要内容。习近平总书记十分重视发展、保护和利用红色资源。这些珍贵的文物,是我们党和人民英勇斗争的光辉历史的写照,是我们党和人民的宝贵的物质和精神财富。文物无言,但它们身上所背负的革命历史和精神一直在焕发着生命力,这对于弘扬革命文化和红色文化的传承发展、激发中华人民的爱国热情、振奋中华民族的奋斗精神都是非常有意义的。

在新时代,红色资源是高校开展思想政治教育的重要资源。思政课教学要充分发挥红色资源的政治价值引领和思想引导作用,用好用活红色文化资源,加强大学生思想道德教育、爱国主义教育、传统红色文化教育,以引领他们拥护党、拥护我国社会主义制度坚定不移地跟党走的政治决心,坚持崇德修身、贡献祖国的道德追求,坚定勤学笃实、敢于担当的行为养成,确保思想政治理论课"立德树人"的正确政治方向。

习近平总书记强调:"历史是最好的教科书。"他说,回忆中国革命的伟大历史,对我们来说,是一种巨大的鼓舞。红色资源中蕴含着极为丰富的思想教育材料,对于培育大学生正确的三观有着十分重要的意义。中国共产党经过长期的革命实践,把马克思主义融入中国的实际情况,马克思主义对中国的革命、改革和建设提供了强有力的理论保证。从毛泽东思想、邓小平理论到"三个代表"重要思想等理论的提出,再到习近平新时代中国特色社会主义思想,把马克思主义的基本原理同中国现实、时代特点有机结合起来,实现了又一次历史性跨越。马克思主义中国化的理论成果,在继承的过程中赋予了其新的历史内涵,并与中国的实际情况相适应,拓展了马克思主义新时代的内涵,做出了巨大贡献。这其中蕴含的唯物主义的世界观和方法论,是认识、分析、解决中国问题的关键钥匙。大学生应当深入理解和掌握马克思主义中国化理论成果,树立正确的三观,用科学的思维方式武装自己的头脑,运用到实际生活中解决实际问题,同时其对准确把握国内外形势也具有至关重要的意义。

红色资源中的先进模范人物也具有极其优越的思想教育功能。伟大领袖、革命烈士、战斗英雄以及各行各业做出卓越贡献的先进模范人物的光辉事迹、先进思想、进步言论、高贵品格、不朽精神,都有很强的思想和精神魅力,对大学生的思想、品格和言行等都起到了教育、引导、鼓舞、塑造的作用。思想政治理论课的实践性教学应充分发挥红色资源的思想教育价值,发挥其理论引领作用、思想引导作用和价值塑造作用[1]。

二、红色资源在爱国主义教育中的作用

加强大学生爱国主义教育思想引领。在当今世界格局背景下,我国高校必须对爱国教育有正确的理解、认识,以及把握爱国主义的教育内涵,积极探索和研究大学生爱国主义教育的创新形式。在这一点上,我们可以将更多的爱国主义元素融入日常教学当中。由于高校是对学生进行熏陶、教化和影响的场所,因此要在学生能接触的所有场景传输爱国主义的思想,就必须把教育的过程放在第一位。对于高校已有的爱国历史课程,要做到精致化、生动化、生活化,使学生明白它并非遥不可及,要懂得因材施教,让这些知识和信念一点一点走近学生的身边。

高校思想政治理论课是大学生德育工作的重要阵地。新时代要贯彻落实好党的教育方针,需要坚持思想政治为先,培养德、智、体、美、劳全面发展的社会主义新青年。在大学生爱国主义教育中有效融合进红色资源,可以丰富、创新爱国主义教育方式,比如,侧重于学生的情感体验,突破原有单一的讲解式教学,不断进行课程开发,创新教学形式,通过案例教学、课堂辩论、小组研学、体验教学、情景教学等开展教学活动,通过沉浸式体验革命英雄气概,以鲜活的英雄人物形象激发大学生的爱国之志,树立积极的价值观和态度,为实现中华民族伟大复兴而不断奋斗。对于培养大学生爱国主义情怀、坚定大学生爱国主义立场、坚定社会主义理想信念有着十分重要的作用。总的来说,就是不要把教育悬空,而是要落实到实际生活中去,始终把"以人为本"的初心,做好做真做实。

那么怎样才叫真正走近学生的生活呢?那就是让他们从心底觉得自己身处一个团结、美好、需要他们发挥价值的集体中。我国提倡的集体主义必须以全体人民的共同利益为出发点,国家的发展和个人价值是一个辩证统一的关系。要让每一名学生感受到,只有让集体发展得好,自身才能获得更多的好处、更多的满足感、更多的幸福感。在学校中亦如此,学生应该有意识地维护自己所在的班级、学院、学校的利益,尤其是进入了社会之后。爱国教育需要久久为功,在这样的教育下,学生们在步入社会之后,能够意识到自己的生存与发展与国家命运紧密相连,从而自觉地将自己的价值、前途、命运与国家的命运相结合,从而真正实现中华的复兴[2]。

大学生是我国社会主义现代化事业的生力军和建设者,他们的精神面貌和行动方式深刻影响国家前途和民族命运,红色资源在高校爱国主义教育舞台上发挥着不可或缺的重要作用。红色资源中的革命英雄为国分忧、为人民解难的

爱国情怀、勇于牺牲的奋斗精神和豪迈精神，能积极地对大学生进行思想引领，增强大学生的民族自豪感、历史使命感和政治责任感，而红色资源的价值就在于为当代高校大学生思想政治教育打下坚实的文化根基。

丰富大学生爱国主义教育资源。红色资源正逐渐成为当代思想政治教育的重要教育资源，它是激发时代精神动力的源泉。中国共产党在带领中国人民实现国家独立的过程中，积累了大量的革命故事、共产党人的初心使命和崇高的革命精神，其中凝聚了丰富且强大的爱国主义精神，是加强爱国主义教育的珍贵资源，能够为学生传播丰富的革命知识、弘扬精神和传统、不断提升学生的精神文明建设水平，促进大学生爱国主义情怀的培养。

三、红色资源融入爱国主义教育

深度挖掘红色资源，培养大学生爱国主义情感，是社会、民族和国家的责任，大学生肩负着民族复兴的重任，大学生的爱国主义教育成效直接关乎国家的未来。要充分发挥红色资源的育人功能，就必须从学生的知识结构、思维模式入手，对红色资源进行系统整理和总结，深入挖掘其中的爱国主义思想，以大学生易于理解和接受的语言形式和内容，把红色资源与新媒体教学方法和手段相结合融入课堂教学中，做到主导性和主体性相统一、灌注性和引导性相统一，创新方式方法，让大学生深刻体会到英雄做出的牺牲和付出的心血，引发大学生的情感共鸣，激发其爱国热情。优化教学效果，有效提升大学生对红色资源中蕴含的爱国主义精神的认同感，将红色基因融入血脉，厚植对党、国家、人民的深厚感情，弘扬民族精神，胸怀祖国和人民，实现爱国主义教育的根本目的。

要加强高校校园文化的建设，需要增强高校的爱国主义教育，培养大学生爱国主义意识。高校校园文化对大学生进行爱国主义教育具有重要意义，它能够增强大学生的凝聚力和创造性，是进行爱国主义教育的重要手段。将红色资源融入校园文化建设中，可营造健康积极的爱国主义教育场所。具体来说，一是将红色资源运用到校园园林景观建设中，悬挂张贴红色标语，在教室和走廊张贴革命先贤的头像和名言，使校园内带有红色元素，提升学生沉浸式体验，通过潜移默化的影响，使其受到熏陶，实现爱国主义精神的培养。二是在校风、学风建设中融入红色资源，以大学生为主体，通过开展红色主题活动和社团活动等形式，提高大学生的民族自豪感，陶冶其情操，培养其爱国情怀，使其自觉践行爱国主义。三是要充分发挥网络信息教学平台的作用，整合红色家书、革命先烈、英雄人物事迹等文字材料；革命文物、革命遗址等各类文献资料；红色歌曲等音频资料；英雄人物访谈、重大事件纪录片等视频资料。四是在学生群体中广泛进行对红色文化资源的认识情况问卷调查，全面了解当代大学生的信息来源、吸收程度、兴趣方向，抓住学生的触点，彻底冲击他们的犹豫和不情愿，使他们认识到爱国教育在实际中的用处，增强爱国主义教育的针对性。五是建立竞争机制，利用“学习强国”“中国大学生在线”等平台，开展党史知识竞赛等喜闻乐见的比赛形式，还可以把运动、音乐等多元文化与其结合，吸引更多同学观看参与，并设立激励机制，激发学生的热情，巩固爱国主义教育成果[3]。

将红色资源有效融入大学生爱国主义教育实践。要将红色资源有效地运用到大学生爱国主义教育之中，就必须加强大学生的红色资源的实践经验，做到理论联系实际，将第一、第二课堂有机地联系在一起，使学生能够更好地理解红色资源，从而领悟其中的爱国主义精神，在实践中培养出爱国情操。大连这座城市拥有许多党和人民奋斗的足迹，革命遗址、爱国主义教育基地、红色旅游景区、展馆等。利用课余时间，结合我校特色以及大连本土历史文化，在红色遗址，爱国主义教育基地等地方开展专题活动，通过实地探访，大连海事大学所有师生一同重温峥嵘岁月，追寻革命足迹，聆听红色故事，缅怀英烈的丰功伟绩。通过组织大学生开展烈士陵园扫墓活动、制作“红色微电影”、讲述“红色微故事”、创作“红色微课堂”等实践体验活动，增强大学生现场观感，深刻感受共产党人忠诚于党、勇于牺牲的光荣历史，形成思想共鸣，让大学生对爱国主义情怀产生深刻的体会。我校开展过许多主题团日活动，带领全体团校学员赴旅顺日俄监狱，带着对革命先烈的崇高敬意，跟随着讲解员老师，团校学员亲身踏入了这段历史长河，参观了残害了无数同胞的检身室；用于关押勇于反抗英魂的牢房；布满各种刑器的审讯室和绞刑室。通过亲身参观感悟，学生们接受了一场爱国主义教育的洗礼，对自己的学业、工作充满了激情，下定决心用自己的实际行动为祖国的繁荣富强做出自己的一份贡献。同时，在一些特殊节日我校会组织相关的学习教育活动，例如，在清明期间参观烈士陵园，海大学子参观烈士纪念馆，瞻仰革命烈士纪念碑，在烈士陵园祭扫烈士墓、敬献花篮、鞠躬默哀、致敬英烈。通过一张张老照片、一件件遗物、一个个英雄的故事、一段段鲜活的历史，同学们更加深刻地了解了我们党带领人民进行的艰苦卓绝的斗争历程。清明追思活动，是一堂革命传统的爱国主义教育课，也是一次历史的缅怀。通过红色资源的线下教育活动，加深了学生对于革命先烈英雄事迹的了解，传承革命精神的信心和决心，提高了学生的历史责任感和民族使命感。

我校作为“航海家的摇篮”，其忠诚拼搏的蓝色基因镌刻在每一名学生的身体里，“爱国为根，航海报国”的价值理念深藏在每一位海大人的心中。从1989年开始，学校就一直坚持在星期一进行全校升国旗仪式。升国旗仪式全体同学穿着海员服，迎着初升的太阳，唱着国歌，注视着五星红旗冉冉升起。每周例行的升国旗仪式已经成为我校思想教育的重要方式，也是我校师生的一种思想传统，更是我们爱国、强国、报国的一种精神凝聚和情感寄托。大连市爱国主义教育资源丰富，红色纪念馆众多，我校还充分利用这一特点组织教师和学生们参观大连英雄纪念公园、纪念馆、东鸡冠山等爱国主义教育基地，开展“青春心向党 建功新时代”系列活动，引导海大学子以党史学习教育为契机，进一步坚定信仰信念，坚定不移听党话、跟党走，确保党史教育成效，把学习成果转化为实际行动，服务交通强国、海洋强国建设，以更加昂扬的姿态，积极投身于全面建设社会主义现代化国家的伟大征程中。

建设红色网络，促进高校学生的爱国主义教育。借助互联网技术建设红色网络，通过网络平台进行形式多样的红色活动，通过网络平台上的爱国主义教育内容，让英雄人物更加直观形象，事迹更加鲜活生动，扩大红色资源在互联网的传播阵地，增强吸引力，加强互动交流，促进大学生价值观念、思想观念和家国情怀的形成。构建全员参与、全方位、立体化、多层次的爱国主义教育，把红色资源融入大学生的爱国主义教育之中，大学生的整个成长历程需要有爱国主义的教育，把“爱国情”转化为“爱国行”，增强大学生爱国主义教育的实效性。

中国共产党的伟大精神是中国共产党最宝贵的精神财富，也是中华民族精神和时代精神的一个重要组成部分。我们党在漫长的奋斗过程中，经过艰苦奋斗、不懈奋斗形成的优秀传统和革命精神，是中国人民的一笔宝贵财富。人无精神则不强，国无精神则不立，党的革命精神一直在激励着中国人民去克服困难、奋勇向前。我们党就是靠着其革命精神，才能经过百年的风风雨雨，依旧生机勃勃。中国共产党人的艰苦奋斗、奉献和开拓进取的高尚品格，是党的坚定信念、根本宗旨和优良作风的结晶。在革命、建设和改革的不同历史阶段，我们党在伟大的实践中锤炼出了革命精神，体现了党的性质、宗旨和政治品格。这些革命精神早已融入我们的血液、我们的灵魂深处，成为我们党和国家、人民无畏艰险、奋发图强的精神力量。站在“两个一百年”奋斗目标的历史转折点上，中国人民要实现中华民族的伟大复兴，就需要我们大力发扬党的革命精神，从革命精神中汲取强大的力量。

以“立德树人”为使命，注重课程开发建设，立足红色教育，注重社会实践，努力做好红色精神进教材、进课堂、进头脑，内化于心、外化于行，打造鲜明的红色校园文化。改革教学方式，促进红色资源与学校教育资源深度整合、高效转化，全面提高大学生的思维素质。讲好红色资源中蕴含的信念精神和信仰信念，继承发扬红色资源中的初心使命，教导广大青年担当重任。要用好红色资源，要让初心使命在青年一代中延续和传承，让青春在为祖国、为民族、为人民、为人类的不懈奋斗中绽放绚丽之花。

参考文献

[1] 王小卫. 论红色资源在思想政治理论课实践教学中的运用[J]. 黑龙江教育(高教研究与评估)，2022(04):81-84.

[2] 毛雁杰. 浅谈以爱国主义教育引领大学生思想政治工作[J]. 才智，2017(21):157-158.

[3] 廖泽香. 红色资源融入大学生爱国主义教育的三重维度[J]. 广东职业技术教育与研究，2021(06):169-172.